北京风俗图鉴

牛贯杰 著

北京出版集团
北京出版社

北京风俗图鉴

癸卯白国庆题

青木正儿的名物学与年画

一、青木正儿的名物学

青木正儿博士在昭和三十九年（1964）十二月去世后，青木正儿的高足、当时名古屋大学文学部教授水谷真成教授与青木的遗孀艳子夫人商量，希望能把青木藏书分一点儿给名古屋大学。当时，编辑《青木正儿全集》（以下简称《全集》）的计划已经在进行，由吉川幸次郎教授牵头，成立了一个编辑委员会，对青木的藏书和遗稿进行了整理。据恩师今鹰真教授讲，除了编辑《全集》所需资料以外，青木家还剩有一些藏书和遗稿，经艳子夫人同意，由名古屋大学附属图书馆购入了这批珍贵的资料。这就是名古屋大学青木文库的由来。

1991年，经恩师京都大学清水茂教授的介绍，我到岐阜县某大学工作，临行时，清水教授给他的后辈、名古屋大学今鹰真教授写了一封信，以便我能够利用名古屋大学中国文学研究室的资料。托两位老先生的福，我每个星期都去一次名古屋大学中国文学研究室，借阅那里的图书。有一天，今鹰真教授指着研究室里的一个玻璃柜告诉我："这些都是青木文库的资料。但是很遗憾，现在没有人整理和研究。"我问："为什么？"他说："因为大家都忙着写博士学位论文。"于是，我自告奋勇，希望能帮着做一些整理工作。今鹰真教授很爽快地答应了。

玻璃柜里有一些书籍、论文原稿、笔记及一些中国的年画和戏单等。论文都是青木在各种刊物上已经发表过的底稿。据今鹰真教授说，这些笔记未被收入《全集》。于是我决定先整理十二本青木笔记。这是我开始了解青木名物学的第一步。这十二本青木笔记是：

①《蓬庐杂记》，大正九年四月起。

②《讲书杂录》，时间不详。

③《鄙事备忘》，昭和二十年四月起。

④《竹窗杂抄》（一），昭和二十一年七月起。

⑤《竹窗杂抄》（二），昭和二十一年八月起。

⑥《鸿城杂录》，昭和二十五年四月起。

⑦《鼓东杂录》，时间不详。

⑧《借读抄存》（二）~（六），时间不详。

其中，最早的《蓬庐杂记》是青木博士的研究题目的笔记，共有49条。1~45条有“以上大正十三年东北大赴任前之杂记也”字样。46~49条有“此盖昭和十三年转任京大前的腹案的话，应是十二年秋季的腹案”字样。所以，笔记可以分为前期和后期。前期的内容主要包括文学、戏曲和艺术方面，后期主要是名物学方面。

《讲书杂录》是青木博士讲义用的备忘录。前半部分主要是画论方面的内容，后半部分主要是诗、赋方面的内容。如《六如画谱》《小山画谱》《楚辞》等抄录的条目内容。

除了《蓬庐杂记》和《讲书杂录》以外，其余的十本笔记都是关于名物学的内容。这些笔记是日后形成“青木名物学”的重要资料。关于“青木名物学”，青木博士在他的《中华名物考·自序》中写道：“为了理会专攻的中国文学，感到有必要了解中华风俗，经常在研究室阅览《点石斋画报》。”此外，在放假归乡时，尽管《清俗纪闻》（十三卷本，中川忠英编）缺一册，也还是“飞跑过去买回来了”。还有，对于江户时代山东京传的《古董集》，柳亭种彦的《还魂纸料》，喜多村信节的《瓦砾杂考》《筠庭杂考》等书，“征引古图以考证从前的风俗器物，牵动了我的心，对于研究中华风俗也是一法，痛感到应当学习”。

为此，青木博士在大正十四年去北京大学作访问学者时，利用日本文部省的补助金，请画工绘制了一些北京风俗画，后出版为《北京风俗图谱》，意在补全只介绍南方（江苏、浙江、福建）

的《清俗纪闻》的不足。青木博士在给当时东北帝国大学法文学部长武内义雄谈绘制图谱的设想时，书名为《风俗图谱》，“北京”二字是后来加上的，大概也有强调北方的意思（请参见我译注《北京风俗图谱》中《致武内义雄的书简》，2019年，东方出版社）。

除了请人绘制《北京风俗图谱》外，青木博士还搜集了《新春画册》（二册）、《戏单》、《门票》、《前台梁尘录》、《鸡肋》、《祭礼纸样》、《神码及娘娘码》等风俗年画和资料。这些资料在内容上属于“风俗研究”的范围，但已经有若干“名物研究”的要素包含在内。例如《门票》中夹有“局票”这样的东西，这是当时宴会时，招请妓女作陪的一种传票，恐怕当今的人们已经不知道“局票”为何物了。总之，所有这些都可以看成是青木博士为日后研究“名物学”所做的准备。我称之为“胎动期”。

青木博士真正开始研究“名物学”是在昭和十六年（1941），即转任京都大学三年以后的事。那是在企划出版以介绍中华文化为目的的“丽泽丛书”之际，翻译工作由青木博士的弟子分担，奥村伊九良译《历代画论》，中田勇次郎译《考槃余事》，杉本行夫译《秘传花镜》。大家在翻译时，向青木博士提出了各种问题，如“藤墩”“桐油脚”为何物？于是，青木博士和大家一起查找资料，用青木博士的话说，这是他研究“名物学的端绪”。我称之为“始动期”。

青木博士研究的“第一步”，是《鄙事备忘》、《竹窗杂抄》（一）（二）的笔记，主要是饮食方面的内容。《竹窗杂抄》（一）的冒头注有《鄙事备忘》续编也”，故知三本笔记在内容上具有连贯性。其早期论文《落雁与白雪糕》就是在《鄙事备忘》等笔记资料的基础上写成的。

昭和二十一年（1946）四月至十二月，青木博士在京都大学作了以《名物学绪论》为题的演讲。他颇有感慨地说：“不管怎么说，这是前人未发的尝试，建构相当辛苦，但也乐在其中。”其后，他不断订正、修改、补充演讲内容，在九州大学作了以《名物学通论》为题的演讲，后来又在山口大学、立命馆大学也作了演讲。在这些演讲过程中，青木博士逐渐形成了自己的名物学理论体系，最终“将我的所谓中华名物学体系公之于世”（《中华名物考·自序》），这就是《中华名物考》这一名著的问世。我称之为“形成期”。

青木博士在《中华名物考·序说》中指出，在日本最早论及“名物学”的是博物学家白井光太郎博士。他在题为《作为博物学者的贝原益轩》的讲演中，将名物学、本草学和物产学都作为博物学的一部分看待。青木博士对此表示了不同的看法，他认为“名物”这一词汇虽然最早出现在《周礼》中，有周官“辨名物”的记载，然而还不能说这是“名物学”的开始。莫如说“名物学”是作为训诂学的密不可分的一部分发展而来。所谓训诂是有关字义的研究，而训诂学则是语言文字学的一部分。现存最古的训诂书《尔雅》中，语言的训诂有三篇，而名物的训诂则有十六篇。基于这一事实，青木博士认为“名物学”源于训诂学。

其后，陆续出现了《小尔雅》《广雅》《方言》等书，都没有超出训诂学的范畴。到了后汉，以训诂名物为主的《释名》出现，标志着“名物学独立的端绪”（《中华名物考·序说》），青木博士给予高度的评价。青木博士认为，著者刘熙以“名物学的自觉”撰写了这本书，与《尔雅》相比，不单是训诂，而且“说明具体，易懂，有着长足的进步”（《中华名物考·序说》）。

青木博士还指出，《诗经》的名物学也是“名物学”的来源之一。“因为《尔雅》也是以训诂《诗经》为主，故而名物学的根源也在于《诗经》的名物学”（《中华名物考·序说》）。同时还指出《诗经》名物学的研究之所以受到重视，是因为有孔子诗教的影响。在《论语·阳货篇》里，孔子认为学诗有益，其中一条是“多识鸟兽草木之名”。也就是说，学诗可以认识很多动植物的名称和实物。青木博士以陆机的《毛诗草木虫鱼疏》为例，“本书体例举一句诗，就其中动植物的今名和方言的差异、形状、食味、药性等予以具体的说明。《释名》尚属以训诂为主，而本书是以研究物质为主，可谓纯粹的名物学正是由此开始”。

另外，与“名物学”相关的也很多。青木博士主要举出以下六个方面，以此说明“名物学的展开”。

① 礼学方面（《三礼》的注疏，图解）。

② 格古方面（考古学的古器物珍玩，宋以后的文房珍玩）。

③ 本草方面（药物学，动植物矿物学，《本草纲目》）。

④ 种树方面（园艺学，动植物品目性状等记述，谱录类）。

⑤ 物产方面（关于地方物产的记录，史部，地理类，杂记之类）。

⑥ 类书方面（关于万般物品事项的历史文献的分类编辑，《三才图会》）。

在昭和三十年代，也就是20世纪50年代，青木博士的著书《琴棋书画》（春秋社，昭和三十三年，1958年）、《随园食单》（译著，六月社，昭和三十三年，1958年）、《中华名物考》（昭和三十四年，1959年）、《中华饮酒诗选》（昭和三十五年，1960年）、《酒中趣》（筑摩书房，昭和三十七年，1962年）、《中华茶书》（春秋社，昭和三十七年，1962年）相继刊行。从这些著作中可以看出，青木的“名物学”主要集中在饮食方面。加上《华国风味》（弘文堂，昭和二十四年，1949年），青木的“名物学”大体上分为如下几个方面：

① 果子方面。

② 料理方面。

③ 酒方面。

④ 茶方面。

⑤ 其他。

至于为什么青木博士对饮食研究情有独钟，其中一个重要的原因是战时粮食匮乏，一般的日本百姓总是填不饱肚子。他在《借读抄存》（三）中写道：

> 近年我国战时食料不足，作为对策从满洲输入了大豆及豆饼，与我们的主食混合配给。
>
> 豆饼的味道不一定坏，然而曩日主要用途是作为肥料。在中国亦不过是肥料及猪饲料。想到此，不禁感慨不已，故进而将此补抄云尔。昭和二十年（1945）七月一日早，边听广播敌机向土佐湾北进云云的防空情报，边记。守拙道人识。

为了补充食物的不足，1945年，日本从伪满洲国运回大豆及豆饼，和米饭掺在一起供给百姓。此外，他还在《华国风味·自序》中写道：

> 近年由于饮食生活的窘困，总是在这方面紧绷着敏感的神经，读书的时候也极易盯上饮食方面的内容，写东西的时候笔尖也总是不由得往饮食的话题游走。既不是文学，也不是丝瓜，实为惭愧，我对自己的强烈的食欲也感到吃惊。尽管如此，我总是在心里祈祷这是长寿的征兆。今年迎来六十花甲之寿，作为纪念，结集了这十几篇充满食欲的文字，来祝福一下自己。昭和二十年（1945）七月在主食迟配中，迷阳老饕识。

迟到的食物配给，把青木博士沉浸在中国文化的思绪也不断地带到饥饿的现实中来。于是乎，他总是在字里行间寻找着珍馐美味。这颇有点“画饼充饥”之感，正是青木博士的无奈之举。然而，即使在那艰难的时代，青木博士不忘幽默，自号为“老饕”，实际上，他也是名副其实的美食家。

二、青木正儿和年画

关于青木正儿和年画的关系，我曾在《北京风俗图谱》的译后记中略有记述。青木正儿在这本书的原编者序中写道：“此图谱是大正末年（1926）我在北京留学期间策划、制作目录，并请当地画工绘制而成的。费用则仰仗我当时供职的东北大学法文学部支出。”我认为，这本图谱虽不能称之为年画，却是由制作年画的画工们制作而成。不用说，那些画面自然也是充满年画的气氛。

绘制《北京风俗图谱》的画工是青木正儿委托琉璃厂的来薰阁老板陈济川先生找的，先后聘用过两名画工。根据东北大学史料馆保存的资料，这两位画工的名字是刘延年和何茂记。

这两位画工无疑是制作年画的画工，只不过这次是依照青木博士的企划内容制作的。这一点，与一般的年画略有不同。但他们仍用传统的画法和着色，与年画的画面无异。很多地方与青木博士所设想的画面不同，很多地方不尽如人意。对此，他在《北京风俗图谱·岁时图谱》中写道："己丑丙寅间，余留学燕京。暇日往往游街观风，乐旧俗之未废，意欲请人图之。请学而许可，乃自编目录付之画师，事始就绪。而余南游反国，仍托友董理，三易画工，阅两年而成焉。"青木又在《北京风俗图谱·序》中写道："不过，我在北京逗留的时间比较短，能够使用的经费也有限，聘用称职的画工也有一定的困难，所以对结果很不满意。"虽然三易画工，还是令他很不满意。

关于"三易画工"一事，根据上面所引的东北大学史料馆的资料，只见到了刘延年和何茂记的名字，而第三位画工的姓名不详。或者，这"三"的数字亦有不定的复数"多"的意思，即"几易画工"。这种用法在《论语》中经常可见，"三人""三省"等都是不定的复数。还有，青木博士在《北京风俗图谱·岁时图谱》中特意写道："日本青木正儿编，中华刘延年图。"由此可见，他对画工刘延年还是比较满意的。刘延年也许更能理解青木的构思和意图。

实际上，青木博士原本是想收集一些和名物学有关的文物资料，他在《中华名物考·自序》中回忆道，本想收集一些明版的插图，但这要花费大量的资金，未能实现。所以退而求其次，有了制作"图谱"的念头。他在给东北帝国大学法文学部长武内义雄教授的信中写道："去年向学部长提出的收集中国风俗资料一事，终未能找到一个申请大笔金额的途径而作罢，甚为遗憾。我觉得制作好"风俗图谱"以后再回去也好啊。为此，我找到了善于绘制风俗图的画工，打听了一下价钱，普通画帖大小的工笔画平均一帧三元，可按照我的要求绘制。一百帧要三百元，裱装费等其他杂费五十元。共计三百五十元。按照眼下的银洋兑换价格，需要五百日元。所以想请学部长予以考虑。图谱分为（一）婚仪，（二）葬仪，（三）年中行事，（四）剧场，（五）化妆，（六）器用，（七）市井风俗，等。由我斟酌，令其绘制（我对摄影颇有自信，也收集了各种资料，虽然照片可以再现实际情形，但不方便说明物体）。"在这里，他具体说明了自己的想法，并初步定名为"风俗图谱"，这就是后来《北京风俗图谱》的雏形。青木博士还特意说明了摄影和绘画的不同，他认为绘画更能说明物体的特性。这也是出于名物学的考虑。

应该指出的是，青木博士对绘画也颇有造诣，他绘制的画作古色古香，颇有中国文人画的气韵。青木幼年时，他的父亲曾延请南画家到家里教授绘画，可以想见他从那时起就进行了扎实的基础训练，为日后的绘画打下了良好的功底。现在，能够看到的青木博士的绘画，有《陆放翁诗意图》（《青木正儿全集》第四卷），以及《苏子美诗意图》（《青木正儿全集》第九卷）等七幅作品。此外，在京都大学文学部中国语学中国文学研究室编辑的《中国文学报》第七十九册（2010年4月）里，载有一幅青木的画作，画题是《王维诗意图》。这三张彩色绘图画风细腻，色调淡雅，颇有南画之遗风。

《王维诗意图》是我京都大学中国文学研究室的老前辈、名古屋外国语大学名誉教授都留春雄捐赠给京都大学文学研究科的藏品，现由中国语学中国文学研究室所藏。据都留春雄教授介绍，他是这幅画的第二代所有者。都留教授在《备忘录——青木正儿博士的画》中写道："初代的所有者是I氏，I氏是青木博士所私淑的一位，由于是这个关系得到的这幅画，所以不知是青木博士赠送给他的，抑或是I氏向博士索求的画。总之，I氏所有了这幅画，——这是我的推测。我并不直接认识I氏，而是I氏去世之后，经人介绍，由其家属转让了这幅画，因而成为第二代所有者。"（《中国文学报》第七十九册，一二四页）

青木博士去世后，南画家草刈樵谷在《青木的画》一文中回忆道："青木也画画，而且非常好。用'迷阳'这一雅号，经常在半张画笺的纸上描画水墨的线条，在考槃社的谈话会的席上给大家看。考槃社每月在百万遍（在京都大学校区附近——译者注）的中国料理屋聚会。那料理屋的店名忘记了，是中国人经营的小小的饮食店，饭菜的味道很好。二楼有一间狭窄的小屋，大家在那里聚会。旁边的小屋好像是厨师的房间，被子叠得高高的。在青木的作品中，我记得有中国的美人舞剑图，我想，这也许是当时来日本演出的中国京剧名角梅兰芳的舞姿。线条尤其清丽，即使在四十年后的今天，也仿佛历历在目。完全没有彩色。青木和本田蔭轩是考槃社里的两个大关（日本的相扑中最高阶位是横纲，其次是大关，在这里的意思是最能喝的两个酒中豪杰——译者注），两位经常饮酒、谈论中国书画。这对我们习学南画的学生来说，听他们谈论是最好的学习。"（《青木正儿全集》第六卷）

青木博士不但在绘画方面颇有造诣，而且在画论方面也颇有心得。《青木正儿全集》第六卷就有他的画论《金冬心之艺术》、《中华文人画谈》和译作《历代画论》及《铁斋解说》。此外，在

第七卷里有《绘事琐言》《琴棋书画》，在第十卷里有译作《芥子园画传》。由此可见，在他一生的研究中，中国绘画和画论占有重要地位。

在中国的诸多画家中，青木博士对清代画家金冬心情有独钟。这也许与南画的影响有关。他在《金冬心之艺术·绪言》中写道："南画论的主张中，最强且最显著的肝要之处在于所谓的'写意'。即使说'写意实为南画的生命'也绝不过分。（中略）写意是追求形之外的神似。其认识的根源在于尊重气韵。""画与书一致的点在于笔，与诗一致之处在于发想。气韵与三者都有相通之处，故而从画中抽去诗、书二要素所剩布置、形似、墨、彩（中略）何况不太注重形似的南画论中，从他最初的画来看，已经有其艺术价值。""他的画取材不足为奇，构图不足为奇，手法亦不足为奇，然而其画面所表现的效果甚奇。是为何故？即不循画人蹊径，尽脱窠臼，阔步于独特的艺术天地之中。其取材卑近，其构图单纯，其手法稚拙，然而画妙惊人为何者？即其内面秘藏诗意，包外部之稚拙笔致从其中迸发出生动的气韵。稚拙的可贵之处在于天趣，能得天趣时，气韵即在其中。且画中越是深藏诗的内容，其气韵也就越高，而气韵是南画的第一义。由此可见，冬心的画作堪称神品。""呜呼，此翁今若活在世上，吾愿为其执鞭随镫。"

由于青木博士在绘画方面的高度修养，使得他在审视绘画时有着犀利的眼光。因此，可以想象他对画工绘制的画作不满，故而"三易画工"，也是情理之中。虽然有诸多不尽如人意之处，但也不得不收下这些画作，——这严重影响了他日后编写"图谱"的意欲，故而回到日本后，将这些画作交给大学图书馆保存，再也没有触摸这些资料。

不过，青木博士丝毫没有贬低年画的意思，画工毕竟与画院的画师不同，这一点，与南画的文人有类似之处。而且，年画中亦有很多"稚拙"和"神似"的东西。只是从说明物体的角度，对画作的构图、物体的描写等方面有着更高的要求而已。因为，在青木博士看来，这些图像都是将来研究中国文化时，能够正确反映事物原貌的资料。事实也是如此，经过百年沧桑，这些画作已经成为珍贵的文物。正如青木博士所言："但从微小之处开始改变旧习俗的中国的今天，此图谱存在的意义不就越来越大了吗？"（《北京风俗图谱》原编者序）

相反，青木博士在北京逗留期间，热心地收集了大量的年画。年画比较价廉，收集起来也比较容易。不过，年画只有在过年的时候才有销售，我们看到的《北京风俗图谱》里一幅《腊月画棚》，描写在腊月时节临时搭建画棚的热闹景象，这大概也是青木博士所讲的 “游街观风”时亲身经历的场景。那里正是大量出售年画的地方，年画的种类繁多，且内容丰富。所以，只有在北京遇到这样的年节，才能大量收集。而青木博士正是不失时机地收集了这些年画。

青木博士收集的年画现在保存在名古屋大学图书馆青木文库里。这些年画有大张单幅的，也有小张装订成册的。装订成册的部分由中国人民大学民国史研究所的牛贯杰教授影印、编辑并加以解说和注释，书名定为《北京风俗图鉴》。我以为这个书名确切地表现了二者的关系，完整地体现了青木博士对年画的看法和意图。关于书中具体的内容，牛贯杰教授有详细的解说和考证，这里不再赘述。

日本金城学院大学

张小钢

于名古屋明伦居

自序

从知识生产的角度来看，近年学术界越来越重视图像等多媒体资料的整理与利用，无论是在公共史学还是专业史学方面都取得不少的研究成果。

关于文字之外的多媒体文献的价值，英国著名史学家彼得·伯克曾有形象的定位：它们“不能让我们直接进入社会的世界，却可以让我们得知同时代的人如何看待那个世界，它们提供了无价的证据”。言下之意，多媒体文献虽不能成为史学研究的主要来源，却可以将我们带入历史现场，直观地感知历史，触及文字无法表达的细微之处。

《北京风俗图鉴》作为“中国人民大学民国图像史研究丛书”之一，也可视为《北京风俗图谱》的姊妹篇。1925年3月至1926年7月，时任东北大学副教授的青木正儿作为日本文部省在外研究员在北京留学。留学期间，青木专注于搜集北京的民俗和戏曲资料。这些资料不仅限于文献，还有大量的年画、神码、戏单、饭票等。青木在华留学时，深切感受到古都北京的城市景观和风土民俗都在发生变化，面临着西化的挑战和消失的危险。他从专业学者的角度，一方面物色画工绘制北京风俗，另一方面也有计划地在北京购买图像和唱片资料。《北京风俗图鉴》所收录的图像，便是当时青木在北京购买的年画、神码及其生活记录的票据。

这批多媒体文献现藏于名古屋大学图书馆青木文库，大致分为民俗图像、唱片、生活记录三类。这批文献具有以下几个特点：首先，具有珍稀性。由于民俗图像中的年画、神码等并非耐用消费品，民众通常在年节时使用，几乎没有任何保护措施，因此留传下来的数量不多。其次，这批文献保存完好，版本珍贵。青木正儿是在日本学界开创中国名物学和俗文学研究的汉学家之一，他在北京留学期间着意购买的年画和保存的票据，主要目的是用于学术研究，因此选材方面具有典型性和代表性。最后，这批多媒体文献涉及的内容非常广泛，既有反映民间文化中宗教、神话、小说、建筑、戏曲、游乐等方面内容的，也有反映民国时期社会风情、商业物价、审美取向的。

名古屋大学图书馆青木文库所藏这批北京民俗图像资料，包括《新春画册》二册、《神码及娘娘码》和《祭礼纸样》各一册，共计四册。这批图像资料是青木正儿在1922年6月、1925年3月至1926年7月在华期间所收集，绝大部分都与北京有关。

《新春画册第一》收录图像十八张，表纸写有“大正十五年十二月辑”字样。图像为彩色木版画，标准尺寸为60cm × 105cm，多出自北京隆福寺的正兴德亨记画铺。主要是当时北京民众春节所张贴的门神、年画以及反映新春民俗的风俗画，为彩色木版画，色彩绚烂，保存完好，有《天赐黄金》《八路进财》《农人乐》《庆顶珠》《八蜡庙》等。

《新春画册第二》收有四十一张图，大多尺寸为30cm × 50cm，包括吉祥寓意的年画，如《财神过年》《富贵有余》等；涉及小说和戏曲场景的年画，如《拿九花娘》《新喜笑三合》《封神演义》《马芳观城》《铁公鸡》等；表现游艺娱乐的年画，如《摔跤图》八幅，尺寸为28cm × 26cm。

《神码及娘娘码》画册有二十三张图，表纸上写有“大正十五年二月辑”，标准尺寸为40cm × 36cm，包括关圣大帝、玄坛赵元帅、增福积宝财神、三官、天仙娘娘、眼光娘娘、子孙娘娘、培姑娘娘、家宅六神等反映北京地区民间信仰的张贴图像。

《祭礼纸样》画册共有二十一张图，表纸写有“大正十五年五月辑”字样，挂钱标准尺寸为43cm×28cm，内容有四季平安、五福临门、天宜赐福等。还有八仙图、灶神图、升官图等，尺寸为57cm×34cm。

青木文库所藏戏曲史料包括三方面内容。第一部分是“戏单”，以北京戏单为主，有少部分京剧在日本演出的戏单，共计二十九枚，如三庆园、北京各校沪案后援会救济罢工共同游艺会等演出戏单。第二部分为“前台梁辰录”，有六十七枚，包括戏曲广告、剧谈告示，属于不可多得的社会史、文化史、传播史资料。第三部分为“杂件”，包括青木正儿在北京以及各地游历的物价史料、门票、包装、执照等，如周作人等在北大请他吃饭的招待状等。

这批资料真切地反映了民国时期的风土民俗和社会面貌，它们最大的意义在于保护和传承。这里的保护，不仅仅限于如历史文献一般庋藏于恒温恒湿的雅室高阁，而是让更多的人认知与感受到它们的存在，能使读者“引起非常的怀念，沉醉在古都北京的追忆之中”，进而得以传承和发扬。

这批资料的整理，得到了北京市社会科学基金规划项目的经费支持。党的十八大以来，党和国家对于北京的首都战略定位更加明确，坚持和强化首都“四个中心”的核心功能。其中，全国文化中心的建设，既是政府的工作重点，也是百姓的热切企望。这批珍贵的域外多媒体资料的整理与出版，直接提供现实的文化资源，有助于发掘“人文北京”的历史内涵。

本书的写作和出版得到了很多良师益友的支持与鼓励。首先最应感谢的是日本金城学院大学文学部张小钢教授。他本是我的导师张研的挚友，后因学术结缘，与我渐成忘年之交，对我多有提携。他从事青木学研究多年，出版《青木正儿家藏中国近代名人尺牍》等论著，尤推重青木正儿的名物学研究。这套丛书的第一本《北京风俗图谱》是我们首次合作的成果。日本学者中塚亮曾系统整理了名古屋大学图书馆青木文库多媒体资料的目录，为本书的写作提供了基础，在此谨以致谢。写作过程中，我得到了长尾伸一、黄爱平、杉山宽行、高广旭、韩华、邓文锋、申学峰、赵崔莉、王建伟、韩丹、刁书翰等师友的鼓励与建议，在此一并感谢。中国人民大学首都发展与战略研究院为本书的写作提供了平台支持，在此向张杰、李文钊、侯新立、樊雪等同人表示感谢。编辑出版过程中，北京出版集团夏中南先生、文津出版社总编辑高立志先生和编辑王铁英女士提供很多有益的建议，张帅、陈平女士为本书做了细致耐心的编辑工作，在此深表谢忱。最后，感谢中国民族文化艺术基金会理事长白国庆先生为本书题撰书名。

图像、音视频等多媒体文献是民国史研究独特的史料，近年越来越受到学界和出版界的关注，出版了为数不少的图像系列丛书和图典图志。不过，总体而言，对多媒体资料的利用和研究工作还远远不足。我们愿与学界同人共同推动并持续深化这一领域的研究。

牛贯杰于北京麦钟桥

2023年7月

目录

卷一　新春画册第一

卷二　新春画册第二

卷三　神码及娘娘码

卷四 祭礼纸样

附录

卷一

新春画册 第一

香蜡店里驱散恶鬼用的威力无比的烟花爆竹正等着买主。

新春画册第一

《新春画册第一》，青木正儿题注"大正十五年二月辑"，
即1926年2月辑，
该画册收录民国年画十八幅，
落款为青木正儿的私人藏章"守拙庐藏书印"[1]。

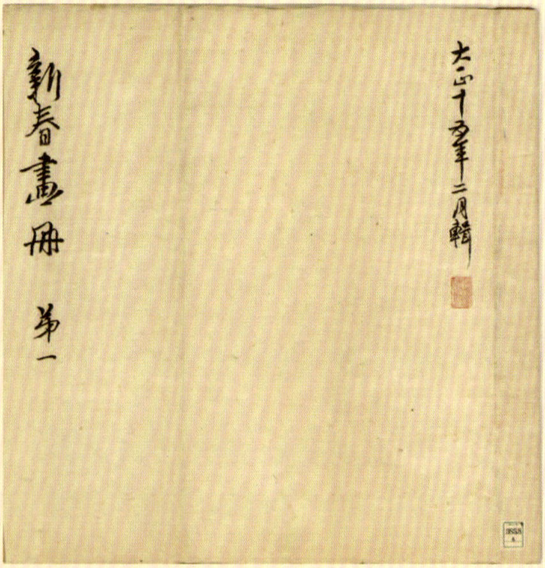

青木正儿一生三次访问中国。其中第二次是以日本文部省在外研究员的身份来北京留学。他1925年3月26日从日本出发，1926年3月离开北京，在中国停留了一年左右的时间。[2] 新春画册的辑录时间恰逢中国的春节。[3] 这也是青木正儿在中国所过的唯一一次春节。

这一画册对青木正儿而言，至少具有三方面的意义。

1. 2016年，北京保利春拍成交了明代丁云鹏的《王右丞诗意图》，该画亦有"守拙庐藏书印"的钤印，并有"迷阳青木正儿题于守拙庐"的题字。

2. 关于青木正儿第三次来中国的时间，学界论述存在分歧。张小钢认为，青木正儿第三次来中国的时间是1926年3月18日，参见张小钢编注：《青木正儿家藏中国近代名人尺牍》，"序言"，大象出版社，2011年，第6页。李莉薇则认为1926年3月18日是青木正儿回国的日期，"4月6日再次返回中国上海"。参见李莉薇：《青木正儿的京剧观》，《戏曲研究》，第100辑，2017年，第118页。无论哪种说法，题注时间表明，青木正儿在北京完成了《新春画册》的辑录。

3. 1926年，农历正月初一对应的公历日期为2月13日。

其一，这是青木正儿对中国春节的亲历记忆与历史见证。回到日本后，青木追忆了他在中国过年的情形：“我在北京过了一次正月，当然是农历”；“我辈闲人被称作溜达派，为了名副其实，就来到熙熙攘攘的东四牌楼大街信步走去，旁观街上的景象”；“小吃铺的蒸笼里正蒸着年糕，冒着白茫茫的蒸汽”；“香蜡店里驱散恶鬼用的威力无比的烟花爆竹正等着买主”；“走街串巷的货郎担子上摆着青皮萝卜或红皮萝卜，正月中妇人女子为辟邪气吃萝卜，俗称‘咬春’”；“那边又摊开着廉价的俗唱本、日历和升官图之类”；“而那吊挂着天津粗劣的石版画的就是所谓画棚，有瑞气叆叇‘大过新年’之图，有发财心切者喜欢的‘财神叫门’图，有喜庆的‘瑶池上寿’图，有子孙繁荣的‘会亲家’图，稍微风雅一点的有西湖风景、四季花鸟和人人喜爱的戏曲图，都将贴在万家新春的墙壁上，使百姓为之气象一新”。[1] 青木正儿记录的这些年画，都包括在《新春画册第一》当中。

其二，这是青木正儿在北京留学期间注重搜集中国风俗图像资料的具体表现。青木正儿回忆他在京都大学读书期间，“为了加深对所攻专业中国文学的理解，有必要知道中华的风俗”，同时也对“征引古图以考证古代风俗器物的方法深为心折”，[2] 因此他对风俗画的资料颇为留意。其实，青木正儿在中国画方面颇有功底。他师从近代日本文人画的集大成者富冈铁斋，于1922年与“对水墨画尤为感兴趣的同好者”成立了“考槃社”，隔月聚会，带来自己的作品，互相品评，“会后往往从附近叫来中华料理，边吃边开怀畅谈

1. [日]青木正儿：《从春联到春灯》（1927年1月），引自其杂文随想录《竹头木屑》，[日]内藤湖南、青木正儿 著，王青译：《两个日本汉学家的中国纪行》，光明日报出版社，1999年，第125页。

2. [日]青木正儿：《中华名物考（外一种）》，“自序”，中华书局，2005年，第1页。

艺术”。[1] 来到北京留学后，青木正儿本打算系统收集中国风俗资料，但因经费问题而作罢。于是退而求其次，聘用中国画工绘制风俗图谱。青木正儿对绘画的重要性有充分的认识：“我对摄影颇有自信，也收集了各种资料，虽然照片可以再现实际情形，但不方便说明物体。”[2] 日本文部省批准了他的计划，要求中国画工“按照所给的画题画出草图，由青木教授监督，令其修改或重画之后，再进行正式的制作”。[3] 这些画作出版时名为《北京风俗图谱》，分岁时、礼俗、居处、服饰、器用、市井、游乐和伎艺8个部分。《新春画册》中收录的一部分作品，描绘了中国人过年时的实际情形，可作为《北京风俗图谱》的补充。

其三，《新春画册》中有不少反映戏曲内容的作品，这些戏曲画既是新春年画的重要组成部分，也是青木正儿戏曲史研究的资料。青木正儿留学北京的年代，也是中国俗文学研究兴起的时代。他的老师狩野直喜是俗文学研究的有力推动者，指出从前“中国低俗文学，即小说、戏曲等，是所谓街谈巷说之类的东西，不齿于大雅君子的；说是全没文学的价值的。所以这方面的严正的研究，几乎没有”。近些年“在中国，在日本，起了研究俗文学的气运”。[4] 青木正儿入学京都大学后，“适际会我师狩野直喜先生将大兴曲学之机运”，在狩野直喜的启发和指导下，从此走上戏曲研究的道路。来到北京后，青木“乘机观戏剧之实演，欲以之资机上空想之论据”，在各地大量观赏戏曲，“得医生平之渴也”。回国后在狩野直喜的不断敦促下，“着手整理资料，旁读未读之曲”，最终完成了名著《中国近世戏曲史》的写作。[5] 青木文库所藏年画中关于戏曲内容的作品，自然与他的戏曲研究有着密不可分的关联。

1. [日]青木正儿：《铁斋翁和考槃社》，引自其师友杂忆《竹窗梦》，《琴棋书画》，中华书局，2008年，第192页。
2. [日]青木正儿：《致武内义雄的书简》，[日]青木正儿编图，[日]内田道夫解说，张小钢译：《北京风俗图谱》，东方出版社，2019年，第265页。
3. 《会计科给文部省回答文的抄件》，同上，第276页。
4. [日]狩野直喜：《中国俗文学史研究底材料》，《中国文学研究译丛》（影印本），上海文艺出版社，1992年，第131页。
5. [日]青木正儿：《中国近世戏曲史》，“原序”，上海文艺联合出版社，1956年，第2页。

农人乐

农历正月初一为一年之始，
是中国人一年当中最重要的假期。
与现代假期的休闲理念不同，传统的中国春节忙碌而隆重。
戏文有曰："腊月里，整一年，封印后，官事完。
扫房与祭灶，多忙乱，百般样东西子全得买，贴门神，挂对联，纸马香锞佛前献。"[1]
这反映了人们准备过年的忙碌情形。

临近一年末尾的"岁暮"，人们开始忙着准备过年。明代北京的传统是，腊月"初一日起，便家家买猪，腌肉，吃灌肠，吃油渣，卤煮猪头，烩羊头、爆炒羊肚、炸铁脚小雀加鸡子、清蒸牛白、酒糟蚶、糟蟹、炸银鱼等，醋熘鲜鲫鱼、鲤鱼"。[2] 这些比平时隆重复杂的"腌""烩""炒""炸""蒸""糟""熘"等烹饪技艺，是春节特有的"烟火气"。春节前大约三个星期的时间，"对于北京人是非常忙碌的季节"。不仅市民忙，"还能看到一群群乡下人穿过北京的大街"。他们这时候在农田里无利可图，为了挣一笔外快来补贴昂贵的冬季家用，将寻找买卖机会的注意力转移到了都市地区。他们给城市带来了农民的娱乐消遣，白天是行走在大街小巷的货郎，比如卖年画，卖杉树枝、柏树枝和芝麻秸等，晚上则化身为杂耍艺人。[3]

1. 李家瑞编：《北平风俗类征》（上），北京出版社，2017年，第171页。
2. [明]刘若愚：《酌中志》，卷二十，北京古籍出版社，1994年，第183页。
3. 罗信耀著，[日]式场隆三郎译：《续北京的市民》，文艺春秋社，1943年，第260—263页。

60cm × 105cm

年画《农人乐》描绘了农家喜获丰收的场景。男女老幼身着鲜艳衣衫，脸上喜气洋洋，有人锄地，有人打场，有人犁地，有人堆谷，鸡犬相闻，好一幅丰足和美的田园景象。墙壁上贴着醒目的告示：“勤俭人家发财。”年画《农人乐》反映了人们重视农业、期盼丰收的美好愿望。

中国古代是以农为主的社会，自上而下非常重视农业。先秦时期的《吕氏春秋》有载，正月，“天子乃以元日祈谷于上帝”。[1] 到了清朝，皇帝选择在正月第一个辛日，即上辛日在天坛祈年殿举行祈谷仪式，“御辇高丈余，十六人舁，以象驼祭品”。[2] 二月，皇帝又在先农坛举行耕藉礼，“示重农意”。[3] 三个王爷代表三公，九个一品大员代表九卿，皇帝推四下，公卿推九下。按照旧制，“帝本三推，咸丰时四推，示重农意。作诗悬于更衣殿，后以为制”。[4] 民间而言，“扫舍之后，遍贴年画”，如《农人乐》《孝顺图》之类的年画“令小儿看之，为之解说，未尝非养正之一端也”。[5]

1. [战国]吕不韦：《吕氏春秋》，上海古籍出版社，1989年，第10页。
2. 《燕京杂记》，北京古籍出版社，1986年，第111页。
3. 夏仁虎：《旧京琐记》，北京古籍出版社，1986年，第65页。
4. 夏仁虎：《旧京琐记》，第68页。
5. [清]李光庭：《乡言解颐》，中华书局，1982年，第66页。

大过新年一

清代北京满汉有不同的过年风俗。

满族之家，善事吃喝，讲究排场礼节。除夕日晚，多吃米饭，酒菜多备，有"一年到头有饭吃"的说法。值得一提的是"年饭"小锅，盛之碗中，满满当当，碗的中间是一块大柿饼，柿饼周围配有各式果品，如生栗子、红枣、荔枝等。柿饼中心有孔，插松枝，枝上缀以红线，拴铜钱五枚，谓之"五子登科"，松枝则称"摇钱树"。年饭之外，又有年糕。每份年糕分黄、白两块，称为"金银"，糕上有红枣、栗子等。吃的时候两块上下合之，置一碟上，糕顶插一元宝花，上有小人做舞钱之状，供在佛前，称"年年高"（年糕的谐音）。

除夕夜，满族有迎财神的传统。孩童拿着财神码满街大呼："送财神爷来了！"满族家庭取此吉利，不先购置财神码，专等小孩送来，接进财神码一张，给以铜元数百。凌晨，举行"接神"礼。此礼多主妇行之，焚纸烧香，自外跪叩而入，即为迎神。然后磕头、打磬、上香，自主妇以下皆向佛前行一跪三叩礼。[1] 这个叩头礼亦称"达儿头"，主妇盛装下跪，身向前探，头下低，头忽向右端做微侧之状，同时右手举起，指砸两把儿头之拉翅，少顷头正复原状，右手亦下垂，此为一叩，如此有三，礼乃成。[2] 除夕接神进屋后，有些讲究。例如，屋中之土，务必堆集一处，不得散落，谓土为财，撮土便是"往外撮财"；水也被视为财，院里放一大盆，应泼之水倒在盆里，否则是"往外倒财"。大年初一紧守一天，初二一早，送水的水贩临门，谓之"进财"，才可以把存的土和水倒出去。

---

1. 芙萍：《旗族旧俗志》，王彬、崔国志辑：《燕京风土录》，上卷，光明日报出版社，2000年，第41页。

2. 芙萍：《旗族旧俗志》，王彬、崔国志辑：《燕京风土录》，上卷，光明日报出版社，第12页。

新年
福
五福臨門

60cm × 105cm

旗人女子皆头插纸扎的红花，花瓣甚小，上嵌金元宝、小人、绿叶等，称为“石榴花”。满族风俗讲究除夕夜诸神下凡，间有鬼影，女子头插石榴花用以辟邪。石榴花自除夕夜插戴后，昼夜不摘，凡五日止。到正月初五（“破五”）那天，女子将石榴花摘下扔到街上，称为“扔灾”。如果有小孩无知，把花带回家，一定会受到家长的责骂。女子红妆，儿孙新装，家中长辈坐上，儿女行磕头礼，称为“辞岁”。长辈赏给儿孙压岁钱，儿孙则敲囊作响。全家通宵达旦，互相拜年。

除夕后半夜，家家户户忙着包饺子。旗人岁首以“吃素”为宜，讲究元旦吃素，终年吃素，因此除夕后半夜到大年初一这段时间不准吃荤。素馅饺子“虽无肉腥，而菜料殊多花样”，有白菜、胡萝卜、香菜、鲜姜丁、冻豆腐丁、芝麻粒、黄花、木耳、炸豆腐等，以香油拌馅，饺子皮讲求式样，多在外皮周围掐以各种花边。由于时间紧迫，全家七手八脚，一派“大家饭，大家乱”的景象。[1]

初一早上吃完饺子后，家家举行拜年礼，近支亲属之间也在这一天拜年。但特别讲究的人家则初一闭门守岁，初二再开门拜年。到对方家拜年时，先拜佛，再拜年长者，以此类推，行一跪三叩礼。受拜者多护让不肯受礼，年岁或辈分相等者则一笑而罢，称“不敢当”等谦辞。民国年间移风易俗，免磕头礼，改为请安。受拜者必欠身恭拜，口头加以赞语，如“一顺百顺”“顺顺当当”等吉祥话。妇女拜年，得等到“破五”以后进行。[2]

1. 芙萍：《旗族旧俗志》，王彬、崔国志辑：《燕京风土录》，上卷，光明日报出版社，2000年，第43页。

2. 芙萍：《旗族旧俗志》，王彬、崔国志辑：《燕京风土录》，第44页。

大过新年二

汉族的过年风俗与满族不同。

除夕日，家家户户装饰一新，迎接新年。大门旁挂桃木板制作的桃符，上或刻字，或贴纸制的春联或画像，明代《幼学琼林》“岁时”开篇有曰：“爆竹一声除旧，桃符万户更新。”[1] 桃符逐渐演变为春联，如《燕京岁时记》载，“春联者，即桃符也”。清朝百姓家中贴的春联用红纸，内廷和宗室王公府邸的春联则是红边或蓝边的白纸。[2] 与桃符辉映的是挂千，“用吉祥语镌于红纸之上，长尺有咫，粘之门前”。[3] 室内挂福神、鬼判、钟馗等画，“床上悬挂金银八宝，西番经纶，或编结黄钱如龙”，[4] 妇女戴“闹蛾”头饰，“乃乌金纸裁成，画颜色装就者，亦有用草虫蝴蝶者，或簪于首，以应节景”。[5] 选取较大的松柏枝插于瓶中，缀以古钱、元宝、石榴花等，谓之“摇钱树”。“以彩绳穿线，编作龙形，置于床脚，谓之压岁钱。”[6]

除夕夜，在门檐、窗台等处插芝麻秸，曰藏鬼秸中，不让其出来；门窗贴红纸葫芦，曰收瘟鬼；在院里烧松柏枝，曰烧松盆。屋里悬挂祖先影像，将狮仙斗糖、麻花馓子等食物用染五色苇架竹罩陈列，家长率全家拜祀，然后按长幼顺序各自拜年，曰辞岁。祭拜过后，全家聚坐食饮，曰守岁。五更天，焚香楮举行送迎仪式，送玉皇上界，迎新灶君下界。[7] 接神以后，即为新年。“初次出房时，必迎喜神而拜之。”[8] 明清两代以至民国，北京及周边地区都有“辞岁”“守岁”的民俗。[9]

---

1. [明]程登吉：《幼学琼林》，岳麓书社，2002年，第16页。
2. [清]富察敦崇：《燕京岁时记》，北京古籍出版社，1981年，第95页。
3. [清]富察敦崇：《燕京岁时记》，第98页。
4. [明]刘若愚：《酌中志》，卷二十，北京古籍出版社，1994年，第177页。
5. [明]刘若愚：《酌中志》，卷二十，第178页。
6. [清]富察敦崇：《燕京岁时记》，第98页。
7. [明]刘侗、于奕正：《帝京景物略》，上海远东出版社，1996年，第119页。
8. [清]富察敦崇：《燕京岁时记》，第99页。
9. 康熙朝《宛平县志》《昌平州志》《大兴县志》，乾隆朝和民国年间纂修的《房山县志》，都记载了“辞岁”民俗。光绪朝《顺天府志》则直接引用明代的《帝京景物略》。

過新年
善德堂

60cm × 105cm

大年初一是北京城一年中最热闹的时光。《帝京岁时纪胜》中有一段描述非常精彩，为我们呈现了清代北京的过年盛景。视觉上："除夕之次，夜子初交，门外宝炬争辉，玉珂竟响。肩舆簇簇，车马辚辚。"听觉上："闻爆竹声如击浪轰雷，遍乎朝野，彻夜无停。更闻有下庙之博浪鼓声，卖瓜子解闷声，卖江米白酒击冰盏声，卖桂花头油摇唤娇娘声，卖合菜细粉声，与爆竹之声，相为上下，良可听也。"[1]

另外，北京过年有很多讲究。比如，年前要"丢百病"，各家把前一年吃剩的药饵扔到门外，药方捡而焚之。[2] 除夕自户庭以至大门，凡行走之处，遍以芝麻秸撒之，谓之"踩岁"。年夜饭用金银米为之，上插松柏枝，缀以金钱、枣、栗、龙眼、香枝，破五之后才去掉。[3] 新年当天，不能吃米饭，"惟用蒸食米糕汤点，谓一年平顺，无口角之扰"。不洒扫庭除，不撮弃渣土，名曰"聚财"。正月不迁居，不糊窗槅，谚语有云："正五九，没处走。"[4]

北京城拜年，有互送鲜花的习俗，"牡丹呈艳，金橘垂黄，满座芬芳，温香扑鼻，三春艳冶，尽在一堂"，故称为"堂花"。[5] 拜年多用贺年帖互相投递，大部分情况下，帖子是从门缝飞进去，所以也称作"飞帖子"。《燕京杂记》载，"正月初旬，拜年者踵门，疾呼接帖，投一名刺，匆匆驰去，多不面晤主人。司阍者记其姓名于册，多有不识者。倘无司阍者，客到嫌于启门，贴一纸囊于门外，外写'请留尊柬'四字，拜者投刺于中即去"。[6]

1. [清]潘荣陛：《帝京岁时纪胜》，北京出版社，1961年，第6页。
2. [清]潘荣陛：《帝京岁时纪胜》，第37页。
3. [清]富察敦崇：《燕京岁时记》，北京古籍出版社，1981年，第96—97页。
4. [清]潘荣陛：《帝京岁时纪胜》，第11页。
5. [清]富察敦崇：《燕京岁时记》，第98页。
6. 《燕京杂记》，北京古籍出版社，1986年，第111页。

会亲家

年画《会亲家》生动描绘了女儿出嫁后回门时娘家人的情形。

年画上方有字云："为人别当娘，常将儿女挂心肠。日久不相见，急忙快打算。教儿跟着走，茄子窝瓜一大担。只恐家门关不好，骑上驴儿倒着看。人家笑我不打驴，我的主意更会变。陡起精神放大癖，薰的驴儿跑似一条箭。女儿门口便不远，亲家婆子迎上面。时兴女婿俏皮郎，手提雀笼头打辫线。满心喜欢下了驴，并不徒吃他家一顿杂面。娇儿相见泪两垂，想来亲家婆子安心不善。"这些文字以母亲的第一视角描述了她的心理活动。自女儿出嫁后，母亲牵肠挂肚，早早做好探望女儿的准备。临走时，母亲一方面把早已提前备好的礼物让儿子挑着，另一方面见女心切，唯恐忙中出错，骑在驴上倒望家门。一路上心急如焚，好在女儿未远嫁，很快到夫家。女儿、女婿和亲家婆在家门亲迎。女婿打着整齐的辫线，提笼架鸟，潇洒至极。女儿见到母亲，喜中带泪。母亲则担心站在后方迎亲家的婆婆对她不好。

年画中配有文字的形式使图文相得益彰，情景交融。

婚俗中有"归宁"或"回门"的礼仪，即迎娶仪式礼成后，新妇要回娘家与父兄亲友见礼。有的从迎娶之日起算，第二天回门，也有四日或六日后，娘家接妇，婿亦随往，即日而返。回门是新妇首次归宁，出于新妇对娘家的留恋，娘家对此非常重视。俗语云"回门不见婆家瓦"，娘家要赶在黎明之前把新妇接走。到了娘家，新婚夫妇拜神佛、宗亲、新娘父母及亲属，然后摆上宴席。"女儿首次归宁，必然要将初婚所见向父母、长辈们禀报一番，对这桩婚事是否满意必要流露出来"，如不满意，"不免母女相对流泪"，"但生米煮成熟饭，好坏都无法改

六合同春
祥
天開美景春光好

60cm × 105cm

变，至此，一个女人的命运就这样决定了”。回门是传统婚礼的尾声，回门礼仪的结束标志着婚礼礼成。[1] 此后，凡（农历）九日、十二日、十八日，娘家必馈食物于女，曰作“单九”“双九”“十二天”。娶后一月，妇归母家，一月始返，曰“住对月”。此后每届年节，女归宁。[2]

在中国古代文化中，嫁女又称“泼出之水”，意即女儿成婚后成为丈夫家庭的一员，主要生活在婆家。但新妇的家庭地位并不高。清代旗人习俗中，新妇有多种禁忌。如“于一月之间，每届晨起，须先往见翁姑，见而必请‘双腿儿安’，口中并加呼唤，且须面带笑色。倘面带愁容，虽前往‘请早安’，亦必受呵责，谓清晨早起不加喜欢，于家庭必有不利”。新妇早餐后，必须梳头。“倘不梳头时，姑必加以斥责，谓之‘挠着毛儿’，将有不利于其女婿也。”“平时媳妇无座位，讲究在地下滴滴地乱转，具有‘机灵便儿，眼力见儿’。”伺候翁姑烟茶，旱烟抽一袋装一袋，茶则喝一碗倒一碗。直待翁姑发言曰“姑娘你坐下歇歇”之时，媳妇于是始得觅座歇腿，且须“站有站相，坐有坐相”。“尤于来人会亲之际，为媳妇者须应酬周到，无事不敢多言。”[3] 新妇“住对月”后，“开始做针线活计，另一方面并受妇家道上之规训”，活计开手多做裤子，给新郎做裤子一条，谓之“抱腿”。[4] 这一吉祥话也反映出男尊女卑的含义。

从年画上看，手提雀笼头打辫线的俏皮女婿与相见泪两垂的娇女形成了鲜明对比，恐怕疾驰前往会亲家的母亲内心的担忧不无道理。

---

1. 常人春：《红白喜事——旧京婚丧礼俗》，北京燕山出版社，1996年，第79—81页。
2. 徐珂编纂：《老北京实用指南》，上册，社会科学文献出版社，2017年，第81页。
3. 王彬、崔国政辑：《燕京风土录》，上卷，光明日报出版社，2000年，第12页。
4. 王彬、崔国政辑：《燕京风土录》，上卷，第64页。

感亲孝祖

年画《感亲孝祖》讲的是中国古代孝治的故事。画上题字云："高年心性喜勤俭，致因此事惹子烦。荒山备下茅檐处，送归此地离家园。忿脱耳净忘不孝，小孙孙女暗周旋。跪听直谏父合母，般祖回家传孝言。昔在癸亥季秋月。上浣。"画中人物从左至右依次为贵廉、汤氏、赵松华、赵本固、贵安、推车人、何氏以及邻居二人。

故事原文为，荆州枝江县人赵本固，为人忠厚，与人佣工，甚是殷勤。积些钱文，娶妻何氏，生一子，名唤松华。后来佃田营生，克勤克俭，治有六七石之谷。松华渐渐成人，娶汤姓之女为妻。初产一女，名唤贵廉，次产一子，名唤贵安。松华夫妇素不尽孝，兼之父母年老无能，本来持家之主，好谈勤俭立业之语，每日早晚必把儿媳告诫。松华夫妇嫌他语多重叙，心中生厌。于是山坡修一茅屋，造一小车，将父母送至其间，以免厌烦。贵安自馆归家，不见二老，问其姐姐，始知其情。姐弟二人心皆不安，又不敢阻拦，于是跪倒父母面前，几微进谏。松华曰："尔欲报恩，尔去侍奉。若想搬二老回家，是万不能的。如若再向我面前胡吵胡闹，定要打死你两个鬼崽。"贵安姐弟也不敢作声，只得前去侍奉。二人行至中途，计议曰："到山坡见了二老，若说明此情，不惟更助二老之叹，且彰父母不孝之过，如何是好。"贵安曰："到山坡且用好言宽慰，令二老畅怀，岂不两全其美。"贵廉曰："可也。"赵本固老夫妇居于山坡，自办饮食，冷冷淡淡，想起当年事故，不由自叹。姐弟二人一片巧言，哄得二人畅然心快。贵廉与弟曰："暂把二老安寓虚乐之境，至秋凉之日，若父母仍不准二老回家，可该怎的？"贵安曰："姐姐在此侍奉二人，弟归家窥父母意见，再作道理。"行至途中，遇一半跛道士，授《体亲养育歌》一遍。贵安拜受，诵读一遍。其

親孝祖
昔在癸亥季秋月
上浣
貴廉
湯氏
趙本固
趙松華

60cm × 105cm

中情理真切，于是贴在中堂，令父母见之，使其自悟。松华夫妇见之，诵读之后，仍若泛常。贵安自思曰："父母终不醒悟，如何是好。不若把送祖之车反而精藏，故使父知。"父怪而问曰："尔安用此？"答曰："留此以待亲老耳。"此言一发，松华夫妇愕然感悟，自悔过错，即迎父母归养，终成孝子。后贵安十三岁入庠，连捷科甲，贵廉亦配显宦，福禄荣身。[1]

这个故事出自清代的教化善书《宣讲拾遗》。清朝实行以孝治世的政策，顺治帝曾颁布治理基层社会的圣谕六训，即孝顺父母、尊敬长上、和睦乡里、教训子孙、各安生理、毋作非为。《宣讲拾遗》由清人冷德馨和庄跛仙根据圣谕搜集古人遗事汇编而成。全书通俗易懂，"宣之而如歌词曲，讲之而如道家常"，对基层百姓进行"不拘乎地，不择乎人，不限以时，不滞以礼"的宣教。[2] 年画《感亲孝祖》自然也是孝治教化的另一种形式。

除了书、画之外，戏曲也是宣教的重要形式。1909年，《感恩孝祖》由评剧创始人成兆才等在滦县、乐亭农村地区首演。[3] 值得一提的是，此戏贵廉一角由11岁的男孩月明珠饰演，他"俊美的扮相、甜美动听的童声唱腔和真挚的情感深深打动了许多观众"，[4] 此剧成为评剧成形中的重要剧目。

---

1. [清]冷德馨、[清]庄跛仙集，林直清校勘：《宣讲拾遗》，上海广益书局，1942年，第40－45页。
2. 张岸登：《〈宣讲拾遗〉序》，[清]冷德馨、[清]庄跛仙集，林直清校勘：《宣讲拾遗》，第1页。
3. 王乃和编：《成兆才研究资料》，中国文联出版公司，1989年，第301页。
4. 宋瑞夫：《评剧史上的一颗明珠——月明珠传略》，中国人民政治协商会议唐山市委员会教科文工作委员会：《唐山文史资料》，第四辑，第160页。

财神叫门

年画《财神叫门》描绘了清代官宦家庭过年迎财神的情形。
虽然是"财神叫门"，
但在清代满人的风俗中，送财神、迎财神的礼数却不能有丝毫的怠慢。

陈鸿年先生的《故都风物》中有这么一段描述：到了年三十的晚上，天似黑还未黑，这时候忽然传来了一声："老太太！老太太！给您送财神爷来啦！"一些半大孩子，夹着一沓儿"财神爷"纸像，挨门挨户地给人送财神爷，算是最后一件事了！要是已经请过了"财神"，您可以答复他："请过了！"若是还没有，一大枚便可接过一张。[1]

满族的风俗是除夕接财神，大年"初二日，祀财神"。[2]"二日晨，居民商肆，均祭财神，焚香放炮，供以雄鸡、鲤鱼、猪头、羊肉等品。同时燃酒杯中酒尽，持财神码（神码者，即纸绘之神像也）置于庭中之松柏枝、芝麻秸上，与黄钱、阡张、元宝等并焚之。亦有赴财神庙焚香借元宝者，谓借之则财旺，次年加倍还之。"[3]家中迎财神，"向财神方行百余步。这一天不许花钱，说是花了钱一世会受穷"。[4]祭财神之前，多等候"倒水的"进门倒水之后，谓之"进财"。然后将除夕夜小儿送的或纸店请的财神码请出，置于神夹子之间。神夹子为木质之窄板，双层式，中可夹神码，下部为木墩式，立之不倒。立神夹子于供桌之间，或就势置于佛案之前，陈之以各种供品：猪肉、羊肉皆切成四方块，尤以活鲤鱼最为讲究，除夕之前沿街有小贩叫卖，购之置于

1. 陈鸿年：《故都风物》，北京出版社，2017年，第324页。
2. [清]震钧：《天咫偶闻》，北京古籍出版社，1982年，第214页。
3. 李家瑞编：《北平风俗类征》（上），北京出版社，2017年，第6页。
4. 苏奕林：《北平过年的禁忌》，《大公报》1936年1月23日，第10版。

正興德

60cm × 105cm

水碗或水盆，至祭财神时供于案前。除供品之外，又有酒杯，或三或五，杯中盛满酒，用火将杯中酒点燃，杯中放出烈绿之焰，高可半尺，加以元宝钱粮之饰（皆纸质也），成对红蜡，同时点着，此时可谓酒祭时。地设蒲垫，上祭者行三跪九叩礼，次则家人按序附带，俱行三跪九叩礼。礼成香尽，庭院设松枝架子，上祭人举香并财神，并元宝钱粮，一并置于松枝架上焚化。这样祭财神始告完礼。然后家人七手八脚，恢复佛前原位。[1]

旗人家庭绝少单供财神爷，但财神的地位无疑属于“大佛”之列。一般而言，家庭供奉的财神形象为关公，位于中心，两旁配之以周仓、关平，再两旁则为马童等，一般每层供佛为五位，佛龛有五层、七层、九层不等。除夕供品讲究者有三列。第一列是离龛最近者，为蜜供。蜜供为白面蛋油糖蜜之质所制而成，以小细条为单位，合组之，状如小楼，体透中空，形式美观，而食之得味。蜜供每供五位，每位一碗，一供又称一堂，托以高足之圆碟，越显蜜供之高。供于佛前，其蜜不化，谓有神意。撤供时，除自家吃用外，常以蜜供赠人互相酬酢。第二列之供品是月饼，位于蜜供之前。月饼为饽饽店所制售，一般为红白套饼，红月饼质为白糖香油等素品所制，专为上供之用，白月饼为荤馅，购之者乃为食用也。红月饼每堂亦分五碗，每碗摆月饼五个，最大者居于最下部，以上皆渐小，至顶作异形——上顶之月饼上并加一桃托儿。桃托儿之上有一小面桃，面桃之尖有红点，明面并有红面条之小寿字。第三列之供品为面鲜，即面质果品，如石榴、桃儿等，摆在月饼之前，每堂五碗。新年旗人来家拜年，例先拜佛。来客拜佛时，家人击磬，并作赞词，如云“保护着顺顺当当，多多发财”，无“新年吉祥”之语。京城汉人与旗人杂处，“汉人供佛之制，骤观之，显与旗家无多差别”。[2]

---

1. 王彬、崔国政辑：《燕京风土录》，上卷，光明日报出版社，2000年，第44—45页。

2. 王彬、崔国政辑：《燕京风土录》，上卷，第34—37页。

财宝到家，平安吉庆

这一天北京有吃馄饨的讲究，谓之元宝。
“远近鞭炮之声，盛于除夕，以此可见祭财神之虔。”[1] 晚清以降，世风丕变，工商论财之风日盛，拜财神借元宝的习俗更加流行，“每岁正月初二日（九月十七日亦然），倾城往祀，商贾、妓女尤伙。庙祝更神其说，谓借神前纸锭怀归，俟得财，当十倍以酬神，故皆趋之若鹜也”。[2]

北京的财神庙中，“广宁门外财神庙，报赛最盛”，“庙貌巍焕，甲于京师”。[3] 大年初二，众人“争烧头一炷香”，“倾城男妇，均于半夜，候城趋出，借元宝而归。元宝为纸制，每出若干钱，则向庙中易元宝一二对，不曰‘买’而曰‘借’，归则供之龛中，更饰以各色纸制之彩胜，盖取一年之吉兆也”。[4] 五显财神庙每年只在正月初二开庙一天，庙里供奉五位掌管财富的神仙，合称“五显”。民国时期，财神庙的庙会还有人摆出“金马驹子”，“这是用黄土泥巴捏的小马，糊满金纸，驮着金银元宝聚宝盆，由注册领证的摊位出售，价格不菲。据信这个吉祥物买回家就能带来巨额财富。还有用红丝线穿起来的一串串泥胎糊金纸，用细竹棍挑着的小元宝，也是财神庙庙会上特有的纪念品”。[5]

1. [清]让廉：《京都风俗志》，北京古籍出版社，1981年，第2页。
2. 徐珂编撰：《清稗类钞》，第一册，中华书局，1984年，第8页。
3. [清]震钧：《天咫偶闻》，北京古籍出版社，1982年版，第194页。
4. 汤用彬、陈声聪、彭一卣编著，钟少华点校：《旧都文物略》，华文出版社，2004年，第280页。
5. 罗信耀著，罗进德译写：《旗人风华——一个老北京人的生命周期》，文津出版社，2020年，第493页。

60cm × 105cm

天宁寺南亦有一座财神庙，“庙址伣陋，而香火綦盛，人心好利，趋者蚁集”，“以元旦越晨，最称盛况。庙内西偏，小室片楹，即财神所在。相传神最灵异，有求必应，神座下粲累然，皆纸质银锭，苟能背人窃得一枚或数枚者，归必财源大辟，陶朱殷富，不难立致，额手自庆，若真可信。特须于次届完愿，什倍相赵，倘渝此盟，神必不佑”。[1]

拜财神的风气越来越普遍，有寺庙还改成了财神庙。彰义门（即广安门）外六里桥有一座五圣庙，俗呼五哥庙，本来祭祀南方的五通神，后有“好事者高其闬闳，廓其廊宇，以纸作金银锭，大小数百枚，堆垒几上。求富者，斋戒沐浴，备牲醴而往。计其所求之数而怀纸锭以归，谓之借。数月后，复洁牲醴，更制纸锭，倍前所借之数，纳诸庙中，谓之还。或借或还，趾错于途，由来久矣”。[2]

1. 陈莲痕：《京华春梦录》，竟智图书馆，1925年，第34页。
2. 俞蛟：《梦厂杂著》，文化艺术出版社，1988年，第8页。

八路进财

“八路进财”是北方年画的常见题材。南方年画中常见“五路财神”的画题，五路财神分别指东、西、南、北、中五路，中路是赵公明，东路为“招宝天尊”萧升，西路为“纳珍天尊”曹宝，南路为“利市仙官”姚少司，北路为“招财使者”陈九公。[1] 同确有所指的五路财神相比，八路财神无论在方位上还是财神具象上似乎都为虚指，与四通八达、四面八方的含义以及八的数字吉语有关。

年画《八路进财》中有七个财神形象，从右至左依次是财丰、长有、进宝、富贵、宝聚、翠玺和珍味，此外还有借畜力运财的猪，他们从陆路步行、肩扛、挑担、骑马、推车，从水路舟行，把财宝运来。

从画中半副对联的内容看，这户人家应是书香门第。此联应为：“室有余香，谢草郑兰燕桂树；家无别况，唐诗晋字汉文章。”谢草，指东晋时期谢灵运梦到“池塘生春草”的佳句。郑兰，出自《左传》，说的是郑文公侧室名燕姞，梦天赐其兰花。曰：“以是为而子。”后来郑文公宠幸燕姞，生子取名兰，即郑穆公。燕桂树，出自北宋时期冯道赠窦禹钧诗，诗云“燕山窦十郎，教子有义方。灵椿一株老，丹桂五枝芳”，描述了窦禹钧教子有方，五子登科的佳话。下联讲的是，唐代以诗著名，晋代以字著名，汉代以文章著名。[2] 这副楹联流传甚广，既存于故宫禁苑，[3] 也出现在南北文人雅士的故居当中。北方如北京文史馆馆员颜仪民在北京西城丰盛胡同的故居亦

1. 参见顾希佳主编：《中国节日志·春节》（浙江卷），光明日报出版社，2013年，第74页；沈泓：《中国财神年画经典》，海天出版社，2015年，第254页；张道一：《纸码：心灵的慰藉》，山东教育出版社，2018年，第358页。
2. 蔡东藩：《联对作法》，上海科学技术文献出版社，2018年，第345页。
3. 欧孟秋：《竹轩清韵》，海峡书局，2017年，第247页。

路進財
寳聚
富貴
珍味

60cm × 105cm

有此联，“旧时北京最长之门对，字数多达十一个，每扇门板分行刻之，其辞藻更重典雅深湛；且必有名家书写，巧匠精雕，良工油漆，以不失其大家风范也”；“老北京四合院门对之字句，无论摹写还是雕刻，必须先披麻刮腻子，而后再以桐油、火漆及银朱（朱砂）髹饰。其格式一般是黑底儿红心儿，心子中的字或为黑色或为金色（讲究者贴金箔儿而不涂金粉）”。[1] 南方如云南建水清末进士朱朝瑛的朱家花园号称“边陲大观园”，院中挂有此联。[2]

颇有趣味的是，年画中描绘的进财人家为何不是专计求财的商人家庭，而是读书为业的书香门第呢？这恐怕与中国传统的财富观念有关。《礼记》“大学”篇有载：“是故君子先慎乎德。有德此有人，有人此有土，有土此有财，有财此有用。德者，本也；财者，末也。”[3] 道德与财富之间是本和末的关系，对个人、家庭和国家来说莫不如此。追逐财富“道善则得之，不善则失之”，通过读书了解德和财的关系之后，财富才能滚滚而来。正所谓“生财有大道，生之者众，食之者寡，为之者疾，用之者舒，则财恒足矣”。[4] 仁者以财发身，不仁者以身发财。以财发身，意味着成就事业和名誉；以身发财，意味着劳役其身，以发其财。书读得通，八路进财就是自然而然的事情。这也印证了“书中自有黄金屋”的意义。

1. 周简段：《字里乾坤》，新星出版社，2017年，第168—169页。
2. 蒙树宏：《蒙树宏文集》，第6卷，云南大学出版社，2016年，第187页。
3. 叶绍钧选注：《礼记》，王云五主编：“万有文库”，商务印书馆，1926年，第234页。
4. 叶绍钧选注：《礼记》，王云五主编：“万有文库”，第235页。

天赐黄金

年画《天赐黄金》表达了人们希望新的一年财运亨通、丰衣足食的美好愿望。年画中，拿着金元宝的天官和背着摇钱树的送财童子乘龙驾云，龙口吐出元宝和铜钱，吐到百姓事先备好的聚宝筐中，筐上有“金银满园”“宝聚财丰”的贴符。庭院中种有摇钱树。画面下方是送财的一家人和接财的一家人，远方有两人运财宝而来。地面散落着铜钱和元宝，连家中豢养的鸡犬都背着元宝等财物。

“天赐黄金”的说法在民间流传甚广，源于《二十四孝》中的“郭巨埋儿”。

最早记载此事的是东晋干宝所著《搜神记》。郭巨兄弟三人，早年丧父。葬礼结束后，两个弟弟提出分家。家产有两千万钱，每个弟弟各取千万。郭巨和妻子“居客舍”，供养母亲。过了一段时间，妻子产下一子。郭巨认为养儿妨碍事亲，老人的食物还要分给儿子，于是决定荒野凿地，“欲埋儿”。挖着挖着，郭巨发现有石头盖板，打开一看，有一釜[1]的黄金，中有丹书，曰：“孝子郭巨，黄金一釜，以用赐汝。”郭巨从此以孝名扬天下。[2]

宋人的《太平广记》和元代的《二十四孝》都将这一故事记载流传。晚清时，翰林院编修黄锡彤将该故事改写为“为母卖儿”。原文如下：汉郭巨，字文举，家贫，有子三岁，母减食与之。巨谓妻曰：“贫乏不能供母子，又分母之食，盖卖此

1. 釜，汉代流行的一种圆底窄口的炊具。
2. [东晋]干宝：《搜神记》，辽宁教育出版社，1997年，第78页。

黄金

60cm × 105cm

子，子可再有，母不可复得。”妻不敢违。一日，巨掘坑三尺余，忽见黄金，釜上有字云：“天赐黄金，郭巨孝子，官不得夺，民不得取。”黄锡彤题诗云：“郭巨思供给，卖儿愿母存；黄金天所赐，光彩耀寒门。”[1] 今人对该故事的描述与黄之改写出入不大。

戏曲中也有“天赐黄金”的情节。如1940年首演的越剧《冰清玉洁》，讲的是清朝人张振行善，发起赛神会。邹子伊在会上聚赌，引诱张振儿子张贵贤赌博，以致家财输光。张贵贤回家与妻子争吵，立志投军。邹子伊向张家讨账，见色起意，欲以贵贤妻抵债。张振怒斥子伊，子伊放火烧屋未成。张振得病，贵贤妻割股疗亲，得天赐黄金，与贵贤团聚。子伊则得恶报。

不难看出，无论郭巨还是贵贤妻，他们之所以得到“天赐黄金”，都付出比常人更多的代价，通过“卖儿救母”和“割股救父”等义举，才收获家庭团圆、衣食富足的美满结局。“天赐黄金”是因义生财，有义得财，这体现了中国古代的孝道文化和财富观念。

1. 《二十四孝图》，中国书店，1993年，第26页。

瑶池上寿

“瑶池上寿”的故事源自道教，相传农历三月初三为西王母寿诞，西王母邀约诸位神仙前往瑶池赴宴，举办蟠桃盛会。民间儿歌唱道：“年年有个三月三，王母娘娘庆寿诞。各洞神仙来上寿，蟠桃美酒会群仙。”年画反映了百花、牡丹、芍药和海棠四位花仙子在桃园采摘蟠桃筹备寿宴的情形。画中仙女背着花篮，地面花篮里堆满了蟠桃。蟠桃是王母娘娘的两件宝物之一，据说人吃了之后可得上寿。寿联中常见的“玉宇早春六厘东驾，蟠桃上寿一鹤南飞”反映的便是“瑶池上寿”的情形，小说《西游记》中也有孙悟空大闹王母娘娘蟠桃宴的情节。

蟠桃宫摄影（一）[4]

西王母又称金母、瑶池金母，《山海经》中记载其本是掌管灾疫和刑罚的怪神，后在流传过程中逐渐温和化、女性化，成为年老慈祥的女神，传说住在昆仑山瑶池，园内种有蟠桃。[1] 农历三月初三，是道教中西王母的寿诞日或出道日。[2]“相传为西王母蟠桃会之期，东便门内太平宫，俗呼蟠桃宫”，三月“初一至初三，庙市士女拈香，游人甚众”，[3] 是北京城三月最热闹的地方。

1. 李耀宗：《中华节日名典》，陕西师范大学出版社，2018年，第322页。
2. 有些地方有以农历七月十八日作为王母寿诞的民俗。
3. [清]让廉：《春明岁时琐记》，王碧滢、张勃标点：《燕京岁时记（外六种）》，北京出版社，2018年，第200页。
4. 《蟠桃宫摄影（一）》，《新晨报》1929年4月12日，第6版。

瑤池上壽

60cm × 105cm

民国年间，三天的庙会改为五天，“这五天的热闹，倒很仿佛新年的长甸”。时人记录了当时的庙会情形：“城墙下一道河，河上一顶石桥，桥下有一个小庙，里面烧香的人络绎不绝。庙西的河岸上，北面是各种玩艺、器具、糖食的小摊头，五光十色。南面是卖茶的席棚，在里面喝茶。中间是一条路，男女老幼（中国人、外国人）熙来攘往，摩肩擦背，拥挤得不能放步走，只好在里面顺着群众的潮流，慢慢地混出去。茶棚后面，又有许多杂耍的布棚，变戏法的，唱蹦蹦戏的，卖弄刀枪本领的，演作各种技艺的，一时也看不了许多，但见布棚里外的人都很拥挤。再往后一片旷地上，都是些汽车、马车、东洋车和那些车上的车夫们。”[1] 庙会上最应时的食物有三种：豌豆黄儿、凉粉儿和炸鸡蛋角儿。[2]“许多妇女在那里很虔诚地烧香磕头”，其中不乏苏兰舫等戏曲女演员，“衣香鬓影，颇为游人瞩目”。[3] 儿童则时有走失情况发生。仅1922年农历三月初四这天，警察捡到迷路的小孩就有七个，多半情况是“较大的孩子带着较小的孩子逛，因拥挤而走失”。[4]

跑马是蟠桃宫庙会的一项特色活动，有所谓“春郊试马”的别称。跑马形式自成一派，“与外人之所谓跑马完全不同”。“其跑马场系为一种直线，大约华里一里余，最长亦不过二里。马道上垫松土，并无号令，欲赛跑者可以自由加入。在此道之一端，有二匹以上，或三、四、五匹不等，同时并驰，以先至道之彼一端者为胜利，亦无所谓标志等项也。至马之跑式，以急走平驰为最尚，若窜行、颠行等类，不问其速度若何，均归失败。亦绝无赌博之行为，不过互相竞争，以博一粲而已。”游人随意参观，无所谓入场券等项费用，马道旁亦无防御线和维持秩序之人，如果发生意外，“此肇祸之车马即行疾驰逃去，不加迴顾，亦并无出而干涉阻止也”，“颇有自然乐趣”。[5]

阴历三月初的北京，“花蕊嫣红，柳枝染绿，燕啄新泥，莺争煖树”，一派早春气象。京城百姓踏青原野，徜徉于郊野河岸之间，恐怕蟠桃盛会之意“不尽在乎此庙也”。

---

1. 《蟠桃宫》，《新社会报》1921年4月13日，第4版。
2. 芙萍：《京俗小识・蟠桃宫》，《世界日报》1926年10月28日，第7版。
3. 《蟠桃宫之衣香鬓影》，《北京晚报》1922年4月2日，第2版。
4. 《蟠桃宫失迷之小孩》，《京报》1922年4月4日，第5版。
5. 韶公：《燕京旧俗志》45，《岁令篇》21，“蟠桃宫”，《晨报》1928年2月17日，第5版。

八仙图

八仙的道教故事可谓家喻户晓，也是年画的重要题材。年画《八仙图》描绘了八仙围桌饮酒的场景。从左至右八仙人物依次为：韩湘子、张果老、吕洞宾、铁拐李、汉钟离、曹国舅、蓝采和和何仙姑。由于八仙均为凡人得道，代表男、女、老、少、富、贵、贫、贱不同的社会阶层人群，因此在民间广为流传。

八仙的传说出现很早，有汉代八仙、唐代八仙、宋元八仙等不同版本。直到明代，吴元泰所著《上洞八仙传》（又名《八仙出处东游记》[1]）才将八仙形象固定下来。全书分为两卷，五十六回，鲁迅将其归为“神魔小说”。书的前半部分讲的是“铁拐（姓李名玄）得道，度钟离权，权度吕洞宾，二人又共度韩湘、曹友，张果、蓝采和、何仙姑则别成道”，后半部分讲的是八仙“赴蟠桃大会，归涂各履宝物渡海，有龙子爱蓝采和所踏玉版，摄而夺之，遂大战，八仙‘火烧东洋’，龙王败绩，请天兵来助，亦败，后得观音和解，乃各谢去”。[2]八仙的故事又称为《东游记》。

年画中背向而坐的铁拐李是八仙之首，蓬头浓髯，肤黑跛足，头戴金箍，巨眼如环，相貌丑陋，却神通广大，法器为宝葫芦。齐白石对铁拐李的形象情有独钟，是他早期人物画的常画题材之一，曾题字云：“形骸终未了尘缘，饿殍还魂岂妄传。抛却葫芦与铁拐，人间谁识是神仙。”[3]

汉钟离在八仙中的地位仅次于铁拐李。他的人物原型是东汉将领钟离权，因其生于汉代，故称汉钟离。据《吕真人本传》载，汉钟离的形象赤面伟体，坦腹虬髯，却善草书，通诗画，“字画飘然有凌云之气”。[4]他的法器为芭蕉扇，在年画《八仙图》中与铁拐李迎面而立，举杯持扇。

---

1. 关于该书版本的考证，参见柳存仁：《伦敦所见中国小说书目提要》，书目文献出版社，1982年，第23—28页。
2. 鲁迅：《中国小说史略》，北新书局，1925年，第168页。
3. 齐白石：《铁拐李》，1555mm × 330mm，成画约在20世纪20年代。杨建飞主编：《齐白石画集》，第4卷，《山水人物》，中国美术学院出版社，2018年，第18页。
4. 引自《瀚堂典藏》数据库之《经部集成·小学类·文字·其他·古今图书集成字学典（中华书局民国影印本）·第一〇五卷，书家部法书名家列传十一，唐六》。

正興德号記

60cm × 105cm

吕洞宾的人物原型为唐代任礼部侍郎的吕渭之孙、海州刺史吕让之子，名吕岩，字洞宾，道号纯阳子，山西蒲州人。道教全真派将其奉为“纯阳祖师”，故有“吕祖”之称。吕洞宾两次科举不第，在长安酒肆遇汉钟离，经历种种考验，终度成仙。吕洞宾的形象为读书人，戴华阳巾，系八丝绦，颇有汉代张良遗风，个性不羁，好酒好色，潇洒风趣，法器为长剑。民间流传很多他除暴安良的故事，声望位列八仙之首，全国很多地方建有专门的吕祖庙、吕祖坛和吕祖祠，道观中也常见吕祖殿、吕祖阁等祭祀场所。

张果老的人物原型见于唐代郑处诲编撰的《明皇杂录》。他本名张果，“隐于恒州条山，常往来汾、晋间，时人传有长年秘术。耆老云为儿童时见之，自言数百岁矣”。“唐太宗、高宗屡征之，不起。则天召之，出山，佯死于妒女庙前。时方盛热，须臾臭烂生虫。闻于则天，信其死矣。后有人于恒州山中复见之。”张果“乘一白驴，日行数万里，休则重叠之，其厚如纸，置于巾箱中，乘则以水噀之，还成驴矣”。[1] 张果以老著名，故称为张果老，法器为纸驴，在民间是长寿的象征。

何仙姑是八仙中唯一的女性。关于何仙姑的身世，浙江、福建、安徽当地都有传说，她善轻身飞行，法器为荷花。蓝采和是出身贫寒的少年，身着破蓝衫，金代诗人元好问曾述其形象：“人笑蓝衫似采和。”他脚穿一只靴子，另一只光脚，在闹市穿行，玩世不恭，乘醉而歌，法器为花篮。韩湘子的人物原型是唐代文学家韩愈的远方族侄，也有说为侄孙，法器为笛子。曹国舅的故事原型是北宋时期的贵族曹佾，其祖父是开国名将曹彬，姐姐是宋仁宗的皇后，故有“国舅”之称。曹国舅在八仙中成仙最晚，事迹也最少，法器为笏板。

由于八仙出自不同年代，代表不同阶层、不同职业，容貌、性格差异大，“其中趣味，自是引人作画也”，而且“八仙已怪，居然人人酒瘾，这又成另一说法”，[2] 故成为画家作画的常见画题。

1. [唐]郑处诲：《明皇杂录》，卷下，王云五主编：《丛书集成初编·明皇杂录及其他五种》，商务印书馆，1940年，第10页。

2. 黄永玉：《黄永玉全集·文学编·杂集》，湖南美术出版社，2016年，第499页。

三月三蟠桃赴会

农历三月初三是道教王母娘娘的生日，年画表现了各路神仙前来拜寿的情形。王母娘娘坐在寿台案后，寿星立于台前，仙人腾云而至，仙女童子携寿礼踏荷叶舟前行，年画右下角盛开的桃花表明了时节。

三月初的北京，风和日丽，万物复苏，年画中的神仙出行拜寿，京城士民也在柳花飘飞的气象中出游，一派“燕姬白马小红车”，赏竞“宫墙官柳青相映”的盛景。据《大兴县志》载，“三月三，风和景丽，载酒出野，临流醉歌，有修禊遗风焉”。[1] 修禊是古代在水边举行的一种祈福祭礼。蟠桃宫，又名太平宫，在东便门内，庙虽极小，三月初三这天却庙市最盛，合京城百姓修禊踏青为一事也。清初诗人查昌业有云：“正是兰亭修禊节，好看曲水丽人行。金梁风景真如画，不枉元宫号太平。”晚清时期的蟠桃宫庙会，“地进河堧，了无市聒，春波泄绿，软土铺红，百戏竞陈，大堤入曲，衣香人影，摇扬春风，凡三里余”，一幅鲜活的《清明上河图》！[2]

1. 《大兴县志》，卷一，“风俗”，清康熙二十四年刻本传抄本，页十七。
2. [清]震钧：《天咫偶闻》，北京古籍出版社，1982年，第153页。

60cm × 105cm

《燕台新月令》云："乐枝红，丁香白，炕火迁于炉，芦芽入馔，蒲根肥，黄瓜重于珍，榆钱为糕，蟠桃会，靴师报祖。"[1] 蟠桃宫庙会上，豌豆黄与杂抓[2] 是应时的食品。北京民俗讲究栽植葫芦必于农历三月三下种，否则结实不繁。[3] 这个时候也是北京吃黄花鱼的时节。竹枝词有云："黄花鱼到要争先，多费无非早一天。正是榆钱才绿后，声声芍药卖街前。"[4] 黄花鱼，亦称黄鱼，又名石首鱼，每年三月初，自天津运至京师，崇文门税局必先"照例呈进，否则为私货。虽有挟带而来者，不敢卖也"。[5] 黄花鱼在北京是稀罕物，清末"当卢汉铁路未通时，至速须翌日可达，酒楼得之，居为奇货，居民饫之，视为奇鲜。虽江浙人士之在京师者，亦食而甘之，虽已馁而有恶臭，亦必诩于人而赞之曰'佳'，谓'今日吃黄花鱼也'"。[6] 民国时期，黄花鱼普及为北京市民迎春的一道佳肴，但仍吃得一个"鲜"字。据邓云乡先生回忆，"每年春天西单菜市场上卖黄花鱼，也不过两三个星期吧，时间一过，连影子也没有了，要想吃，只好又待来年了。这也不免使人增加了岁时之感。因而即使鱼不甚新鲜，也还要买来吃点，那就表示这个春天没有白过"。[7]

北京民俗中还有三月三是蓟菜生日的说法。这一天有吃蓟菜饺子的习俗。谚云："年年三月三，蓟菜开花赛牡丹。"[8]

---

1. [清]汪启淑：《水曹清暇录》，卷二，"燕台新月令"，北京古籍出版社，1998年，第17页。
2. 糖拌山楂等各种果品，购买时各抓少许，故名杂抓。
3. 李家瑞编：《北平风俗类征》（上），北京出版社，2017年，第74页。
4. [清]得硕亭：《草珠一串》，《清代北京竹枝词（十三种）》，北京古籍出版社，1982年，第54页。
5. [清]富察敦崇：《燕京岁时记》，北京出版社，1961年，第58页。
6. 徐珂：《清稗类钞》，第48册，"饮食"，商务印书馆，1928年，第285—286页。
7. 邓云乡：《燕京乡土记》，上海文化出版社，1986年，第422页。
8. 张次溪（江裁）：《北平岁时志》，卷三，台北东方文化书局，1971年，页四。

双钗记·杨大人救收义女

年画《双钗记·杨大人救收义女》反映的是唱词言情小说《双钗记》第二十九回的内容。年画右方描绘了杨大人和杨夫人在官船上率众搭救胡氏姐妹的情形。画中左方的人物形象从左到右依次为（胡）娇鸾、（胡）鸾英和丫鬟乔蓝[1]。

《双钗记》讲的是，明嘉靖年间，苏州人林伯显曾在都察院、兵部任职，因得罪权臣严嵩辞官回家，归乡后过着衣食富足的生活。广东琼州人胡琏进京赶考，路过苏州，不料被强盗劫路，只能街头卖诗为生。林伯显遇到他后，惺惺相惜，赠以白银千两助其赶考。胡琏考中进士后外放苏州知府，回任林伯显的家乡。两人重逢，指腹为婚，定为亲家。不久，林家产下一子，取名林香保，胡家则产下二女，姐姐名唤娇鸾，妹妹叫作鸾英。按照婚约，林香保应娶胡氏姐妹为妻。不料林家家道中落，胡琏夫妇悔婚。林香保乔装孤儿，卖身入胡府充作花童。胡琏与妻女中秋节赏月，吟诗助兴。林香保隔墙对答，锦心绣口，字字珠玑。胡氏姐妹羡其才华，趁胡琏夫妇酒醉问其身世，方得知是她们的未婚夫林香保，遂赠予双钗。不料，胡琏夫妇坚决不同意，将姐妹二人许配给当朝阁老周言表的儿子周龙、周虎。新婚当夜，胡氏姐妹在丫鬟保护下逃离了胡家。

1. 小说原著中丫鬟名为腊梅，年画有所改编。

60cm × 105cm

第二十九回名为“杨阁老拯救胡门女”。杨阁老名为杨洪，在云南封王，没有子女。胡氏姐妹逃婚后走投无路，投江而死。杨洪差满回京交旨，舟至江中，睡梦中听到有人叫“杨洪救人”，惊醒乃是一梦，睡去又听到有人叫“杨洪救人”。他醒来穿上衣服，走出官舱，喊叫救人。惊动得管家、水手一齐问道：“大人，救人的在哪里？”杨洪说：“你看水面上浪花的不是吗？”众人下了挠钩，捞上来一个，放在船头。杨洪说：“原来是一个闺女，你看还有！”又下了挠钩，又捞上一个。杨洪说：“水里边还有个！”再下一钩，又拉上来一个。杨洪说道：“这等贞节女，还有贞节丫头。”不久胡氏姐妹和丫鬟都醒了过来。杨洪问道：“你们是哪里人氏，为何投江寻死，细细说来，我能与你们鸣冤。”胡氏姐妹告之原委，杨大人将她们收为义女，决定讨回公道。

林香保后来考中状元。杨大人进京后，和皇帝禀明二女“甘心受贫，不肯另婚”的原委。天子闻知后，批封大女娇鸾为贤惠夫人，二女鸾英为德惠夫人。林香保与二女终成眷属。[1]

《双钗记》的故事在我国被多种地方戏曲搬上舞台，甚至还传入了韩国。[2] 如在北京，《双钗记》属《弹词十种》之一种，被广为传唱。[3] 又如在上海，1928年7月1日，上海戏院新市场在夜场中演出了改良申曲《双钗记》。[4]

---

1. 胡协寅校勘：《双钗记》，广益书局，1947年。
2. 闵宽东：《中国古代小说在韩国研究之综考》，武汉大学出版社，2016年，第10页。
3. 崔蕴华：《说唱、唱本与票房：北京民间说唱研究》，商务印书馆，2017年，第228页。
4. 姜进主编：《二十世纪上海报刊娱乐版广告资料长编（1907—1966）》，第1卷，上海文化出版社，2014年，第682页。

白玉娘盗取还阳草

年画《白玉娘盗取还阳草》以连环画的方式描绘了戏曲《白蛇传》的三出折子戏，从左至右分别是《断桥》《盗仙草》和《游湖借伞》。从画面看，白蛇与青蛇的形象特点鲜明，白素贞头戴红花，端庄典雅；小青年龄较小，俏丽活泼。

《游湖借伞》讲的是钱塘青年许仙清明节扫墓，在西湖遇到二女，乃白蛇、青蛇所幻化。许仙与二女同舟，与白蛇互生爱慕之情。恰逢下雨，许仙将雨伞借给二女，约定许次日去取。这是白素贞与许仙情缘的开端。

《盗仙草》，亦名《盗灵芝》，故事讲的是金山寺僧法海嫉恨许仙与白素贞的美满姻缘，告知许仙白素贞其实为蛇妖所变。许仙听信法海之言，端午节劝白素贞饮雄黄酒。白素贞推辞不过，饮酒后现出原形，许仙惊吓而死。白素贞为救许仙，潜入昆仑山盗取灵芝仙草。白素贞与守草仙童奋力拼斗，南极仙翁出于同情而赠以仙草，许仙得救。这反映了白素贞与许仙的爱情经历生死而不渝的过程。

还陽草

60cm × 105cm

《断桥》，又名《断桥亭》《断桥会》，故事梗概为：白素贞与法海作战，水漫金山寺，但因身怀六甲，功败垂成。法海命许仙暗藏宝钵下山，嘱咐他在白素贞分娩后将其收入钵内，以了此孽缘。白素贞与小青行至断桥时，许仙赶到。小青恨其薄情，欲加惩处，为白素贞所阻。白素贞临产腹痛，跟随许仙前往姐丈李仁家暂住，夫妻言归于好。断桥是西湖白堤的核心景点，“本名宝祐桥，自唐时呼为断桥”，明万历年间，断桥“甚壮伟，杂植四时花木，建锦带桥，盖望湖亭，游人丛集，称最盛”。[1] 该地早在宋代就有关于白蛇的传说，如“宋时法师钵贮白蛇，覆于雷峰塔下”。[2]

《白蛇传》既是传统戏曲的经典剧目，也是戏曲年画的重要题材。晚清时期，京剧与昆曲演员同台演出《白蛇传》，形成了京昆杂糅的演出形式。京剧四大名旦都曾演过《白蛇传》，荀慧生以京剧皮黄腔演出；尚小云京昆兼具，文武并重；程砚秋以昆曲为主；梅兰芳亦以昆曲演绎白蛇，《金山寺》和《断桥》成为梅派演绎昆曲的经典。

1951年，毛泽东和周恩来在北京怀仁堂观看了梅兰芳主演的《金山寺》和《断桥》。梅兰芳饰演白素贞，他的儿子梅葆玖饰演小青。演出结束后，毛泽东对梅兰芳说道：“梅先生很会扮戏，你看通身是白，唯有额头一个红缨，银装素裹一点红，美极了！”又说：“台上没有水，靠演员演出水来，这和齐白石画虾不画水，反而水意流动是一个道理。京剧的写意性、虚拟性、综合性艺术技巧，是自己的特长，外国戏是比不了的，我们要借鉴和吸收外国的好东西，但首先要爱护自己的好东西，中国戏曲总有一天闯入世界艺术之林，成为毫无愧色的世界戏剧文化。”[3]

1. [明]田汝成：《西湖游览志》，浙江人民出版社，1980年，第8页。
2. [清]徐逢吉辑：《清波小志》，卷下，王云五主编：《丛书集成初编》，商务印书馆，1936年，第27页。
3. 马少波：《毛泽东与中国戏曲》，《马少波近作选》，中国戏剧出版社，1995年，第539—540页。

长安城大闹花灯

年画的画题不仅来源于戏曲，还有流传甚广的演义小说。《长安城大闹花灯》这幅年画取材于清代小说《隋唐演义》。

《隋唐演义》是康熙年间苏州人褚人获所写的一部历史演义小说，反映了隋末和唐朝的历史，共一百回，七十余万字。这部小说流传广泛，学界评价甚高，清人梁绍壬指其“叙炀帝、明皇宫闱事甚悉，而皆有所本”，“可谓无一字无来历矣”。[1] 清代褚人获的《隋唐演义》，以罗贯中所写《隋唐志传》为蓝本，在明正德年间林瀚所编《隋唐志传通俗演义》的基础上，于“其间阙略者补之，零星者删之，更采当时奇趣雅韵之事点染之”[2] 改订而来，是清代长篇章回体历史演义小说的代表作品。鲁迅在《中国小说史略》中点评道，《隋唐演义》“叙述多有来历，殆不亚于《三国志演义》”，人物形象众多，“凡隋唐间英雄，如秦琼、窦建德、单雄信、王伯当、花木兰等事迹，皆于前七十回中穿插出之”。不足之处在于“其文笔乃纯如明季时风，浮艳在肤，沉着不足，罗氏轨范，殆已荡然，且好嘲戏，而精神反萧索矣”。[3]

年画《长安城大闹花灯》反映了《隋唐演义》第十八回“王婉儿观灯起衅，宇文子贪色身亡”的内容。年画上方文字介绍了故事梗概：“炀帝登基坐殿，贪花灭理，朝班信宠宇文、杨素，二人朋党为奸。正月十五贺节，男女大街游玩，惠及仗势抢女，群雄遇见，火攒打死奸臣公子，一怒大闹长安。”该画历史人物

1. [清]梁绍壬：《两般秋雨盦随笔》，上海古籍出版社，2012年，第289页。
2. [清]褚人获：《绣像隋唐演义》，“序”，商务印书馆，1933年，第1页。
3. 鲁迅：《元明传来之讲史》（上），鲁迅先生纪年委员会编印：《鲁迅三十年集》，第9册，《中国小说史略》，鲁迅全集出版社，1947年，第139—140页。

一怒大
閙長安

60cm × 105cm

众多，图下方从右侧起，画有柴绍、祁国远[1]、李如辉[2]、王伯当、宇文惠及、秦叔宝、王老娘、婉娘等小说人物。图上方描述了宇文惠及家中抢男霸女的场面。画面中，富丽堂皇的厅堂、张牙舞爪的衙役与哀告呼号的穷人形成了鲜明反差。年画的内容与我们常听的评书《隋唐演义》中“七煞闹长安”有所不同，评书中秦琼打死的是宇文化及的儿子、宇文成都的弟弟宇文成惠，而小说和年画中是宇文化及的弟弟宇文惠及。

小说开始交代了元宵节长安城繁华灯景下的阶级落差：“且说那些长安的妇人，生在富贵之家，衣丰食足，外面景致也不大动心里。偏是小户人家，巴巴急急，过了一年，又喜遇着个闲月，见外面满街灯火，连陌笙歌”，[3] 于是外出赏灯游玩。市民女子“一双脚头，只管要妆粉的出来，走桥步月”，王孙公子“都在灯市穿来穿去，寻香哄气，追踪觅影，调情绰趣，何尝真心看灯。”[4]

孀居的王老娘带着十八岁的婉儿也在赏灯的行列，却不料被宇文惠及门下游棍看到，宇文惠及垂涎婉儿美色，借故将母女掳到府门。婉儿不从，被打了一顿，锁在房内。王老娘与其拼命，也被打出巷口。秦琼等豪杰路见不平，心头火起，打死宇文惠及，然后大闹长安城，“猛兽身躯，直冲横撞，打得前后奔涌，杀得东倒西歪。风流才子堕冠簪，蓬头乱窜；美貌佳人褪罗袜，跣足忙奔。尸骸堆积平街，血水遍满地，正是威势踏翻白玉殿，喊声震动紫金城”。[5] 宇文述得知儿子惠及被杀，令人将婉儿“拖将出来打死了，丢在夹墙里”，将婉儿家的房屋尽情拆毁，放火焚烧，家人杀尽，王老娘不知所终。

小说作者从平民视角哀叹王氏母女之悲剧，“说甚倾城丽色，却是亡家祸胎”；随后评点秦琼等人的侠烈义举，“使非天默佑，亦皆齑粉也”。[6] 年画作者是否读过小说不得而知，但他是否想表达“祸福本无门，惟人乃自召”的处世态度呢？

1. 小说中为齐国远。
2. 小说中为李如珪。
3. [清]褚人获：《绣像隋唐演义》，商务印书馆，1933年，第38页。
4. [清]褚人获：《绣像隋唐演义》，第39页。
5. [清]褚人获：《绣像隋唐演义》，第41页。
6. [清]褚人获：《绣像隋唐演义》，第41页。

蝴蝶杯

《蝴蝶杯》是一幅戏曲年画。《蝴蝶杯》是传统戏曲的经典剧目，故事取材于清代同名小说。[1] 故事讲述了明朝万历年间，湖北江夏知县田云山之子田玉川在龟山游览时，恰逢湖广总督卢林之子卢世宽强买娃娃鱼，将渔翁胡彦打成重伤。田玉川路见不平，失手打死卢公子。胡彦把情形告诉女儿凤莲后死去。卢林闻讯后封锁江面，玉川巧遇凤莲。两人患难中生真情，田玉川以家传宝物蝴蝶杯作为信物，与胡凤莲订立婚约。卢林命令田云山限期缉拿其子归案，胡凤莲则持蝴蝶杯到县衙鸣冤。五堂会审时，负责调停的布政使董温喜爱凤莲勇敢机敏，收其为义女。正当双方莫衷一是、激烈交锋的时刻，卢林奉旨出征。田玉川改名雷全州投军，救了大帅卢林性命，卢林欲将女儿卢凤英嫁给玉川。卢林得胜班师，田玉川暗访父母。田云山带子投案，卢林杀赦两难，决定将女儿嫁给田玉川了结此事。此时胡凤莲赶到，与田玉川夫妻相认。卢林恼羞成怒，逼迫玉川休妻。田玉川、胡凤莲据理力争，董温亦仗义执言，最后田、胡两人终成眷属。

年画《蝴蝶杯》反映的是故事开场的内容，画中立者为胡凤莲，青衣打扮；坐者为渔夫胡彦，老生扮相，手持的篮子里放着娃娃鱼。从清代升平署档案可知，《蝴蝶杯》是慈禧太后非常喜爱的剧目，将其列为庆寿的演出节目。民国年间，秦腔中出现了《蝴蝶杯》的剧目，“全剧离合曲折，关目既合度，生旦净丑，角色亦全备”，实属“秦腔戏中之得未曾有者”。[2] 由于该戏“场面繁炽，穿插紧凑，颇为可观。至其剧中之事实热闹，情趣繁复，极尽其海陆杂陈之盛致”，[3] 因此被多种戏曲改

1. 话本小说《蝴蝶杯》有清代宝文堂刻本，四册十六回，又名《绣像蝴蝶杯》。参见李云：《传承与突破：近代天津小说发展综论》，天津社会科学院出版社，2018年，第360页。南开大学所藏清末民初储仁逊的《蝴蝶杯》抄本为十回，可参见罗浮散客等：《中国艳情孤本小说》，第1册，内蒙古人民出版社，1999年，第138—194页。
2. 《戏考大全》，第1册，上海书店出版社，1990年，第1037页。
3. 悟公：《全本蝴蝶杯将见于红氍毹上》，《益世报》1935年10月25日，第7版。

105cm × 60cm

编，在全国流传甚广。新中国建立以后，《蝴蝶杯》也推出多种改编本，“如马健翎改编的秦腔本《游龟山》，晋剧改编本《蝴蝶杯》，范钧宏、吕瑞明改编的梆子本《蝴蝶杯》，关戌改编的京剧本《蝴蝶杯》”，[1] 等等。河北梆子《蝴蝶杯》在全国会演中得到刘少奇、周扬等人的高度评价，被评为“优秀传统剧目”。

《蝴蝶杯》宣传海报[2]

1957年，长春电影制片厂以黑白影片的方式将河北梆子《蝴蝶杯》正式搬上银幕。该片由导演《青春之歌》的崔嵬担任剧本整理，著名演员李桂云出演胡凤莲。[3] 京剧《蝴蝶杯》以梆子本为基础进行了改编，胡凤莲为青衣，卢凤英为花旦。[4] 据京剧名旦顾正秋回忆，“《蝴蝶杯》这出戏原本是梆子的，后来才改成了皮黄”，“因为剧中两个女主角的名字都带凤字，所以戏名又叫作《凤双飞》。也有的用开始时渔夫所打得的引起争端的稀奇鱼儿‘人头娃娃鱼’为戏名的” 。[5]

值得一提的是，戏曲中的传世之宝蝴蝶杯并非虚构，这在文献和实物方面都得到了印证。据《陶录》载，“邑绅刘吏部藏古瓷器，内绘彩蝶，贮以水，蝶即浮水面，栩栩如生，来观者众，遂秘不示”。[6] 刘氏所藏瓷器，不正符合“蝴蝶杯传家宝千金难买，将美酒斟杯内彩蝶飞来”的唱词吗？究其原因，古人已掌握光学原理，运用高超的陶瓷工艺制造出“杯满蝶现，酒干蝶隐”的不世方物。

1. 曲润海：《前海会心学步浅痕》，北京时代华文书局，2016年，第197页。
2. 汪海明主编：《中国电影老海报 20世纪50年代》（修订版），河北美术出版社，2006年，第54页。
3. 中国电影资料馆、中国艺术研究院电影研究所编：《中国艺术影片编目（1949—1979）》，上册，文化艺术出版社，1982年，第266—268页。
4. 范钧宏：《〈蝴蝶杯〉改编简记》，《锲而不舍——三修〈蝴蝶杯〉》，《戏曲编剧论集》，上海文艺出版社，1992年，第253—262页。
5. 顾正秋口述，刘枋执笔：《顾正秋的舞台回顾》，宝文堂书店，1987年，第186页。
6. 转引自宋山林：《侯马蝴蝶杯》，《沧桑》，1997年第3期，第47页。

庆顶珠

《庆顶珠》是京剧的经典剧目，全本包括“得宝”“庆珠”“比武”“珠聘”“打渔”“恶讨”“屈责”“献珠”“杀家”“投亲”“劫牢”“珠圆”等内容。其中“打渔”和“杀家”两折常演不衰，成为家喻户晓的《打渔杀家》。

《庆顶珠》取材于陈忱的《水浒后传》第九、第十回，说的是梁山众好汉归顺宋朝后，“短命二郎”阮小五不愿做官，改名萧恩，仍以捕鱼为业。“小李广”花荣退隐山林后偶得一宝，名曰“顶珠”，系在头上，跃入江河，可以分水。花荣喜出望外，邀请故旧好友来庄赴宴。萧恩和女儿萧桂英也应邀前来。席间花荣之子花逢春与萧桂英比试武艺，阴差阳错，竟联成婚姻。桂英受聘花家为媳，花荣赠顶珠为聘礼。由于天旱水浅鱼不上网，萧恩欠下恶霸丁自燮的渔税。一日，萧恩故友李俊携倪荣来访，恰逢丁郎奉命催讨渔税，李、倪将其顶撞回去。丁自燮派教头[1]率家丁前往渔舟捉拿萧恩，被萧恩打走。萧恩以丁氏欺人太甚告官。丁家与官府勾结，县令[2]吕子秋反重责萧恩三十大板，并令其至丁府赔礼。萧恩忍无可忍，乘夜色过江，以献顶珠为名，夜入丁府，杀了丁氏全家。吕子秋调官兵前来捉拿，萧恩寡不敌众，自刎而死。桂英携顶珠入水潜逃。

据同马连良在上海黄金大戏院合演《打渔杀家》的章遏云自述，“此戏从‘得宝’至‘珠聘’一段失传，所以近几十年只演《打渔杀家》”，但她认为《庆顶珠》这个剧名实在有些不通。章遏云讲道，“我在年轻时，曾听高庆奎先生讲过‘庆顶珠’故事”，他指出“戏中宝珠之名误为‘庆顶珠’。如萧恩在过江时

1. 一说为丁郎。

2. 一说为太守。

105cm×60cm

曾问桂英：'儿啊！花家聘礼庆顶珠可曾带在身边？''杀家'一场时萧恩也曾以献珠为名哄骗丁员外说：'在河下打得一颗庆顶珠特来献上'，将'顶珠'误为'庆顶珠'，在国剧界几乎所有的老生演《打渔杀家》都是这样念的。唯有我的开蒙老师王庚生唱到此处，念作'顶珠'，把'庆'字拿掉。据此而论，《庆顶珠》之剧名，实应改为《庆贺顶珠》。至于高庆奎为什么要讲这个故事给我听呢？因为他当时就曾起意要和我合演全部《打渔杀家》的"。[1]

尽管存在不同说法，《庆顶珠》的剧名还是流传下来，广为人知。《庆顶珠》的主要角色是老生（萧恩）和青衣（萧桂英）。此剧为京剧名角谭鑫培的得意之作，他的儿子谭小培也非常擅长。[2] 此后，《打渔杀家》这出戏，"百十年来唱老生、青衣的人差不多都演过"，"几乎是哪一个戏班都有这出戏"。[3] 京剧大师梅兰芳和周信芳也曾合作此剧目，欧阳予倩也曾将此戏改编，作为"改良平剧"的试验，取名《渔夫恨》。[4]

时人评价道："《庆顶珠》一剧，是描写社会背景上受特殊之阶级的压迫，至于忍无可忍、逃不可逃的时候，起了压力的反应，激起暴动，遂生一种'予及汝偕亡'的恶念，以至演成'同归于尽'之一幕大惨剧"，"中国歌剧，描写社会上不平等事件，最痛快、最淋漓，而富有革命思想、革命行为者，厥推《庆顶珠》"。[5] 正因其具有鲜明的反抗意识和革命精神，也成为延安和根据地的流行剧目。毛泽东指出："旧戏中也有些剧本是好的，如《打渔杀家》之类。"[6]

年画《庆顶珠》中的人物形象，一是老生扮相的萧恩，一是青衣扮相的萧桂英。

1. 章遏云：《章遏云自传》，中国戏剧出版社，1991年，第50—51页。
2. [日]波多野乾一著，卢茂君译：《京剧大观》，北京联合出版公司，2018年，第259页。
3. 齐如山著，梁燕主编：《齐如山文集》，第6卷，河北教育出版社，2010年，第261页。
4. 黄裳：《旧戏新谈》，北京出版社，2011年，第37页。
5. 《富有革命性之庆顶珠》，《西安日报》，1932年2月13日，第5版。
6. 毛泽东：《改造旧艺术，创造新艺术》（1947年12月21日），中共中央文献研究室编：《毛泽东文艺论集》，中央文献出版社，2002年，第126页。

八蜡庙

戏曲年画是年画的重要题材。清代北京，每到腊月二十七八日，“街头小贩频呼供花年画，旗家儿女每欲主妇呼进而作一度之展览”。年画是时共有二种，即大张小张之分，“画之样式除家庭笑话、神话故事之外，多重戏出”。[1]八蜡庙则是戏曲年画的常见题材。如图所示，河南开封年画、山东杨家埠年画中都有同名题材。

《八蜡庙》是京剧经典的代表性剧目，情节出自清代公案小说《施公案》。《施公案》主要讲述了康熙年间清官施仕伦在黄天霸等江湖侠士的辅佐下铲除贪官污吏、破案捕盗的故事。《八蜡庙》的故事原型来自该小说第三〇九回“老褚彪暗约黄天霸，张桂兰巧拿费德恭”。故事梗概为：清朝初年，淮安招贤镇土豪费德恭，武艺高强，依仗削铁如泥的宝剑和二十四支毒药箭独霸一方。八蜡庙庙会之期，费德恭遇美女张兰英，强抢回寨，逼迫成亲。张兰英不允，被他乱棒打死。事前还有武举人梁大刚之女，不肯依从费德恭，全家二十四口皆被杀害。知府施仕伦命令褚彪、贺仁杰、黄天霸夫妇等前往擒拿。褚彪定计，令黄天霸妻子张桂兰扮作民女，与褚彪父女相称，贺仁杰化装为褚彪之孙，同往八蜡庙进香，故意被费德恭抢去成亲。张桂兰乘机盗取费德恭的宝剑与药箭，与贺仁杰一同杀出，会同外面埋伏的褚彪、黄天霸等里应外合，将费德恭擒获。

1. 芙萍：《旗族旧俗志》，王彬、崔国志辑：《燕京风土录》，上卷，光明日报出版社，2000年，第40页。

60cm × 105cm

年画《八蜡庙》中，最右侧的角色为张桂兰和贺仁杰，花脸为费德恭，卧地的老生为褚彪，左三为黄天霸，左一、左二则是差人王栋和王梁。

《八蜡庙》是武戏的代表剧目，“十门角色占全，是一出再大没有的群戏”。杨小楼的师父、晚清京剧牛派武生的创始人牛松山谈道：“一副班子，只要派得出《八蜡庙》，随便什么武戏，人头都派得开了。”该剧角色分配：施公是唱功老生的，褚彪是武老生的，院子是做派老生的，黄天霸是武生的，贺仁杰是娃娃生的，小姐是青衣的，丫鬟是花旦的，张桂兰是武旦的，金大力是铜锤花脸的，费德恭是架子花脸的，米龙、窦虎是摔打花脸的，费兴、张妈是小丑的，朱光祖是武丑的。[1] 角色繁多是该剧的一大特点。第二个特点是该剧武打部分非常精彩，但极吃功力，是绝对的硬活。今已不常见，没有哪个剧团能“凑”成一个完整的阵容，近来所仅见的几次演出均为打破院团界限的合作。[2] 第三个特点是反串，该剧剧情为设计擒拿费德恭，原剧角色乔装改扮，“净来扮演旦，旦来扮演净，生来扮演丑”，[3] 反串表演深受观众的喜爱。该戏在各地流传很广，为民众所熟知，成为年画的重要题材。

1. 朱瘦竹：《修竹庐剧话》，中国戏剧出版社，2015年，第110页。

2. 沈泓、王本华：《年画上的中华经典故事·民本篇》，海天出版社，2017年，第242页。

3. [日]波多野乾一著，卢茂君译：《京剧大观》，北京联合出版公司，2018年，第325页。

卷二 新春画册 第二

大街上最引人注目的是卖灯笼的，写春联的却好像是市井里的隐士。

新春画册第二

《新春画册第二》，青木正儿题注“大正十五年二月辑”，即1926年2月，该画册收录民国年画四十一幅，落款为青木正儿的私人藏章“守拙庐藏书印”。从题注可见，青木收藏的这一画册，正值他在北京过年，很可能是当季购买的年画。

1926年，青木正儿在北京度过唯一一次的中国春节。在他眼中，北京的春节并非是泛黄色的定格记忆，而是一派五颜六色充满文墨味的活泼气象：“大街上最引人注目的是卖灯笼的，写春联的却好像是市井里的隐士。灯笼大抵纸制，有鲤鱼登龙门形状的，有灿若明星的金平糖形状的，有与日月争光的大红圆灯笼，还有走马灯五彩照人。”[1] 青木把北京的春节观感定题为“从春联到春灯”，因为“中国正月以春联开始，以春灯谜结束，这表现了文字大国的风雅，也让我们这些中国癖随喜”。[2]

1. [日]青木正儿：《竹头木屑》，[日]内藤湖南、[日]青木正儿著，王青译：《两个日本汉学家的中国纪行》，光明日报出版社，1999年，第126页。
2. 青木正儿：《竹头木屑》，[日]内藤湖南、[日]青木正儿著，王青译：《两个日本汉学家的中国纪行》，第130页。

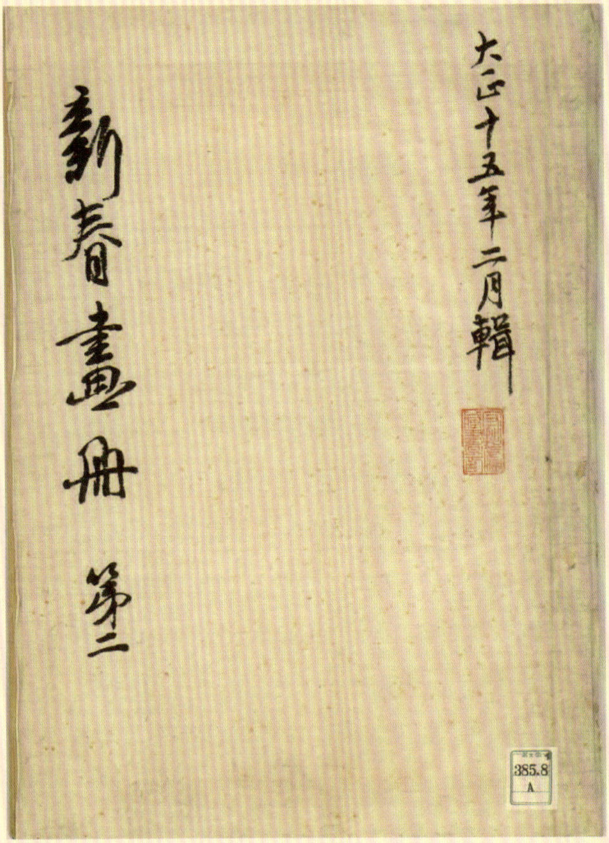

青木对各家所贴的春联和桃符尤其感兴趣。他观察了写春联的情形：“喜气盈盈的红纸笺上墨痕淋漓，几对春联迎风招展，市隐先生正在那厢奋笔鬻书，桌上还摊放着几本作为参考的廉价石印本，顾客各自从中挑选符合自己心愿的句子。先生把着羊毫小楷蘸着小锅里煮开的墨汁，一本正经地按照拨镫古法，悬腕直笔，极尽侧、勒、弩、趯、策、掠、啄、磔八法之妙，作成大楷，颜鲁公也为之退避三舍，褚河南也洗足，扔下几枚铜板，市隐先生的真迹便可到手。”除夕当天，“各家把春联张贴在门上或大门两侧，对句都是祝福新春的，多是市隐先生的名笔。门扉对称张贴彩色的神荼、郁垒的门神木版画，门上挂钱数枚，用红、绿、紫各种色纸刻上种种网状花纹，中间还刻上‘福’‘四季平安’‘五福临门’‘天官赐福’等吉祥文字”。[1]

青木正儿认为春联大约始于五代时期。他说按《蜀杌》记载“蜀国未曾降宋前（宋太祖乾德四年，966年）除夕之日，蜀王孟昶命学士辛寅逊在寝殿门上贴上‘桃符’，因为不满意其文笔，亲自执笔题下‘新年纳余庆，佳节号长春’。一般称此即为春联滥觞，虽不可尽信，亦可说大概开始于此时代。”[2] 接下来他考证了桃符及与春联的关系。“所谓桃符，就是在两张桃木板上画上神荼、郁垒二神像，挂在门上，以驱除恶魔，早在《山海经》中就有关于这个风俗的记载，大约始于战国末或汉初。东海度朔山有大桃木，树下住着神荼、郁垒二神，其北有鬼门，乃百鬼出入之所，二神检阅出入百鬼，用苇缚鬼喂虎。由此发展为民间于除夕到正月，画二神之像于桃板，与苇索共悬挂于门户，以御凶魔。五代时桃符二神像，在爱好文雅的人士中演变为书写祝福新春对句，经过宋代更加盛行，到近世桃符完全发展为春联，二神像用纸印刷，成为门神，贴在门扉。现在门上的吊钱就是苇索的变形，将纸剪网状，还残留着几分昔日绳子的影子。”[3]“随着春联的盛行，用途也逐渐扩大，不仅用于新春，平常时也贴在家屋的柱子和墙壁上。或应用于书斋，或应用于庭院；上至殿堂寺观，下至商贾店头，只要有左右对称的柱子，就会撰写一副适宜的对联悬挂起来，所谓楹联（俗称对联）就发达起来了。风雅的楹联是建筑物的装饰，鄙俗一些的则是一种有趣的招牌，最吸引到中国旅行游人的就是楹联，好像就是向我们外国人夸耀文字大国的风雅。”[4]

不过，青木也发现“前门大街相当于京都的四条、东京的银座，已经实现了电气化”，“随着西洋文明的袭来，这种风俗也渐渐衰落了”，“徒增惘然”的同时，他“希望这斯芬克司一样的老大国仍然像斯芬克司一样长眠，留着谜让世人去猜”。[5] 青木收藏年画，恐怕正出于这样的缘故。

1. [日]青木正儿：《竹头木屑》，[日]内藤湖南、[日]青木正儿著，王青译：《两个日本汉学家的中国纪行》，光明日报出版社，1999年，第126页。
2. [日]青木正儿：《竹头木屑》，[日]内藤湖南、[日]青木正儿著，王青译：《两个日本汉学家的中国纪行》，第127页。
3. [日]青木正儿：《竹头木屑》，[日]内藤湖南、[日]青木正儿著，王青译：《两个日本汉学家的中国纪行》，第127—128页。
4. [日]青木正儿：《竹头木屑》，[日]内藤湖南、[日]青木正儿著，王青译：《两个日本汉学家的中国纪行》，第128页。
5. [日]青木正儿：《竹头木屑》，[日]内藤湖南、[日]青木正儿著，王青译：《两个日本汉学家的中国纪行》，第130—131页。

财神过年

年画《财神过年》采用以神拟人的手法描绘了财神一家过年的情形。财神一家过年时聚于厅堂，桌上摆放烛台与钱串花。年画左方的母女在灯下一边包饺子一边攀谈，女儿擀皮儿，母亲包馅儿，一幅忙碌景象。画面右方的财神手持金元宝，衣着盛装，笑对小儿。儿子手捧金钱花，安详自在。以神拟人的表现方式跨越了仙与人的界限，画中熟悉的生活环境缩短了神与人的距离，令观者倍感亲切。

正月祭财神的年俗同样也跨越南北。明清以降，江南成为全国工商业最发达和经济最富庶的地区，因此年俗中格外重视祭拜财神。

扬州年俗中，正月初五称为“财神日”。清晨，各家先在家门外路口焚烧纸钱、锡箔元宝，称为“烧利市”。在附近井里汲“元宝水”，回家煮汤圆吃，称为“端元宝”。然后在家焚香燃烛，鸣放鞭炮，以“接财神”。甚至还有人穿戴财神衣帽，口唱“招财进宝”，上门贺财神，称为“跳财神”。主人以糕点、馒头谢之，称为“谢财神”。[1]

---

1. 江苏省扬州市广陵区湾头镇志编纂委员会编：《中国名镇志丛书·湾头镇志》，方志出版社，2017年，第209页。

年

30cm × 50cm

清代南京民间年俗中有“送财神”的活动。两乞丐手拿印有财神菩萨端坐元宝之上的小红纸条逐门逐户送上。每送一家，都要说上几句吉利话：“吉庆大发财，元宝滚进来，滚进不滚出，滚进你堂屋。”一人唱词，一人喝好，每唱一句，便喝一声好。唱罢，将财神贴在主人家墙上。主人也会赏他们几个小钱。[1] 逢正月初五，苏州商界隆重举行仪式接财神，俗称“接路头”。蜡烛为“全统”，供桌上设方供，祭品是三牲，中间一盘是肋条肉，右手一盘是两只鸡，左手一盘是鱼，三牲都要做成元宝形状。店主要请全体伙计吃“路头酒”，酒要斟得满满当当，意为财气盈满。[2]

在上海年俗中，“初五接财神，是新年里的一个重头戏”，接财神事关大利，因此特别隆重。初四入夜，燃香点烛，上供一个猪头、一对鲤鱼、一只雄鸡以及酒肉果点。鲤鱼的胸、背、双眼都贴上红纸剪成的元宝，有的贴着印有龙门图案的红纸，寓意“吉庆有余”和“跳龙门，交好运”，鲤鱼者，利余也，鲤鱼又称为“元宝鱼”。鸡颈用红纸裹卷，口中衔大青蒜头。初五一到，全家或店铺按顺序逐一磕头礼拜，然后打开紧闭的大门，燃放爆竹接财神。同时，大家聚饮，称为“财神酒”。旧时还有“跳财神”的活动。跳财神，又叫跳春官，是徽鲁苏北一带流浪艺人所做的一种营生。男性头戴黑色文官帽，身穿大红袍、白彩裤，系红底白玉腰带，脚蹬粉底黑靴，罩一只金色面具，左手托一只硕大的金元宝，右手执泥金折扇，在店门前舞蹈。据说舞蹈由“财神临门”“扫除晦气”“招财进宝”三部分组成。主人须付给相当数量的赏钱方肯离去。[3]

清代满人讲究在正月初二祭财神，据说这一天是赵公明的生日，这一风俗也影响到京城的汉人。而在我国南方，大部分地区是在正月初五祭拜财神，据说这一天是路头神的生日，路头神姓何，名五路，所以又称五路财神。现如今，前者已落入尘烟，后者则发展为流行全国的年俗。

1. 冯桂林主编：《中国名城汉俗大观》，云南人民出版社，1998年，第446页。

2. 金熙主编：《江苏民俗》，甘肃人民出版社，2002年，第68页。

3. 上海通志馆等编：《年味乡愁：上海滩民俗记趣》，上海大学出版社，2018年，第17页。

富贵有余

"富贵有余"是传统年画的常见题材。这幅《富贵有余》年画展示了这个题材年画的典型构图，左侧是盛开的莲花，莲花又称芙蓉，"芙"字与"富"谐音，表示富贵之意；中间是富态可掬的童子；右侧是一条大鲤鱼，表示有余的意思。"年画的题材，占三分之一关于鱼的，如'富贵有余''网网有鱼'，画着鲜跳的活鱼，有肥胖可爱的男孩子抱着它，更合于一般人'多福多寿多男子'的心理。每人要择上几张，于是乎卖画的先发利市了。"[1]

春节宴席中，鱼是必不可少的一道菜肴，"如红烧鱼、咸鱼、风鱼之类的，就是再穷的人家也想买条鱼吃吃，好像今年吃了鱼，明年便不穷"。[2]"鱼"字与"余"字谐音，"余"字有充足富余的含义，所以春节吃鱼包含了人们期望新的一年富足充裕的美好愿望，敬神供品中也多包括活鲤鱼。南方人的年菜中，吃鱼更讲究。除了整条的鱼外，还有"鱼圆"，也就是鱼丸，"是放在暖锅或者汤内的"。鱼圆的做法比较复杂，"要先把鱼刮去皮骨，切块斩烂，和以豆粉、生姜、葱末，再加入荤油，盐水调匀后放在钵里打，然后把大半锅水煮温，用汤匙做团，像弹丸一样投在温水里，汤渐渐热起时用冷水渗之，等丸形结实捞起，吃时放在鲜味的汤内，肥嫩异常"。[3]

1. 一木：《富贵有余》，《天风画报》1939年3月8日，第7版。
2. 《年菜经·富贵有余》，《南京晚报》1948年2月4日，第4版。
3. 《年菜经·富贵有余》，《南京晚报》1948年2月4日，第4版。

餘

30cm×50cm

“富贵有余”不仅是年画的常见题材，也是传统国画的画题之一。如吴昌硕为王震、王传焘父子在1925年合画的《富贵有余图》（原画尺寸136cm×66.5cm，见左图）题词道：“鱼贯之柳，花倚之瓶。墨气可掬，郁勃纵横。味固特佳，色亦轻盈。”[1] 1936年1月27日是农历正月初四，当天的《新闻报》刊登了这样一则广告：“谭组云、谭小云、谭让安合作《富贵有余图》（即牡丹鲤鱼），中堂三尺五元，四尺七元，五尺九元，六尺十四元，立轴照中堂。八折剪报为凭，外埠纸可代办，邮票通用。”[2] 谭组云与儿子谭少云、谭小云被上海画坛称为“海上三谭”。世人赞曰：“三苏而后又三谭，才似晴光气似岚。父子比肩担道艺，横绝江北复江南。”谭氏父子在正月刊登《富贵有余图》的广告，表明这一画题在春节更受人们的欢迎。

“富贵有余”不仅是画题，也是过年所贴春联常用的横批。它还广泛应用于传统建筑的纹饰[3]（见左图）和手工饰品。“富贵有余的饰物，往往是用铜或者银铸造，其图案分为上、下两个部分，下方为一条昂首奋鳍的鲤鱼，上方是三个实圆圈，书有‘富贵有’三字，上下结合构成富贵有余的图案。”饰物一般用红丝线做带子，常常挂在幼儿以及儿童的脖子上。[4]

1. 《富贵有余图》作者为王震、王传焘父子。王震（1867—1938），字一亭，号白龙山人、海云楼主，浙江湖州人，寄居上海，与任伯年、吴昌硕友善。工书画，为海上画派重要名家之一。王传焘（1904—？），字季眉，王震之子，画承家学，少有画名。山水、花鸟、人物皆有乃父风。朱关田校辑：《吴昌硕题画诗》，西泠印社出版社，2016年，第192页。
2. 《新闻报》1936年1月27日第18版广告“谭组云、谭小云、谭让安合作《富贵有余图》”。
3. 李煜群：《潮州传统建筑格局与吉祥图案释义》，花城出版社，2015年，第78页。
4. 麻承照：《中国鱼文化》，中国文联出版社，1999年，第161页。

武松打店十字坡

年画《武松打店十字坡》，取材于广为人知的水浒故事。
画中从右至左的人物形象分别是：菜园子张青、孙二娘、武松以及差役。

《水浒传》第二十七回“母夜叉孟州道卖人肉，武都头十字坡遇张青”写道，武松在杀了潘金莲和西门庆后，阳谷县县令念他是个“义气烈汉”，将其解本管东平府申请发落。府尹陈文昭哀怜武松有情有义，把案件卷宗改轻，托刑部官员给他减罪，最终判定武松“脊杖四十，刺配二千里外”。武松和两个差人离开东平府，前往孟州牢城。离孟州还有一里路时，三人来到了十字坡。十字坡最显眼的是一株大树，四五个人抱不拢，树上枯藤缠绕。树旁有个酒店，在年画中表现为左侧“闻香下马”的幌子。门前窗槛边坐一妇人。这妇人上穿绿纱衫，下系鲜红生绢裙，搽一脸胭脂铅粉，敞开胸脯，露出桃红纱主腰，眉横杀气，眼露凶光。三人点了酒肉和二三十个馒头。武松取一个馒头掰开看了，问道：“酒家，这馒头是人肉的，还是狗肉的？”妇人嘻嘻笑道：“哪里有人肉的馒头？”武松道：“我从来走江湖上，多听得人说道：‘大树十字坡，客人谁敢那里过？肥的切做馒头馅，瘦的却把去填河。’我见这馒头馅内有几根毛，像人小便处的毛一般，以此疑忌。”妇人道：“客官休要取笑。再吃几碗酒，去后面树下乘凉，要歇，便在我家安歇不妨。”两个差人没想太多，吃了馒头喝了酒，很快晕了过去。武松“把这酒泼在僻暗处”，也假装扑地仰倒。待妇人命人动手时，武松跃起，降伏了众人。妇人的丈夫回家，望见妇人被武松按倒在地，忙说：“好汉息怒，小人自有话说。”他告诉武松自己名叫张青，原本在附近的光明寺种菜园子。妇人是他的妻子，叫孙二娘，因其父孙元唤作山夜叉，绿林称她为母夜叉。两人知道武松的大名后，纳头便拜。[1]

1. [明]施耐庵、[明]罗贯中：《水浒传》，人民文学出版社，1975年，第368—371页。

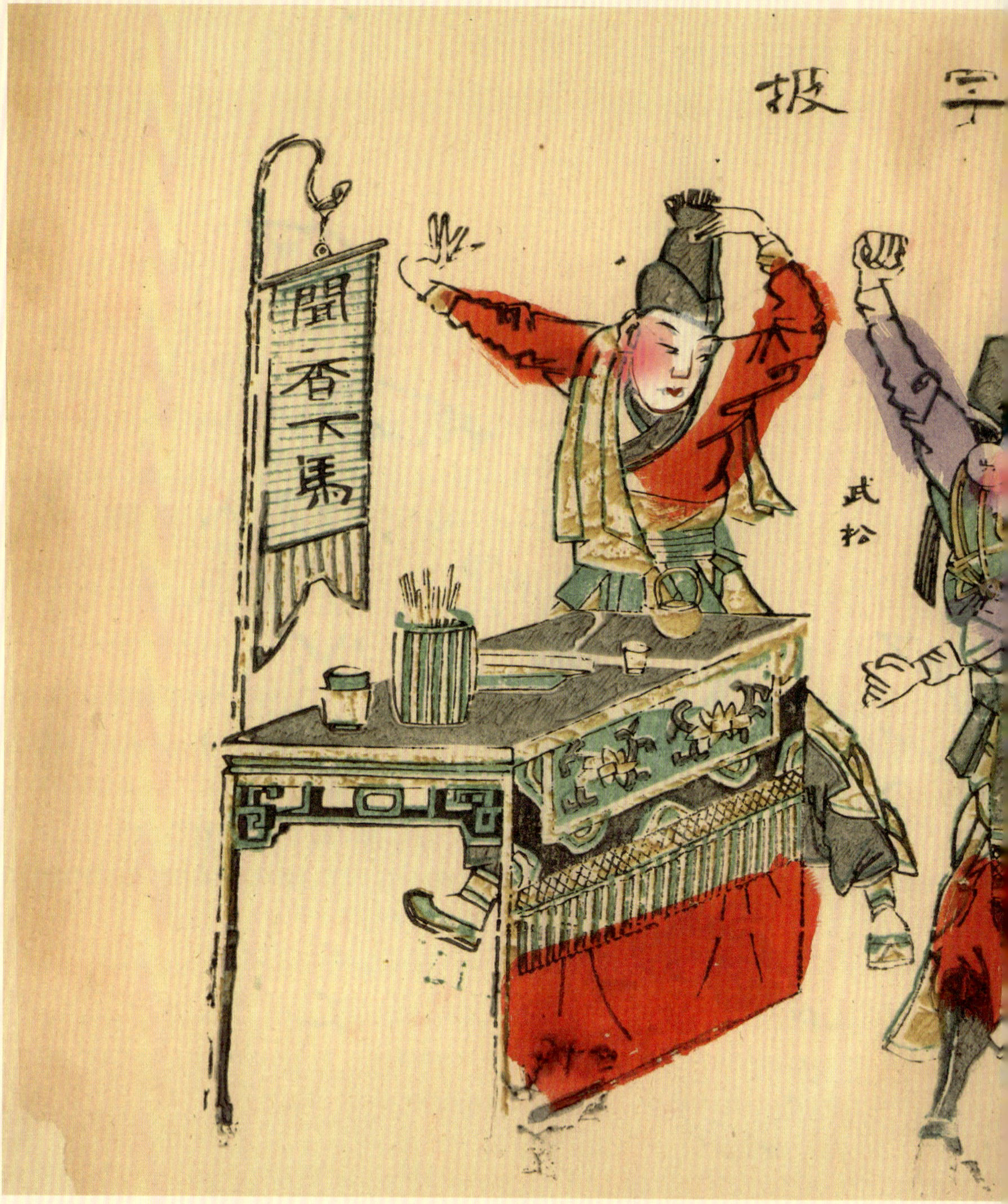
坡
聞香下馬
武松

30cm × 50cm

京剧《十字坡》，又称《武松打店》，是武戏的经典剧目。京剧大师盖叫天在该剧中把武松的形象演绎得惟妙惟肖，被人们誉为"活武松"。盖叫天谈到武松形象的创作时指出，这时的武松与《打虎》《狮子楼》里的性格就有不同了。刚正不阿是他的本性，但因遭到各种打击，生活的阅历增加了，对官府有了认识。戏是在武松和孙二娘双方戒备、试探以至发生误会中进行的。摸黑厮打是《十字坡》中最重要的部分，也是戏的核心。"这场戏时间不过三刻来钟，台词不多，后面进入摸黑时更是一句词儿也没有，但人物心里的事儿却不少。如不把这些事儿演出来，这戏的义也就没有了，打得再热闹，也没多大意义。而开打不能一味讲猛讲冲，要表现的是艺术，是武松机警、威武、草莽英雄的特点，所以举手投足，站、坐、转、动都要有谱，这里有'工笔'，也有'乱劈柴'，有刚有柔，这样才能处处赛画；而戏呢，又是一步紧一步，你的血和观众的血联上了，演员与观众都归一了，甚至忘了是在看戏，这才能把人给抓住。"[1]

梅兰芳对盖叫天的《武松打店》评价甚高。"《摸黑》一场，形容彼此蹑足无声地进退攻守，如飞燕出巢，惊蛇入草，一手一式，轻而不浮，快而不滑，简捷了当，绝无拖泥带水、虚耗时光的毛病"，使观众如饮醴泉佳茗，如观法书名画，寝馈难忘。"盖老这出积六十年锤炼功夫的《武松打店》，真正达到了'理想的范本'的境界。"[2]

1. 盖叫天：《十字坡》（《武松打店》），郭宇主编：《盖叫天谈艺录》，中西书局，2013年，第67—82页。

2. 梅兰芳：《理想的范本——〈武松打店〉》，傅谨主编：《梅兰芳全集》，第3卷，中国戏剧出版社，2016年，第133页。

金家庄拿谢虎

年画《金家庄拿谢虎》，取材于小说《施公案》。
年画中的人物分别是黄天霸、谢虎和计全。

传统剧目《拿谢虎》，亦称《鄚州庙》。鄚州城在河北任丘一带，有“天下大庙数鄚州，北京人全，鄚州货全”的说法。故事讲的是，河北任丘有一采花大盗，名叫谢虎。俗称“一枝桃”。他一夜两处作案，先到周荣家，奸杀了他的女儿，盗走房中的金银细软，在墙上画一枝桃花；后又到蒋旺家，奸杀了他的妻子，临走前又在墙上画一枝桃花。施仕伦命黄天霸查办此案。经神眼计全提供线索，乃知案件系谢虎所为。计全侦知谢虎行踪，告诉了黄天霸。黄天霸带领王殿臣、郭起凤追踪至鄚州庙，与谢虎相遇。谢虎知道黄天霸善使金镖，约定动手时不得使用暗器。黄天霸中计，被谢虎毒镖打伤，谢虎逃走，黄天霸由朱光祖等护归。年画描绘了谢虎发毒镖击伤黄天霸的情形。

謝虎

30cm × 50cm

谢虎在剧中本是恶贯满盈、无药可救的采花大盗，是反角。谢虎一角有不同的扮相。如俞振庭[1]扮演的谢虎，“武生角色用着十足的‘帅’，大约此剧为最矣！因谢虎一味强梁彪悍，无加细表情之需要”。花脸的谢虎扮相则是另一番情景：“扮相是一色紫，仿佛‘赵家楼’的王大哥，是老成持重的侠客，因子被黄天霸手下所伤，毁家赴战。其分散家财，遗嘱仆役，有极悲壮之唱念。”[2] 武净扮演的谢虎，脸谱是脑门上画一只桃子，因为谢虎的绰号是“一枝桃”。“但是盖叫天演的谢虎却不勾脸，并且还要表演他的走边绝活，变成戏份和黄天霸并重。”[3] 盖叫天在表演中充分挖掘谢虎的优点，突出剧中人物的江湖义气，让人对谢虎有所同情。谢虎打了黄天霸一支毒镖，算计着黄在三天内必丧命。不料黄天霸从谢虎的师父李煜那里获得解药，又将李煜骗到衙门。谢虎第二次前来寻仇，见到师父李煜，“精神顿时垮了下来”。他把钢刀往地上一扔，双手朝后一背，说道：“你们来绑！”黄天霸见谢虎被缚，冷不防就是一刀。李煜察觉后将刀踢掉。盖叫天说：“这地方，就可以看得出黄天霸的阴险来。”这时候全剧谢幕，给下一场留下悬念，让观众去猜。“戏这样结束是否妥当，盖叫天是希望大家能够讨论，也是这次盖叫天要演出《拿谢虎》的原因。”[4]

关于戏中角色谢虎的争议其实早在民国时期就有反映。一篇题为《拿谢虎——为一个“因奸致死”的女人而写》的剧评中把谢虎和黄天霸都看成贼，如此论述他们的关系：“戴花不采花，采花不戴花”，这个花就好像是个贼的证章一样。无论是盗贼，还是采花贼，如果不戴花，相当于承认自己不是好贼，不是好贼而办了不是好贼应办的事情，遇到同行的时候，大都拿住就杀了，跑掉就拉倒；如果戴花而采花，既做盗贼，又做采花贼，那大家公认这破坏好贼的全体名誉，从而与他不共戴天。黄天霸之所以拼命去拿谢虎，倒不是他与谢虎有什么深仇大恨，却是为了以肃“贼”常，而止“贼”谤。[5]

---

1. 俞振庭，绰号“小毛包”。1911年在北京创设振华大戏棚，是天桥第一家上演京剧的场所。后来邀请天津女伶来京演出，首开男女合演的先河。他在清末民初的京剧革新方面多有贡献，如上演夜戏、时装新戏、新式办班等，被学者称为“剧界游侠”。

2. 凌霄汉阁主：《两样“拿谢虎”》，《新北京》1939年3月27日，第2版。

3. 孔在齐：《顾曲集：京剧名伶艺术谭》，生活·读书·新知三联书店，2018年，第233页。

4. 秦绿枝：《采访盖叫天》，上海人民出版社，2017年，第219—220页。

5. 冀人：《拿谢虎——为一个“因奸致死”的女人而写》，《国事快闻》1946年8月28日，第2版。

拿九花娘

年画《拿九花娘》中人物形象有三，
从右至左分别是：粉面金刚徐盛，桑氏九花娘以及小方朔欧阳德。

年画故事的原型取材于清代公案小说《彭公案》的第七十六回——“粉金刚夜探迷人馆，九花娘见色起淫心”。故事梗概为：九花娘本姓桑，早年丧父，和两个哥哥习武，十六岁时嫁给保镖何必显。九花娘性妖淫，“一夜无男人陪伴，她如度一年”。过门不到一年，丈夫死了，又没有公婆管教，时常招些男人。九花娘性情不长，和男人相处很快腻了，就把人杀掉，十八岁时杀了二十多条人命。后来九花娘在鸡鸣驿天仙娘娘庙中托言顶神看病，以娘娘下凡为名招揽信众。她有一条手帕，名曰五彩迷魂帕，可用药迷人，所以她住的地方又称迷人馆。粉面金刚徐胜（盛）奉命去抓九花娘，不料失手被擒。小方朔欧阳德等人赶到，解救了徐胜。[1]

《彭公案》的这段故事被搬上戏曲舞台，剧名为《迷人馆》，也称《醉仙楼》、《画春园》或《拿九花娘》。剧本并未全按小说编排，将书中所写的九花娘在庙中顶神看病，改为她和母亲开设醉仙楼茶酒馆，除去了装神弄鬼的迷信成分。九花娘在酒楼勾引良家子弟，结交绿林中人，“俨然一女盗也”。“迷人馆”的说法也与小说不同，彩旦扮相的九花娘之母亲在唱词交代道：“我母女二人，就在这长垣县城内开了一座茶酒馆，叫作醉仙楼。有那些喝茶的，吃酒的，来到我们这儿一看，见我们丫头，他们可就迷住了。

1. [清]贫梦道人：《彭公案》，齐鲁书社，1995年，第245—248页。

陽德

30cm × 50cm

因此外人送我们一个外号，叫作迷人馆，生意也兴隆。”[1] 扮演武旦九花娘最负盛名的恐怕算是“十三旦”侯俊山了，时人誉为“状元三年一个，十三旦盖世无双”。侯俊山饰演的九花娘，武术难度极高，“脚踩硬跷似‘三寸金莲’，与四将开打。随着一声锣响，九花娘一个后斗翻，不偏不倚正落在前台的一把椅子上，观众为之一惊。九花娘在四把椅子上跳来蹿去，打法如在台面一样，‘叠背’‘过肩’‘顺跳’‘逆跳’‘穿花’，种种招数如蝴蝶翻飞于花上”。[2] 1929年，剧作家朱瘦菊自编自导，将九花娘的形象搬上银幕。电影《九花娘》由大中华百合公司出品，林美如饰演九花娘。[3]

民国年间，九花娘的形象广为人知，人们常给恶妇、淫妇取绰号为“九花娘”。如在北京，崇文门外鞭子巷四条地方住户张九奶奶，绰号九花娘，“向来勾引良家妇女秘密卖淫，以资从中博利。乃近来更异想天开，在其家中售卖鸦片及海洛英等物，并公然开灯供客，以示推广其不正当营业”。[4] 宣武门内东斜街二十三号，住有少妇李秀云，绰号九花娘，“专门引诱附近学生在其家中娱乐，并备烟泡招待”。[5] 又如前门刷子铺伙计甘续昌“任意冶游，结识一暗娼宋刘氏，外号九花娘”。[6] 在杭州，担任沪杭铁路总理的汤寿潜因铁路收归国有，得到巨额补偿，“财货既充，复思美色”，晚节不保。他巧遇杭州土娼九花娘，为之倾倒。“旋九花娘易名潘弟，迁沪卖笑。先生每月一至，流连数日。”[7] 时人指出，“数年中九花娘所获在万金左右”。汤寿潜去世后，有好事者讥讽此事，赠联云：“二十万可曾带去，九花娘未必跟来。”[8]

从小说到戏曲，再到电影，九花娘的形象越来越为大众熟知。

---

1. 《戏考大全》，第3册，上海书店出版社，1990年，第252页。
2. 陈贵主编：《话说京西第一》，河北大学出版社，2004年，第75页。
3. 周晓明、周易主编：《现代中国电影文学大系》，第二卷（1927—1930），华中师范大学出版社，2020年，第501页。
4. 《捉拿九花娘》，《新晨报》1930年7月1日，第6版。
5. 《九花娘被擒》，《益世报》1931年6月22日，第7版。
6. 《迷恋“九花娘”》，《北平晚报》1933年3月22日，第3版。
7. 陈灨一著，杨海鹏编选、校点：《甘簃随笔》，中央党校出版社，1998年，第67页。
8. 郑逸梅：《汤蛰仙迷恋九花娘》，《郑逸梅选集》，第四卷，黑龙江人民出版社，2001年，第54—55页。

仕女图

年画《仕女图》是对式年画，包含左、右两幅。两幅画的内容几乎一致，呈现出左右对称的特点。爱美人之心，人皆有之。仕女图是年画的常见题材，在明清时代非常流行。“十八世纪的苏州民间年画，仕女图几乎成了最主要的题材（与它并列的还有苏州城风景）。”[1] 年画中的仕女温婉端庄，眉目舒展，怀抱宠物狗，一派家境优渥、悠然自得的景象。

从年画所反映的内容来看，传统与近代相结合，呈现出清末民初的过渡性特征。

首先是仕女的衣着。一般而言，满族传统的旗袍宽大厚重，上下一体，长度可达鞋面。年画中的仕女是汉族上衣下裳的装束，所穿旗袍针对传统式样有所改良，腋下和腰身变窄，直筒宽袖亦改为窄袖，下摆开叉，凸显女性柔美曲线的同时亦能行走方便。当然，这与民国月份牌上的都市女性所穿的时尚露臂旗袍还有很大区别。民国年间，旗袍风行一时。报纸论曰：“满清亡国以后，全国的女子忽然一律穿旗袍。这旗袍一直流行了三十多年。”[2]

1. 李福清、谷羽：《中国年画与俄罗斯民间版画》，冯骥才主编：《年画研究》，中国戏剧出版社，2012年，第50页。
2. 杨英：《旗袍革命》，《星报》1947年1月18日，第2版。

30cm × 50cm

30cm × 50cm

其次再看画中的家具。乾隆时期，欧洲社会兴起了“中国风”（Chinoiserie）的时尚潮流，与此同时，中国传统家具也越来越受到外来审美的影响，在家具形制、雕刻图案、金属结构件以及配饰织物等方面都发生了变化。画中摆放花瓶的小几，其腿部造型和配饰的洗、旋工艺，既实现了当时流行的西洋风格的审美设计，又不失传统家具的造型审美，常见于晚清及民国的官宦、富商家庭。桌面和底盘之间以及桌腿内部构件之间的衔接处似有金属固件连接。

最后，清代养宠物狗的多为富贵人家，“京师养狗之专门家，为太监及旗人”。清末民初的徐珂在《清稗类钞》中指出，北京本地的宠物狗有六种，分别是京师狗、哈巴狗、小狮狗、周周狗、小种狗和顶毛狗。其中尤以前三种狗最受欢迎，外国人亦酷爱之，“其价每头自银币七八百圆至银币四千圆”。京师狗的外貌和仪态都非常可爱：“毛色形状皆相称，耳大而短，鼻凹而孔上仰，腿短而弯，行时周身摆动，腿作键形，毛色花纹均匀。”由于价格过于昂贵，畜狗者为了牟利，在幼犬出生后，“即以手日揉其面部使短，以指日按其鼻之中间使凹”，两三个月之后，“以人牙将尾啖去一半，并抽去其筋，面即不复长矣”。[1] 年画中趴在女主人怀中的宠物狗，享受主人宠爱的同时，不知会不会想到它曾经受过的罪呢。

1. 徐珂：《清稗类钞》第12册，中华书局，1986年，第5530页。

新喜笑三合

年画《新喜笑三合》是在年画《喜笑三合》基础上创作而成。
民国年间天津富华画庄曾印制年画《喜笑三合》，
从其构图来看，是由传统年画《和合二仙》改编而来。

和合二仙是民间崇拜的喜神，常见于婚房的喜堂之上。年画绘有“两位蓬头笑面、活泼可爱的童子，分别身着红衣绿衣，一位手持荷花，另一位手捧圆盒，盒中飞出五只蝙蝠”。[1] 年画中的荷花与圆盒，分别代表和、合之意。有些《和合二仙》的年画中赤脚童子手里拿的有盖圆盒改为如意和宝珠。

天津年画《喜笑三合》中，将原来的两名童子改为三人。左边站立的童子着红衣，手持圆盒；右边站立的童子着绿衣，手持荷花；中间的童子袒胸露乳，双手各持如意和宝珠；年画上方有蝙蝠翩翩起舞。《新喜笑三合》与《喜笑三合》相比，构图更为简洁，左边的童子手拿铜钱串，右边童子手持的圆盒中生出荷花，头顶并无蝙蝠，这样的画风更显明快和谐。

1. 殷伟、殷斐然：《神像年画》，清华大学出版社，2016年，第179页。

合三

36cm × 52cm

“喜笑三合”中的“三合”是中国古代的思想观念，取生、旺、墓三者以合局也，说明事物发展的盛衰荣枯之道。“喜笑三合”是对人们生命过程的美好祝福，从出生到走入坟墓都有喜乐伴随。

与上述两幅年画相比，《新喜笑三合》写实性更强，线条更加柔和，色彩搭配也更加自然，使用的是当时较先进的石印技术。这或许与清末民初的年画改良有关。1903年，官员赵炳麟撰文《移风易俗议》指出，“另续新纸画（年画），以开国民之知识，使之观感，并将年底各处所卖的纸画，细小考察，某种摇惑人心，某种锢蔽智慧，一律禁售”。[1] 1911年，直隶巡按使公署天津教育司司长李金藻考察市面流行的年画，“指令木刻年画必须出版新年画”，内容上剔除社会“四毒”，即鸦片、赌博、早婚、嫖妓，以破除迷信，宣传科学为主题。[2] 民国报纸曾载这样一则笑话讽刺旧年画。“新年市上有售年画者，一儿随其父往买之。见有‘老鼠娶妇’一张，儿羡之，乞其父买之。其父曰：‘现在鼠疫流行，传染甚速，防之尚不胜防，勿买此自致疾也！’”[3]

民国以降，新伦理、新风尚日趋普及，新年画也越来越受到人们的欢迎。它的作用，不仅是年俗的表现，还成为普及新知、宣传革命思想的利器。如陕西泾阳县学生发布的《对于民众永久宣传意见商榷书》中写道：“我们陕西（或者他省也一样）的习惯，阴历过年，无论贫富都要买几张年画，在他们无非是去旧换新的意思，此外别无用意。我们因它最为普遍，就可以利用它组织一个年画改良社，不但经费不生问题，还可以赚钱。不过我们目的不在营业，而在宣传。印些有意思的图画，善用简单文字说明，民众有好奇心，当然乐买。至于印刷工作也很简单，我们要参酌以科学方法，或者还比他们的好。”[4]

---

1. 转引自梁绸：《传统年画概况及清末民初改良年画的出现》，《北京理工大学学报》2005年第2期，第7页。
2. 段光杰、阎伯群：《阎道生改良年画研究》，《年画研究》，2022年，第231页。
3. 尤生：《旧历新年笑话》，《益世报》，1918年2月16日，第6版。
4. 《张剑颖请改良年画之传单》，《新秦日报》1926年1月11日，第3版。

八鲜庆寿九九消寒图

年画《八鲜庆寿九九消寒图》是民国时期的时令年画。年画上方是九九消寒歌，也称数九歌。文曰：

一九冬至一阳生，段大执政坐北京。
南北统一办不到，低头连叹两三声。
二九隆冬天渐凉，屯垦督办冯玉祥。
治军有道称模范，勤俭精明中外扬。
三九遍地水成冰，黑省督军吴俊昇。
运械练兵无晓夜，提防穷俄乱党兵。
四九来至腊月中，宗昌督办在山东。
智勇兼优无第二，疆场战胜立奇功。
五九萌芽日日新，直隶督办李景林。
治军爱民惩盗匪，当今手届第一人。[1]
六九头上正立春，三省督办张作霖。
练兵淘汰老与弱，实与国家有功勋。
七九河开水汪洋，江苏督办卢永祥。
裁兵废督先提倡，当今军阀属他强。
八九南来雁北还，湖北督办萧耀南。
奉天四川执政府，无论那面皆周旋。
九九图尽柳如烟，山西督军阎锡山。
自治模范人称赞，一时美名天下传。

1. 此句系书写错误，似应为“当今首届第一任”。

消寒圖

實与國家有功勳

七九河開水汪洋
江蘇督辦盧永祥
裁兵廢督先提倡
當今軍閥屬他强

八九南來雁北还
湖北督辦蕭耀南
奉天四川执政府
無論那面皆周旋

九九番盡柳如烟
山西督軍閻錫山
自治模範人稱贊
一時美名天下傳

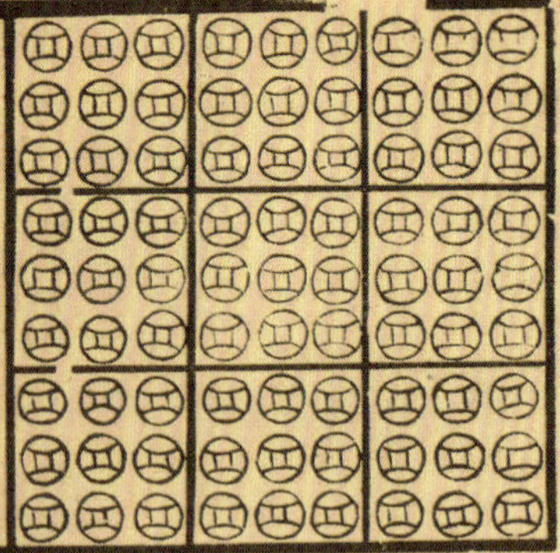

若逢大霧中心点上下都点半陰晴

廠製造

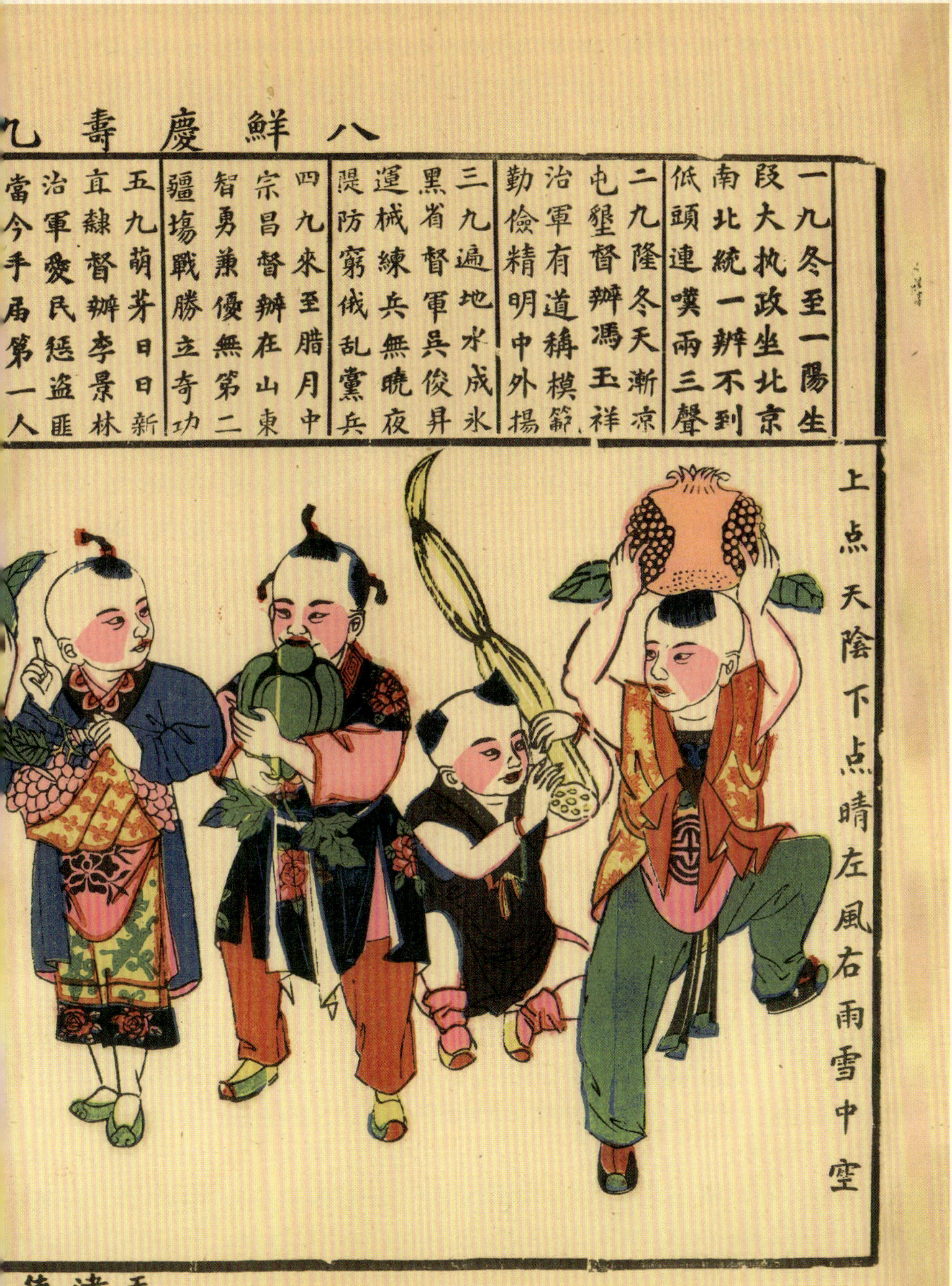
八鲜慶壽九
一九冬至一陽生
段大执政坐北京
南北統一辦不到
低頭連嘆兩三聲
二九隆冬天漸凉
屯墾督辦馮玉祥
治軍有道稱模範
勤儉精明中外揚
三九遍地水成氷
黑省督軍吳俊昇
運械練兵無曉夜
隄防窮俄乱黨兵
四九來至腊月中
宗昌督辦在山東
智勇兼優無第二
疆場戰勝立奇功
五九萌芽日日新
直隸督辦李景林
治軍愛民懲盜匪
當今手屈第一人
上点天陰下点晴左風右雨雪中空
天津德

35cm×51cm

不难看出，这首消寒歌颇有时代特色。歌词将时令与时政相结合，以中央和地方执政人物为线索，反映了1925年前后的民国政坛面貌。

年画左上方是九九消寒图，八十一枚铜钱代表冬季漫长的八十一天。年画左右两侧的文字是“画九”的规则：“上点天阴下点晴，左风右雨雪中空。若逢大雾中心点，上下都点半阴晴。”冬至日“作消寒图，图以一纸绘九格，格绘九圈，凡八十一圈，自冬至日起，日涂一圈，其法上阴下晴，左风右雨，雪在中圈，涂尽则九九毕”。[1] 每天把天气状况在图中标绘出来，图画完了，冬天也就结束了。

我国古代就有冬季“画九”的浪漫乐事。明代“日冬至，画素梅一枝，为瓣八十有一，日染一瓣，瓣尽而九九出，则春深矣，曰九九消寒图”。[2] 画梅之法，显然比画圈雅致不少。北京天时很正，三伏暑热，三九严寒，冷暖之宜，毫发不爽。谚云：“一九二九，相逢不出手。三九四九，冰上走。五九四十五，穷汉街前舞。七九六十三，路上行人着衣单。”每年消寒图画完，“试看图中梅黑黑，自然门外草青青”。[3]

北京对冬季消寒之事非常重视，除了消寒图，还有消寒会。“北京风俗，文人则有九九消寒会。逢九日则请客，会中共约九人，每人每次作主人一次。又有九九消寒诗文社，逢九集社，社友不拘人数。届日午刻到社，社中出有诗文题目，分题拈韵，即日交卷，至日夕则偕至饭馆，尽醉而归。”[4]

1. 张次溪（江裁）：《北平岁时志》（下），卷十一，台北东方文化书局，1971年，页三。
2. [明]刘侗、于奕正：《帝京景物略》，上海古籍出版社，2001年，第105页。
3. [清]潘荣陛：《帝京岁时纪胜》，北京古籍出版社，1981年，第37页。
4. 张次溪（江裁）：《北平岁时志》（下），页四。

元宝有余

年画《元宝有余》是常见的吉祥年画。
年画中童子的人物形象造型饱满，憨态可掬，一童手抚鱼缸，缸中有两条金鱼，表示有余之意；一童手持鲜艳的莲花，旁边有四枚金元宝。这幅年画表达了人们追求金钱与财富的美好愿望。

金元宝上的“宣统元宝”字样表明年画年代应为清末民初。元宝呈马蹄形，清代的银元宝是银锭的一种，又称“马蹄银”，一般每锭重五十两，也有的重五十三两、五十四两。[1] 照此尺寸，由于黄金密度是白银的1.8倍，所以一锭金元宝的重量大致为一百两。

两汉时期黄金通行，西汉时汉文帝“以周勃为右丞相，赐金五千斤”[2]，汉宣帝赏赐霍光“黄金七千斤”[3]。“王莽末，天下旱蝗，黄金一斤易粟一斛。”[4] 汉代和北魏时期赎罪，皆用黄金。但到了南北朝后期，黄金逐渐稀少，改为“令金一两，收绢十匹”。唐代时改为“赎铜”。那么，为何两汉时期流行的黄金到唐宋时变得稀有，被白银替代了呢？宋太宗曾问学士杜镐：“两汉赐予多用黄金，而后代遂为难得之货，何也？”杜镐对曰：“当时佛事未兴，故金价甚贱。”[5] 的确，佛教兴起后，黄金被大量地使用。如东汉末年，笮融大兴佛寺，“以铜为人，黄金涂身，衣以锦彩，垂铜槃九重，下为重楼阁道，可容三千余人”。[6] 北魏文成帝时期，在五级大寺铸释

1. 张研：《清代经济简史》，中州古籍出版社，1998年，第312页。
2. 《史记》，卷五十七，中华书局，1982年，第2072页。
3. 《汉书》，卷六十九，中华书局，1962年，第2947页。
4. 《后汉书》，卷一，中华书局，1965年，第32页。
5. 《宋史》，卷二百九十六，中华书局，1977年，第9878页。
6. 《三国志》，卷四十九，中华书局，1982年，第1185页。

有
餘

36cm × 52cm

迦立像五，各长一丈六尺，都用赤金二万五千斤；北魏献文帝拓跋弘在天宫寺造释迦立像，高四十三尺，用赤金十万斤，黄金六百斤。[1] 甚至到了元代，忽必烈建大圣寿万安寺，佛像及窗壁皆金饰之，凡费金五百四十两有奇；缮写金字藏经，凡縻金三千二百四十四两。[2]

唐宋以前，上下通行之货一，皆以钱而已，未尝用银。[3] 唐宋时期，白银才开始普遍流通。宋代仁宗景祐年间（1034—1038）规定纳税收银，白银正式取得合法的货币地位。[4] 顾炎武认为，民间真正的“以银市易”是在金哀宗正大年间（1224—1232），“此今日上下用银之始”。[5] 明初朱元璋“禁民间不得以金银为货交易”，发行大明宝钞，但未建立起信用，最终停用。嘉靖八年（1529），官方规定解京银两皆倾注为锭，并纪年月、官吏及工匠姓名，规定了银两的成色、重量和单位，随后确定白银为纳税的法定货币和国家财政收支的计算单位，确立了银两制度。清朝的货币制度又有发展，确立了白银和铜钱的双本位货币制度，规定以银纳税，但民间小额交易则以钱为主。

可见，明清时期流通的货币并非年画中的金元宝，而是白银和铜钱。

1. 《魏书》，卷一百一十四，中华书局，1997年，第3036页。
2. 《元史》，卷十五，中华书局，1976年，第311页。
3. [清]顾炎武：《日知录集释》，卷十一，湖北崇文书局，1872年，第15页。
4. 张研：《清代经济简史》，中州古籍出版社，1998年，第310页。
5. [清]顾炎武：《日知录集释》，卷十一，第16页。

升官拜相

年画《升官拜相》，以孩童游戏的形式描绘了官员出行的场面。画面右侧孩童头戴官帽，身着官服；中间一个童子赤手赤脚，做马状，另一童子持鞭坐在他身上；左侧孩童则用钱串牵引。年画采用隐喻的方式，揭露了官员作威作福、贪图利禄、欺压百姓的社会现实。年画对官场文化的辛辣批判，与画名“升官拜相”形成鲜明的反讽意境，令人忍俊不禁。从内容来看，这幅年画应是清末民初年画改良活动的产物。

明朝时期，太祖朱元璋废除了丞相，改设内阁。文武官员，按照不同品级身着不同的朝服。朝帽方面，一品至九品，以冠上梁数为差。一品官员冠七梁，二品官员冠六梁，三品官员冠五梁，四品官员冠四梁，五品官员冠三梁，六品、七品官员冠二梁，八品、九品官员冠一梁。朝服方面，文官补服绣禽：一品仙鹤，二品锦鸡，三品孔雀，四品云雁，五品白鹇，六品鹭鸶，七品鸂鶒，八品黄鹂，九品鹌鹑。武官补服绣兽：一品、二品狮子，三品、四品虎豹，五品熊罴，六品、七品彪，八品犀牛，九品海马。

相拜

36cm × 52cm

清承明制，内阁也是清代最高政务机构，最初设满、汉大学士各一人。乾隆年间，设三殿三阁大学士制度。三殿为保和殿、文华殿和武英殿，三阁为体仁阁、文渊阁和东阁。大学士分为大学士和协办大学士。大学士是文臣的最高官位。汉人任大学士者一般都为翰林出身。清代重文轻武，因此做到位极人臣的一品大员是大学士，也称为中堂大人。即便是贵族中爵位最高的亲王，与大学士相见时也要行半跪礼，称其“老先生”，如大学士兼任上书房师傅，则称其“老师”，自称“门生”或是“晚生”。

大学士的谥号也很有讲究。一般来说，大学士及翰林授职者死后有资格得谥“文”字。在清代也有个别例外。如康熙朝“四大辅政大臣”之首的索尼为武将出身，官任领侍卫内大臣，但其死后获谥“文忠”。“文正”是清代官员最高级别的谥号，须经皇帝钦定特恩。尤其汉臣，得此谥号者更为罕见。有清一代，仅有汤斌、刘统勋、朱珪、曹振镛、杜受田、曾国藩等寥寥数人。其中，杜受田与其他几位“文正”公相比，资历、事功均不在同一档次，为何身后得此殊荣呢？这主要得益于他长期担任当时还是四皇子的奕詝的老师，帮助奕詝顺利继承皇位。杜受田死后，咸丰帝特赐黄金五千两治丧。杜受田之所以取得“文正”的谥号，咸丰帝解释为：杜受田乃帝师典范，能将圣人之道“发明蕴奥，体用兼赅”，但其背后真实的原因恐怕是源于对恩师襄助夺位的感激之心。

牡丹采药 麻姑航海

年画分左右两幅，
左为《牡丹采药》，右为《麻姑航海》。

“牡丹采药”取材于八仙故事“吕洞宾戏白牡丹”。明代小说《东游记》第二十七回“洞宾调戏白牡丹”与第二十八回“仙侣戏弄洞宾”讲述了吕洞宾与名妓白牡丹发生的玄幻故事，仙侣指的是铁拐李与何仙姑。由于小说中有许多荒诞迷信的成分，戏曲对其进行了改编。京剧[1]、越剧[2]、湘剧[3]、祁剧、桂剧、黄梅戏、花鼓戏等剧种均有此剧目，故事版本不一。一说白牡丹为嫦娥，在西王母的蟠桃会上，嫦娥为八仙斟酒，吕洞宾酒醉失态，反劝嫦娥饮酒。王母不悦，将嫦娥贬到人间，降生于开药铺的白家，取名白牡丹。白牡丹长到十六岁，容貌出众，在药铺帮忙。一日，黄龙真人降于白家后堂，收牡丹为弟子，与众人进山采药。吕洞宾和徒弟趁白牡丹独自在店之时，到店中买天上、地下、身上各三物，以谜语戏之。白牡丹对吕洞宾一见倾心，心有所属。黄龙真人许诺白牡丹采药归来后为其传道，吕洞宾与黄龙真人斗法，用纯阳飞剑将其斩杀。白牡丹重上天庭，复为嫦娥。[4] 一说白牡丹为民间女子，她和父亲白齐元开药店于铁板桥。一日，牡丹在山中采药，遇到椿树精化作美少年调戏她。吕洞宾云游到此，救白牡丹，收椿树精为徒。后师徒到铁板桥，故意买有名无货之药，白齐元无奈，只好让女儿应付。白牡丹聪慧，借药名笑骂吕洞宾师徒。吕洞宾指出白牡丹乃瑶池仙草下凡，使其梦游成仙。[5] 在小说中，白牡丹的身份为洛阳歌舞名妓。[6]

---

1. 1925年1月19日，上海先施乐园夜戏演出京剧《牡丹采药》。详见姜进主编：《二十世纪上海报刊娱乐版广告资料长编（1907—1966）》，上海文艺出版社，2014年，第521页。
2. 该剧于1935年由姚水娟在宁波大光明戏院首演。详见孙世基编著：《中国越剧戏目考》，宁波出版社，2015年，第79页。
3. 1950年，长沙艺联湘剧团将“牡丹采药”改编为连台本戏演出，十分叫座。详见范正明：《湘剧剧目探微》，岳麓书社，2011年，第285页。
4. 孙世基编著：《中国越剧戏目考》，第79页。
5. 魏俭主编：《湘剧志》，湖南师范大学出版社，2015年，第142页。
6. 吴元泰：《东游记》，陈华昌、黄道京主编：《中国古代禁毁小说文库》（第三辑），太白文艺出版社，2000年，第58页。

牡丹採藥
元

36cm × 52cm

在浙江衢州廿八都古镇的清代戏台藻井上有一幅壁画，反映的是戏曲《牡丹采药》的内容。该壁画长约120厘米，宽约85厘米。壁画中，“吕洞宾身穿蓝袍，头戴蓝道冠，脚蹬红鞋，肩背宝剑，右手潇洒挥舞，眼神专注于白牡丹。白牡丹着红衣红裙，黑色的头发，右手持药锄，左手理云鬓，侧身凝望吕洞宾，身旁置采药篓”。[1] 民国年间，福建三明药店“黄大成”的招牌顶上有“牡丹采药”造像，“以示药材全真无假”。[2] 可见“牡丹采药”的故事流传甚广，深入人心。

“麻姑航海”的故事取材于东晋葛洪的《神仙传》。麻姑年龄在十八九岁，葛洪通过两个特征塑造了麻姑形象，一是头发，“于顶中作髻，余发垂至腰”；二是衣服，“其衣有好文章，而非锦绮，光彩耀目，不可名状”。麻姑还和成语沧海桑田有关。《神仙传》中写道，麻姑自云：“接待以来，已见东海三为桑田，向到蓬莱水浅，浅于往者会时略半也，岂将复还为陵陆乎？”方平笑曰：“圣人皆言海中复扬尘也。”大意是说，麻姑说她已经三次看到东海变为桑田，先前到蓬莱，海水很浅，比往日相会浅了近一半，莫非又要变成陆地了吗？仙人王方平笑道：“圣人都说大海中又将要扬起尘土呢！”[3] 沧海桑田的成语流传下来，形容世事多变。[4]

---

1. 金丹、洪明骏、洪波：《浙江民间美术中的古戏曲绘画研究》，浙江摄影出版社，2015年，第146页。
2. 李应春主编：《闽商发展史・三明卷》，厦门大学出版社，2016年，第114页。
3. [东晋]葛洪著，周国林译注：《神仙传全译》，贵州人民出版社，1998年，第170页。
4. “沧海桑田，谓世事之多变。”见[明]程登吉著：《幼学琼林》，岳麓书社，2002年，第11页。

封神演义

年画《封神演义》反映了小说《封神演义》终章第一〇〇回“武王封列国诸侯”的内容。
诗云：一举戎衣定大周，分茅列土赐诸侯。三王漫道家天下，全仗屏藩立远谋。

画中姜子牙立高台之上，接受武王册封。文臣武将站立台下，等待周公唱名封赏。武王“先追王祖考，自太王、王季、文王皆为天子，其余功臣与先朝帝王后裔俱列爵为五等：公、侯、伯、子、男，其不及五等者为附庸”。[1] 如鲁国封给文王第四子周公旦；燕、魏两国封给周同姓功臣；蔡国、曹国、卫国封给武王的弟弟；晋国封给武王之子；薛国封给黄帝后裔；齐国封给炎帝后裔；楚国、秦国封给颛帝后裔；许国封给尧的后裔；陈国封给舜的后裔；杞国封给禹的后裔；宋国封给商王后裔；姜子牙封为齐侯，位列五侯九伯之上，封地营丘，即山东青州府，他的次子得封纪国；等等，共封有七十二国。小说《封神演义》讲述了“自太公开基，周公赞襄，遂成周家八百年基业”的创业故事。

清人梁章钜曾概括小说《封神演义》的创作过程：“因偶读《尚书·武成篇》‘惟尔有神，尚克相予’语，演成此传。其封神事，则隐据《六韬》《史记·封禅书》《唐书·礼仪志》各书，铺张俶诡，非尽无本也。”[2] 梁还指出，该书“意欲与《西游记》《水浒传》鼎立而三”，但鲁迅认为其“志在于演史，而侈谈神怪，什九虚造，实不过假商周之争，自写幻想，较《水浒》固失之架空，方《西游》又逊其雄肆”，不足以与《西游记》、《水浒传》鼎立。[3]

1. [明]许仲琳编：《封神演义》（图文本），下册，岳麓书社，2009年，第715页。
2. 朱一玄编：《明清小说资料选编》，下册，齐鲁书社，1989年，第558页。
3. 鲁迅：《中国小说史略》，鲁迅全集出版社，1947年，第176—177页。

義

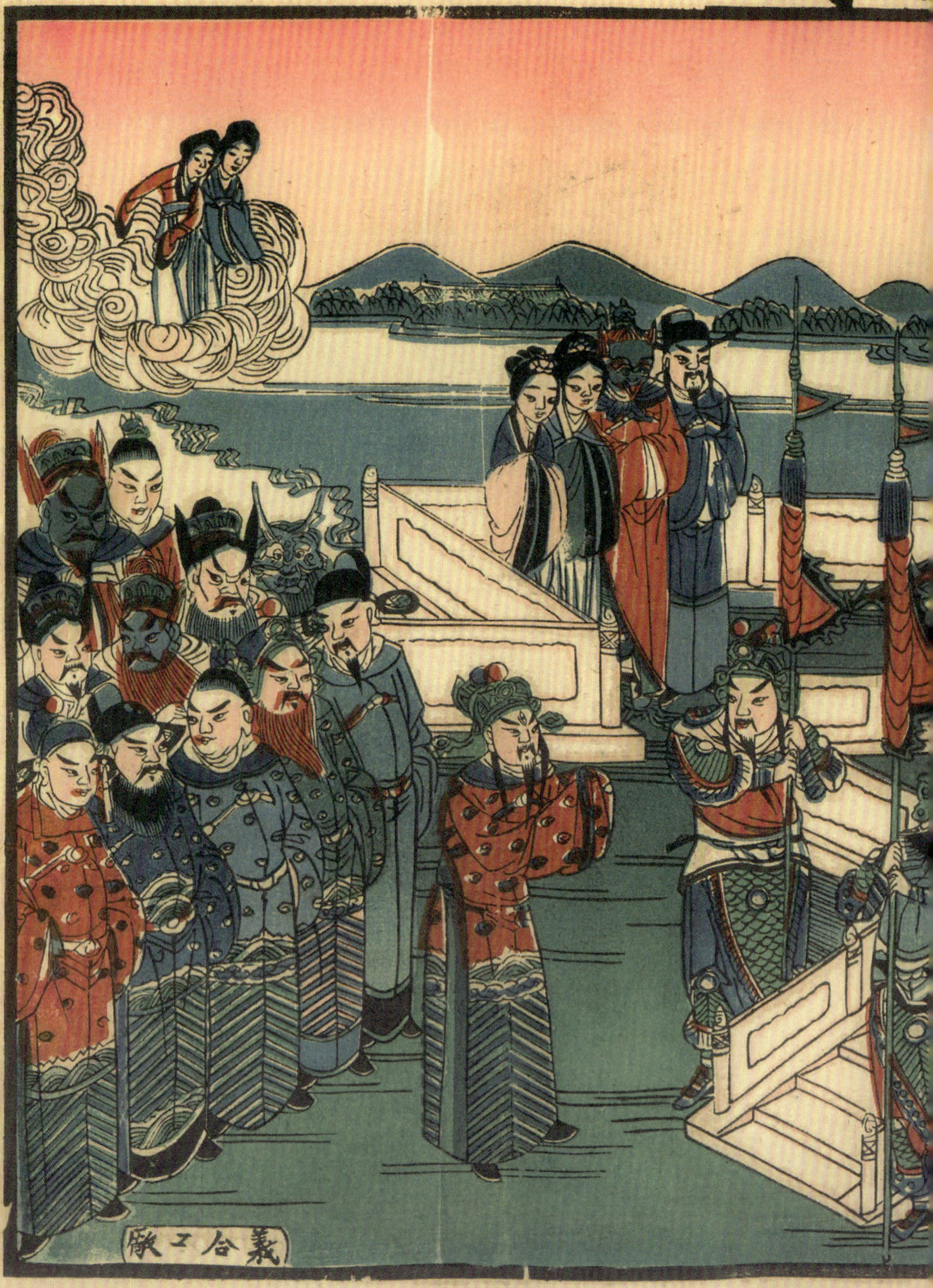

神封

36cm×52cm

关于《封神演义》的作者和成书年代，学界存在不同看法。鲁迅在日本内阁文库查阅的《封神演义》明刻本，题为许仲琳编，书"殆成于隆庆万历间（十六世纪后半）"。[1] 章培恒则认为，许仲琳只写了十回，《封神演义》"开头一小部分出于许仲琳之手，但经过李云翔的修改；其他均出于李云翔之手。李云翔从事此一工作大概始于天启四年（1624）或稍前一些，许仲琳撰写开头的部分自更在其前。全书的评语则均为李云翔所写"。[2]

《封神演义》也是戏曲的重要题材，有《进妲己》《朝歌恨》《渭水河》《摘星楼》《破渑池》《绝龙岭》《佳梦关》《斩妲己》《碧游宫》等剧目。[3] 《乐府考略》中提到，"《封神》传系元时道长陆长庚所作，未知的否"。[4]

晚清文士王闿运阅读这部"本拟《水浒传》《西游记》而作，亦兼袭《三国志》"的《封神演义》时感慨道："明人喜为传奇演义之言，而此独恢诡不平，多所指斥，大致以财色为戒。故独重赵公明兄妹，财为兄而色为妹，未有无财而能耽色者也。置之十绝之中者，戕生多端，中年尤在财色也。十绝破而杀仙，万仙诛而沐猴冠矣。"代表财色的赵公明兄妹应纣王太师闻仲之邀参与十绝阵，阵破后亦对姜子牙的将士造成很大杀伤，最后却能得封"玄坛真君"，统领"招宝天尊"萧升、"纳珍天尊"曹宝、"招财使者"陈九公和"利市仙官"姚少司。《封神演义》的故事民间流传广泛，影响深远，"在明嘉靖以后，而俗间大信之，至以改撰神号，至今言四天王、哼哈、财神、温痘皆本之，已为市井不刊之典矣"。[5]

1. 鲁迅：《中国小说史略》，鲁迅全集出版社，1947年，第176页。
2. 章培恒：《不京不海集》，复旦大学出版社，2012年，第296页。
3. [日]波多野乾一著，卢茂君译：《京剧大观》，北京联合出版公司，2018年，第76—80页。
4. 《曲海总目提要》，下册，卷三十九，天津古籍书店，1992年，第1693。
5. 王闿运：《封神演义作意》，马积高主编：《湘绮楼诗文集》，岳麓书社，1996年，第365页。

法门寺

年画《法门寺》是一幅戏曲年画。
戏曲《法门寺》，一名《郿坞县》，又名《朱砂井》，常与《拾玉镯》连演，总名《双姣奇缘》讲述了明朝发生的一件奇案。

故事讲的是，世袭指挥使傅朋在街头偶遇民女孙玉姣，对其一见倾心，故意丢下玉镯。孙玉姣见其一表人才，心中暗许。这一切被媒婆刘氏看在眼中，向孙玉姣讨要绣鞋，答应为他们做媒。刘媒婆回家后，绣鞋被儿子刘彪拿走。刘彪在街市遇到傅朋，以绣鞋讹诈，与傅朋纠缠，被乡约刘公道所劝解。刘彪夜闯孙家庄，误杀了孙玉姣的舅舅、舅母，并把舅母的人头扔到刘公道的后院。刘公道发现后，命雇工宋兴儿将人头弃入流沙井中，随后把宋兴儿推到井里灭口。孙家命案报官后，郿坞县县令赵廉（年画中写作“连”）审问孙玉姣，问出玉镯之事，遂捉拿傅朋，屈打成招。刘公道为逃脱罪责，诬告宋兴儿盗物潜逃，赵廉令宋家赔偿刘公道财物。宋兴儿之女宋巧姣趁大太监刘瑾和母亲前往法门寺进香的机会鸣冤告状，为傅朋申冤。刘瑾责成赵廉复查此案。赵廉将刘彪捉拿归案，在他住处搜出绣鞋。刘彪招供后，刘公道亦被拘捕到案，并在井里找到人头和宋兴儿的尸体。案中案真相大白。刘瑾斩刘彪、刘公道，以孙、宋二姣婚配傅朋。

寺

法

36cm × 52cm

年画描绘了刘瑾审案的情形。画中刘瑾端坐于大堂，画右是知县赵廉提笔问讯，画左则是犯人刘彪跪在地上，刘公道和刘媒婆立于其后。

《法门寺》是京剧的经典剧目。尤其20世纪30年代，京剧《法门寺》走红于剧坛。1936年卓别林来华，梅兰芳和胡蝶陪他看了马连良主演的京剧《法门寺》。[1]

剧中的太监刘瑾是明武宗时期权倾一时的人物，时人称之为“立皇帝”，称武宗为“坐皇帝”，可见其权势之大。《明史·佞幸传》记载，“正德初，曲事刘瑾，得幸于帝，性狷狡善射，拓左右弓。帝喜，赐国姓，为义子，传升锦衣千户……言无不听，其名刺自称‘皇庶子’”。刘瑾在名片上自称皇帝的儿子。另外他“素善矫饰”，喜欢沽名钓誉，所以作家高阳认为，“至像《法门寺》那样的故事，亦并非不可能出现在刘瑾身上”。[2]

从年画可见，戏中的刘瑾是花脸净角。净角大师侯喜瑞饰演的刘瑾，在“大审”出场看公文时，“扬袖、翻袖、背袖、抓袖，如鹘起兔落，凌厉生风”。在全剧结束时，刘瑾向赵连念道：“暂做凤翔知府，见了圣上，咱家再提拔于你！”“你”字出口后，左腿踢蟒袍，左手抓蟒角，右手扬袖拂顶，从“大座”里“窝”下。此剧虽无繁重身段，但左踢左抓的动作难度极高。侯喜瑞谈道：“此剧刘瑾，全凭京白和脸上的神气。我琢磨这出戏，应当做出六副‘脸儿’，即出场表白的自尊自傲；对太后的唯恭唯谨；对贾桂的颐指气使；对赵连要笑式的呵斥；对宋巧姣偏袒式的怜悯；对三刘（刘彪、刘媒婆、刘公道）戏谑式的残忍。”后世演《法门寺》刘瑾者多承法侯喜瑞。[3]

1. 中国戏曲志编辑委员会：《中国戏曲志·上海卷》，1996年，第648页。

2. 高阳：《明朝的皇帝》，中国画报出版社，2018年，第212页。

3. 翁偶虹著，张景山编：《菊圃掇英录》，北京出版社，2018年，第309—310页。

五花洞

年画《五花洞》属戏曲年画。

《五花洞》这出戏，几十年来，各戏班都很爱演，可以说是很风行的一出戏了。[1]

《五花洞》结合了《水浒传》与《包公案》的情节。讲的是，五花洞中有五妖，一蜈蚣，一蝎子，一壁虎，一蛤蟆，一毒蛇。五妖修炼千年，神通广大，腾云驾雾，变幻人身。但是苦无真阳，难以修成正果。蝎子和壁虎二妖出洞，幻化人形。清河县人武大以卖烧饼为生，难于度日，打算去阳谷县找他的弟弟武松，于是偕妻潘金莲同往。夫妻二人途中遇到二妖。二妖变作武大夫妇，声音、样貌、衣服、高矮无不相同。武大夫妇也不能辨别孰真孰假，心知必系妖怪，而二妖亦反唇相讥。四人扭打至阳谷县。县令见这四人，无法区别，正束手无策时包公到。县令告以出此奇案，无法判明。包公坐堂审问，正想用照妖镜时，又报天师张杰赶到。张天师知系二妖作耍，大声喝问。二妖直认不讳，遂返回洞中。张天师率人合歼众妖。[2]

1. 齐如山：《审美与生活：京剧谈往录》，首都师范大学出版社，2017年，第199页。
2. 《古今戏剧大观》，第1册，中外书局，1921年，第54—55页。

洞

五

36cm × 52cm

年画中可以看到，构图左右对称，武大夫妇、公差人等、公堂陈设，甚至包公都被妖怪幻化得一模一样，真假难辨。画中央的张天师手持宝剑，作法降妖。

戏曲《五花洞》，因为剧中真假武大与阳谷县令均为矮人，又名《三矮奇闻》。戏中真假潘金莲的青衣对唱和后半场热闹的武戏是本剧的最大看点。[1]《五花洞》的故事虽然荒诞不经，但在戏曲表演上却颇有趣味。“原始的《五花洞》，武大与潘金莲为一真一假，后则倍之为双真双假，曰《四五花洞》；再倍之为《六五花洞》；最高纪录，曾出现四真四假，曰《八五花洞》”，“虽谲诡之中再显谲诡，未免荒唐之中更显荒唐”。[2] 抗战胜利后，程砚秋、梅兰芳、尚小云、荀慧生四大名旦曾联合演出《五花洞》中的真假潘金莲，此剧受欢迎程度可见一斑。梅兰芳回忆了他与赵君玉合作演出真假潘金莲的经过。扮演潘金莲的赵君玉对演假潘金莲的梅兰芳说道：“这出戏慢板的腔儿，两个人要唱得一样的。您先给我哼两遍，我随着您的腔唱，就不会碰了。”梅兰芳说：“好，就这么办。在台下是您随我，到了台上，可得我随您了。”[3] 所以在演出中真潘金莲是青衣应行，假潘金莲则含有花旦的韵味。

梅兰芳先生也指出，《五花洞》是一出趣剧，剧中的潘金莲是正派人物，剧末案情大白，潘金莲是个规规矩矩的女人，假潘金莲才是个妖怪。潘金莲的冤枉，“已经由大家公认为正直无私的包老爷替她洗刷清楚了”，这样的描述，“在旧戏里倒还是独出心裁的创格呢”。[4]

1. [日]波多野乾一著，卢茂君译：《京剧大观》，北京联合出版公司，2018年，第273页。
2. 翁偶虹著，张景山编：《菊圃掇英录》，北京出版社，2018年，第41页。
3. 梅兰芳著，傅谨主编：《梅兰芳全集》，第6卷，中国戏剧出版社，2016年，第246页。
4. 梅兰芳著，傅谨主编：《梅兰芳全集》，第6卷，第247页。

齐姜氏定计遣夫

年画《齐姜氏定计遣夫》的典故，
出自左丘明所撰《国语》。

春秋时期晋献公五年（前672），晋献公讨伐骊戎，得美女骊姬，宠爱有加。晋献公十年，骊姬生子奚齐。奚齐十一岁时，骊姬和太子申生讲说，“我梦到你的母亲，你去祭祀她，回来后把祭肉献给国君”。申生祭祀回来，恰逢献公外出打猎，把祭肉放在宫内。骊姬派人在祭肉里放上毒药。献公回来后，厨师奉上祭肉，骊姬建议检验一下肉里是否有毒。结果肉中果然有毒。太子申生被迫自杀。骊姬又道，公子重耳、夷吾与太子合谋，都知道下毒的事情。重耳得知消息，逃亡到翟国、卫国等，后逃至齐国。

齐桓公厚待重耳，把女儿齐姜嫁给他，并赏马二十乘（四匹为一乘，也就是八十匹马）。重耳在齐国过着美滋滋的生活，曰“民生安乐，谁知其他”，希望在齐国终老。不料第二年齐桓公去世，孝公即位，诸侯叛齐。重耳的舅舅狐偃认为重耳流亡的目的是希望借助外国力量复兴晋国，如今齐国形势动荡，自顾不暇，没有力量帮助重耳了。他与赵衰等随臣在桑树下密谋带重耳离开齐国的事情。不料众人的讨论被树上的采桑女偷听去。这采桑女正是齐姜的侍婢，回去后把此事禀报给齐姜氏。齐姜氏把她杀掉灭口，对重耳说道：“从者将以子行，其闻之者，吾以除之矣。子必从之，不可以贰，贰无成命……自子之行，晋无宁岁，民无成君，天未丧晋，无异公子。有晋国者，非子而谁！”但公子重耳并没有听从齐姜和狐偃的建议。

遺夫

36cm × 52cm

无奈之下，齐姜氏和狐偃等人定计将重耳灌醉，“醉而载之以行”，离开齐国。年画反映了齐姜氏与重耳等人饮酒作乐的场面。重耳酒醒后发现离开了齐国，遂用长戈驱逐狐偃，说道：“倘若大事不成，我吃舅舅的肉都不够。”狐偃边跑边说：“倘若大事不成，我将战死原野，都不知死在何处。公子也逃命不暇，岂能复与豺狼争着吃我呢？如果事成，公子必定吃着晋国脆美的食物，狐偃的肉如此腥臊，怎么能入口呢？”[1]

齐姜氏深明大义的故事传颂至今。词曰：

公子贪欢乐，佳人慕远行。
要成鸿鹄志，生割凤鸾情。[2]

公子重耳没有辜负齐姜氏的期望，回到晋国后杀晋怀公，成为历史上著名的晋文公。晋文公四年（前632），晋文公大会诸侯于践土，为践土之盟，成为春秋时期的第二位霸主，与齐姜氏的父亲齐桓公并称为“齐桓晋文”，开创了晋国的百年霸业。

1. 《国语》，卷十，“晋语四”，“文公”，商务印书馆，1958年，第123页。
2. [明]冯梦龙：《东周列国志》，上册，崇文书局，2018年，第289页。

翠屏山

年画《翠屏山》取材于水浒故事，
明人沈自晋[1]在此基础上写成二十七出的传奇《翠屏山》。

传奇《翠屏山》讲的是，蓟州狱吏杨雄绰号病关索[2]，娶寡妇潘巧云为妻，但因忙于公务，使潘氏感到冷落寂寞。金陵人石秀来蓟州谋生，恰逢地痞张保等人欺负杨雄，遂出手相助，与杨雄结为兄弟。杨雄留石秀在家中帮忙开肉店，潘巧云勾引石秀，遭到拒绝。后来潘巧云与报恩寺海和尚（本名裴如海）勾搭成奸。石秀撞见二人，潘氏却向杨雄告状说石秀调戏她。杨雄责怪石秀，石秀也未做解释。石秀趁潘氏与海和尚幽会时杀死海和尚，杨雄见状明白真相。杨、石二人借口上翠屏山参拜，引诱潘巧云以及帮海和尚牵线的侍婢迎儿上山。石秀将二人杀死，与杨雄一起投奔梁山。潘巧云和潘金莲均为《水浒传》塑造的“淫妇”形象，清人对此故事撰联曰：“紫石街前世泽，翠屏山下家声。”[3]小说中，紫石街是武大与潘金莲居住的街道，翠屏山则是杨雄杀死妻子潘巧云的地方。

1. 波多野乾一认为《翠屏山传奇》的作者为沈璟，并不准确。见[日]波多野乾一著，王青译：《京剧大观》，北京联合出版公司，2018年，第253页。
2. 关索是民间传说和演义小说虚构的人物，关羽的第三个儿子。据《三国志》记载，关羽只有关平、关兴二子。
3. 徐珂：《清稗类钞》，第四册，中华书局，1984年，第1794页。

山

36cm × 52cm

戏曲《翠屏山》，又名《杀嫂投梁》《杀山》《石十回》等。[1] 折子戏《戏叔》是《翠屏山》的第八出，讲述了潘巧云引诱石秀被拒的情节。该戏“石秀与潘巧云争辩的一场，用慢板西皮唱法，武生需要唱功极佳”，据说谭鑫培壮年时期经常演出。[2]《戏叔》自明清以来常演不衰，“成于乾隆年间流行折子戏选集《缀白裘》便收有此出，唯与沈自晋原作稍有出入，且改题为《戏叔叔》”。除《戏叔》外，《翠屏山》还有《送礼》、《反诳》（亦名《巧潜》）、《杀山》（亦名《除淫》）等。[3]

京剧《翠屏山》由梆子戏移植而来，演出时仍用梆子戏形式。京剧中前唱皮黄、后唱梆子的剧目为数不多，《翠屏山》是其中之一。石秀的角色老生、武生、小生都可以演。老生演出时大都只演《吵家》，不演《杀山》，没有武打场面。扮演石秀要求很高，《吵家》要唱上板的西皮，没有嗓子来不了；《杀僧》要耍刀，《杀山》要耍棍，没有武功也来不了。杨小楼生平不动《翠屏山》[4]，可见其难度之高。[5] 马连良早年演出时，一演到底，还按老生余派创始人余叔岩的路数，耍一趟“六合刀”，唱、做、打均见功力。中年以后，马连良不再演出此戏，只有老唱片传世。[6]

年画反映的内容是，潘巧云做法事，侍女迎儿请来海和尚，两人私通时被石秀发现。年画从左至右的角色分别为迎儿（小旦）、潘巧云（花旦）、海和尚（丑）、石秀（武小生）。

---

1. [日]波多野乾一著，卢茂君译：《京剧大观》，北京联合出版社，2018年，第253页。
2. [日]波多野乾一著，卢茂君译：《京剧大观》，第253页。
3. 解玉峰：《翠屏山第八出·戏叔》，蒋星煜、齐森华、赵山林主编：《明清传奇鉴赏辞典》，上册，上海辞书出版社，2004年，第518页。
4. 朱瘦竹的记载与波多野乾一存在矛盾。波多野先生写道：“杨小楼、李吉瑞两人演绎得很好。”见其《京剧大观》，第253页。
5. 朱瘦竹著，李世强编订：《修竹庐剧话》，中国戏剧出版社，2015年，第62—63页。
6. 张慧等编：《马连良唱腔选集》，人民音乐出版社，1999年，第228页。

花为媒

年画《花为媒》的故事取材于蒲松龄的《聊斋志异》，后来搬上戏曲舞台，成为评剧的经典剧目。

王俊卿在父亲王少安（小说中为王桂庵，年画中写为王贵安）的寿宴上，遇到了前来祝寿的表姐李月娥（小说中名为郑闺秀，年画写为曹月娥）。王俊卿对李月娥一见倾心，托媒人阮妈向姑父家求婚。姑父认为两家为中表联姻，拒绝此桩婚事。阮妈又帮俊卿说合了张家的女儿，张五可。张五可听说俊卿才貌双全，很愿意嫁给他。但王俊卿倾心月娥，不愿娶张五可。张五可听说后，与阮妈定计，在花园偶遇王俊卿。俊卿见五可貌美，指花为媒，订了婚约。月娥闻知俊卿订婚的消息后，郁悒成病。母亲担心女儿，也为她定计，在俊卿大喜之日抢先用花轿将月娥抬到王家。俊卿误以为轿中人是五可，将其送入洞房。不久，五可的花轿赶到，引起误会，王家顿时乱作一团。王俊卿另设青帐别室，周旋于两人之间，踥蹥无以自处。王老夫人调停于中，使二人按年龄排序，二女皆诺。[1] 故事以王俊卿娶二女成婚而结局。

1. [清]蒲松龄：《聊斋志异》，齐鲁书社，1981年，第2420页。

媒

花

36cm × 52cm

《花为媒》是评剧的经典剧目。评剧是流行于河北东部唐山一带的主要剧种。过去由于评剧地位低，没有作家专门写评剧剧本，[1]《花为媒》的剧本由评剧艺人成兆才所写。当时旦角都由男性扮演，评剧"四大名珠"，月明珠、碧月珠、盖月珠和明月珠都演过该剧。老本的《花为媒》，"因为它产生在旧社会，宣传一夫多妻制，并为迎合当时观众的低级趣味，有很多庸俗的东西"。[2] 1955年，河北评剧院改编了《花为媒》的剧本。故事情节改为俊卿因思念月娥病重，表弟贾俊英代其与五可相会，五可在花园见到贾俊英英俊文雅，赠以红玫瑰，两人订下终身。贾俊英将五可所赠红玫瑰转送俊卿，并赞美五可的才貌，但王俊卿不为所动，将红玫瑰扔在地上。阮妈向王老夫人献计，把五可先娶进门。月娥得知后痛苦不已。李母冒名送女，抢先把月娥送到王家。王俊卿以为新娘是张五可，拒不拜堂。后来得知是月娥时，顿时疾病全无。张五可的花轿来到王家，俊卿、月娥已拜堂完毕。五可闯入洞房，恰逢贾俊英在场，于是二人成婚。兄弟二人各遂所愿，有情人终成眷属。1964年，《花为媒》改编成彩色评剧电影，阮妈由赵丽蓉饰演，张五可由新凤霞饰演，李月娥由李忆兰饰演。[3]

赵丽蓉后来在1995年春节联欢晚会上和巩汉林等人合作了小品《如此包装》，小品中赵丽蓉的台词便是由她在评剧《花为媒》中扮演阮妈的唱词改编而来。唱词曰："春季里开花十四五六，……六月六看谷秀，春打六九头。头上擦的本是桂花油，油了裤，油了袄啊，油了我的花枕头"；夏天呢，"我就摸啊，我就摸啊，我就摸了一条大泥鳅"！[4]

年画所表现的内容，正是月娥和五可两人的花轿都抬到王家后的混乱场面。画中角色从左至右依次为：打手、车夫（轿夫）、阮妈、张五可、王俊卿、曹月娥（李月娥）、王贵安（王少安）、车夫（轿夫）、打手、王老夫人。年画中洞房的对联"诗云钟鼓乐之，易曰乾坤定矣"，很好地解释了《花为媒》故事的大结局。

---

1. 新凤霞：《美在天真：新凤霞自述》，山东画报出版社，2018年，第172页。
2. 新凤霞：《美在天真：新凤霞自述》，第174页。
3. 中国电影发行放映公司编：《电影说明书汇编》（1979年），中国电影发行放映公司，1985年，第339—340页。
4. 赵立功：《竹外桃花》，河南文艺出版社，2020年，第293页。

九江口

年画《九江口》讲述的是元末群雄逐鹿，
朱元璋、张士诚和陈友谅三人在江南争霸的故事。

朱元璋出身贫寒，被称为中国历史上身份最卑微的皇帝，他投身红巾军郭子兴部，郭死后成为统帅，攻占集庆，改为应天府。张士诚本以操舟运盐为业，后起事反元，力量逐渐壮大，先后自称“诚王”和“吴王”。陈友谅本“沔阳渔家”子弟，投入红巾军徐寿辉部，自称“汉王”。陈友谅与张士诚早年定交秦晋之好，称王后与张约定合力攻打朱元璋，同时率大军直下应天。应天府震动，人心惶惶。朱元璋见刚投奔应天的浙东名士刘基（伯温）淡定如常，于是向他问计。刘基答曰：“贼骄矣，待其深入，伏兵邀取之，易耳。”朱元璋采纳了刘基的诱敌深入建议，在龙湾之战中大败陈友谅。

戏曲《九江口》，又名《忠义臣》《火烧陈友谅》《鄱阳湖》《张定边》等，故事以此为背景展开。陈友谅为了巩固与张士诚的联盟，将女儿许配给张的儿子张仁。他派部将胡兰去接张仁成婚。陈友谅部下元帅张定边足智多谋，认为胡兰与刘基是同乡，不便派往。陈友谅不听劝阻，果然胡兰和张仁在归途中被刘基定计所擒。刘基将张仁斩首，劝降了胡兰，遂派巧嘴华云龙假扮张仁，潜往陈的军营以为内应。华云龙来到陈营，被张定边识破，但他屡谏无效，反被革职。陈友谅率军出师，在黎山遭遇埋伏，其女战死，全军大败。陈友谅被追杀，逃至九江口。张定边早已料此结果，假扮渔翁，先于九江口接应，陈友谅得以脱险。

口

36cm × 52cm

1959年7月29日，由中国京剧院范钧宏改编的京剧《九江口》在人民剧场首演，一炮而红。饰演张定边的袁世海激动地说："这次我在舞台上呈现给观众的不再是粗鲁莽撞、诙谐幽默的绿林好汉，不再是勾白脸的充满奸诈多疑的枭雄曹操，不再是收受贿赂的贪官污吏，更不仅仅是威武傲然的大将军，呈现的是一位白发白髯、充满智慧心机和冷静、格外沉稳老练、质朴刚毅、战功卓著的老元戎，是一位忠于国家、忠于事业、万韧不回的大元帅！"张定边形象的塑造一改以往的花脸形象，动中刚强稳重，静中自信坚定，成为令观众耳目一新的架子花脸。[1]

年画中所表现的内容是陈友谅与朱元璋的军队在玉山狭路相逢，发生激战的场面。内容上来说，年画与戏曲略有不同，主要体现在画中两位作战的主帅，左为张金鞭（张定边），右为华云龙。戏曲中张定边在玉山大战时已被罢免元帅之职，改由陈友杰出任。张定边恰恰预料到陈友谅战败的结果，提前在九江口接应，并未参与战斗。画中左半部分为陈友谅的军队，具名人物有陈友杰、陈友亮（谅）；右半部分为朱元璋的部队，除华云龙外，还有两个花脸人物，常玉（遇）春和胡大海。

1. 袁菁执笔：《袁世海自述》（叁），山西人民出版社，2016年，第1062页。

拿花云龙

年画《拿花云龙》取材于清代小说《济公全传》，情节见于第四十六回“贺守正花群雄结拜，逛临安城巧遇王通”、第六十八回“看字柬寻访赵家楼，见孝妇英雄施恻隐”至第七十二回“镇八方赌气找张荣，乾坤鼠毒镖打杨明”。[1]

戏曲《赵家楼》（又称《凤凰岭》《镖伤三友》[2]）由小说故事改编而来，徽剧、湘剧、河北梆子均有此剧目。[3] 故事梗概为：华云龙，绰号飞天鼠，本是南宋时期的绿林强盗，在凤凰岭为寇，劫掠为生。他善使毒镖，百发百中，中镖者当即殒命，“商贾行旅受害者何可胜数”。华云龙又好色，“劫掠之时遇妇女无幸免者”。小白脸云飞、贪花浪子韩秀是其党羽。济公的徒弟王通为赵员外运镖，路过凤凰岭。行至岭下，云飞、韩秀意欲劫货，王通打败二人。二人飞奔报华云龙，云龙下岭，一看是老相识王通，遂邀入山寨，置酒款待。王通与华云龙一时投机，约定金兰之好。王通素知云龙做事不端，乘机规劝，各取鲜花一朵系在衣襟上，共同起誓曰：自今以后，准戴花而不得采花。王通借此警告云龙，不得奸淫妇女，“以成其英雄美名耳”。但华云龙本性难改，口是心非，王通走后，又嘱咐云飞、韩秀探访妇女，以遂其私。恰好赵员外有女，美貌聪慧，被二人瞥见。华云龙背弃与王通的约定，前往赵家。济公有未卜先知的法术，预料云龙将至，又见王通气色不佳，恐其受害，派徒弟雷明、陈亮密助王通，济公亦亲临赵家。济公命弟子救走赵小姐，自己潜入帐中。华云龙夜入赵家楼，济公出帐责之，率弟子捉拿华云龙。[4] 王通在小说中为反面人物，戏曲中则为正面人物。

1. [清]郭小亭：《济公全传》，齐鲁书社，1998年，第104—160页、第152—163页。
2. 黄仕忠、[日]大木康主编：《日本东京大学东洋文化研究所双红堂文库藏稀见中国钞本曲本汇刊》，广西师范大学出版社，2013年，第530页。
3. 王艺生：《豫剧传统剧目汇释》，黄河文艺出版社，1986年，第372页。
4. 《古今戏剧大观》，第五编，中外书局，1921年，第40—41页。

雲龍
義昌樹印局

36cm × 52cm

京剧《赵家楼》中，武生杨派创始人杨小楼先生曾演过华云龙。华云龙与王通的“对刀”打斗，是著名“武净”钱金福传授，“一般演员不会”，杨与钱的开打，旗鼓相当，非常精彩。钱金福去世后，杨小楼再演《赵家楼》，非请钱金福的儿子钱宝森演王通不可。[1] 除了武打场面外，杨小楼在神情做派上表现出以身入戏的特点：当大家结拜，规定戴花不采花时，“他立即面现不悦之色，却又带出隐忍不便发作的气闷”；后来遇见美女，又怕王通阻拦，他“面带愁容”，云飞劝解后“两个小眼睛一眯缝一笑”，“把采花淫贼的神态，真是刻画入微”。[2]

年画中，右侧的花脸为王通，与他对打的武生是华云龙。其余两花脸则是雷明、陈亮，武生为云飞、韩秀。戏中另一主角济公（丑）则在年画中未有体现。年画落款义昌彩印局。

1. 潘侠风编著：《京剧艺术问答》，文化艺术出版社，1987年，第252页。
2. 丁秉鐩：《国剧名伶轶事》，山东人民出版社，2010年，第55页。

马芳观城

年画《马芳观城》取材于鼓词《香莲帕》[1]，有学者认为其产生于明末，“昆弋腔剧本或依鼓词改编，并上演于宫廷，现收录于《故宫珍本丛刊》”。[2] 马芳是真实的历史人物，官至宣化府左都督，“威名震边陲，为一时将帅冠”。[3] 马芳三代为将，父子兄弟先后殉国。[4]

戏曲名为《马芳困城》，又称《御林郡》《斩杨波》等。剧情发生于明朝中后期，马芳自幼父母双亡，落魄无依，长大后习得一身好武艺，在京西卢沟桥一带落草为寇。不料被隆庆皇帝的国丈李良所捕，削去左耳，游行示众。兵部侍郎杨波见其器宇英武，遂向李良保释，收为义子，令其在军中效力。隆庆帝驾崩后，年幼的万历皇帝即位，太后李彦妃执政。马芳因军功升为大同镇总兵。朝中吏部尚书徐赞深得太后信任，恃宠专权。因事与杨波不睦，徐赞用诬陷手段骗皇帝将杨波下狱。马芳得到消息，统率部下诸军进逼京畿，将皇城围困。万历帝大惊，急忙与太后亲往城楼诘问，并把杨波从狱中释放。杨波登城劝谕义子马芳退兵。当时杨波刚从监牢放出，脖子上还戴有枷锁刑具。马芳见状哀恸不已，提出要求，如欲退兵，须依三事。一是立将义父杨波释罪复官；二是嗣后榆关各路守兵均归其节制，不听京中调遣；三是削去徐赞官职，将人交出，任由发落。万历帝因马芳兵临城下，不得已俱允其请。马芳乃退兵。[5]

---

1. 章禹纯主编：《香莲帕》，黑龙江人民出版社，1989年。
2. 龙赛州：《车王府藏曲本新论》，中山大学出版社，2020年，第78页。
3. 《明史》，卷二百一十，中华书局，1974年，第5586页。
4. 《明史》，卷二百一十，第5598页。
5. 《戏考大全》，第2册，上海书店出版社，1990年，第623页。

城
古葵
王紹田画稿
李彦妃
萬歷
三夫人
九夫人
五夫人
七夫人
二夫人
製造

36cm × 52cm

《马芳困城》流传广泛，在京剧、川剧（《鱼鳞阵》）、徽剧、汉剧、湘剧、滇剧、河北梆子、秦腔、豫剧、粤剧等戏曲中均有此剧目。有学者认为，最早将其搬上戏曲舞台的是上党梆子《龙凤帕》，这出戏的唱腔颇有特色，花脸宽，须生单，正旦尖，角色声腔特点鲜明，对唱张弛诱人。[1] 京剧中马芳的出场也很特别，“先立于上场门外椅上，唱几句进去，再由下场出来立于椅上唱几句，又进去，再由上场门出来，如前立椅上唱几句下来，方归正场”。这样的表演“乃形容马芳各处招呼之义，意思是各处都有马芳”。[2] 值得一提的是，《马芳困城》还挽救了地方剧种邕剧的命运。新中国成立前夕，邕剧已濒临泯灭，艺人流散改业，生活无着落。新中国成立后，1950年广西调查恢复地方剧种时，省戏改会主任秦似等人在南宁人民剧院观看了《马芳困城》等剧目后，确认邕剧为地方剧种之一，并于1951年1月22日正式组建南宁人民邕剧团，使这一地方戏曲得以保存。[3]

年画《马芳观城》，上半部分是困于城上的李彦妃（太后）、年幼的万历皇帝以及杨伯（杨波）。下半部分是围城的马芳和他的诸位夫人，既有立于战马左侧的大夫人，也包括最右侧的十五夫人。如左图[4] 和右图[5] 所示，在马芳的家乡蔚县，还流传有他和九位夫人的戏曲窗花。

年画左上角有作者标识，即古夔王绍田画稿。王绍田是清末民初活跃在天津杨柳青画坛的画师。年画由天津德源工厂制造。

1. 张岳公、张翼：《炕围画》，商务印书馆，2017年，第181页。
2. 齐如山：《国剧艺术汇考》（一），辽宁教育出版社，1998年，第42页。
3. 曾宁口述，王兆椿整理：《邕剧名称由来》，南宁市文化局、南宁市博物馆编：《南宁旧事》，广西民族出版社，2009年，第267页。
4. 华迦、张怀远主编：《王老赏剪纸作品集》，文化艺术出版社，2014年，第82页。
5. 华迦、张怀远主编：《王老赏剪纸作品集》，第86页。

铁公鸡

年画《铁公鸡》是一幅戏曲年画。

戏曲《铁公鸡》取材于太平天国故事，1880年上海丹桂茶园编演单本戏《大清得胜图》，是“现知最早反映此题材的京剧剧目”。1893年，上海天仙茶园重编连台本戏，取名《铁公鸡》。1895年，天仙茶园又以湘军将领鲍超镇压太平军和捻军事迹编演了连台本戏《鲍公十三功》，称为《后本铁公鸡》。[1] 同年，慈禧太后令外传戏班“同春班”进宫演出，演出的剧目是《洪杨传》。《洪杨传》进宫时，有人说此戏是宣传叛乱，为太平天国张目，在民间起到“蛊惑”的作用，甚至连戏班都是太平天国余党。当时管戏的“内廷供奉”田际云请太监李莲英代为求情。李莲英在慈禧面前求情道：“戏班是老佛爷下旨调来的，抓他们是拂您的面子！这些唱戏的就是为了养家糊口，哪儿能有别的打算？”慈禧一听，传旨让戏班离宫，“戏我不听啦！人不让他们抓，任何东西也不准他们动”。后来田际云新编了剧本，把反清的情节删掉，把清军主帅由僧格林沁改成提督向荣，剧名也改为《铁公鸡》。“结果四十六本的宣传太平天国革命的好戏，删改成十六本镇压太平天国的坏戏了。”唱法也从原来的昆曲，变成昆曲和京剧“两下锅”的“风搅雪”。“一个大型的近代革命历史剧，变成面目全非的，以叫座为目的的武戏了。”[2]

1. 中国戏曲志编辑委员会：《中国戏曲志·上海卷》，中国ISBN中心出版，2000年，第231页。
2. 李洪春述，刘松岩整理：《京剧长谈》，中国戏剧出版社，1982年，第49—50页。

鷄
津德源工厰製造

36cm × 52cm

1915年，何月山在上海单演三本《铁公鸡》，此后该戏风行，成为海派武生的必演剧目。三本《铁公鸡》，又称《火烧向荣》，讲的是清军大帅向荣击败太平军。洪秀全命张嘉祥诈降向荣，伺机行刺。不料被向荣识破，施反间计，使洪秀全对张起疑，杀了张嘉祥的妻儿。张嘉祥愤而降清，改名张国梁。向荣将女儿许配给张国梁。清军将领铁金翅和弟弟铁公鸡打算投奔太平军，定计请向荣赴宴，张国梁扮作马夫。席间铁氏兄弟放火围攻，张国梁奋力突围，擒获铁金翅。《铁公鸡》剧中角色均着清装，化装不勾脸，武打使用真刀真枪，并有“钻火圈”“洋枪洋操”等特技表演，开京剧舞台“真械打武”之风。[1] 1943年，上海组织各戏班的名武生合演“十十”《铁公鸡》，安排十对张嘉祥与向荣，最后一对演员为李万春、李少春。“趟马赴宴”一场，前九对旋展翻跌技巧，花样百出，跟头翻绝，二春感到再翻跟头，万难讨好，遂出奇制胜，扮张嘉祥的万春牵马上台，扮向荣的少春手执马鞭，飞起一脚，马鞭直扣靴尖。接着二春双走“跨虎”，“对飞脚”，又脆又齐，下场走“对叉”三起三落，在剧坛留下千古佳话。[2]

后来由于该剧对太平天国和真实的历史内容有不正确的描述，1950年成为文化部戏曲改进委员会认定的首批禁演曲目。[3] 改革开放以后，本着既要保存，也要创造的原则，戏曲《铁公鸡》又重新回到舞台。央视戏曲频道曾多次播出该剧。

年画《铁公鸡》，描述了戏曲中张嘉祥为向荣护驾的情形。戏曲人物从左至右分别为：铁金翅、向荣和张嘉祥。

1. 中国戏曲志编辑委员会：《中国戏曲志·上海卷》，第231页。
2. 许介文：《看戏谈戏》，济南开明业余京剧团编辑部，1995年，第129—130页。
3. 夏写时：《夏写时戏剧评论自选集》，下册，文化艺术出版社，2013年，第52页。

孙悟空龙宫得宝

年画《孙悟空龙宫得宝》取材于《西游记》第三回“四海千山皆拱伏，九幽十类尽除名”。

故事讲的是，美猴王从菩提祖师处学艺归来，回到花果山，降伏了七十二洞妖怪，却发现自己没有称手的兵器。四个老猴建议他去铁板桥下的东海龙宫看看。美猴王使一个闭水法，分开水路，径入东洋海底。东海龙王敖广以礼相待，不好推辞，命鳜都司取出一把大捍刀。猴王道：“我不会使刀，乞另赐一件。”龙王又命鳝力士抬出一杆九股叉，猴王接在手中，使了一路，放下道：“轻！轻！轻！”龙王心中恐惧，又令鲤总兵抬出一柄画杆方天戟，那戟有七千二百斤重，谁知美猴王还说轻。龙婆龙女道：“我们这海中藏那一块天河定底的神珍铁，这几日霞光艳艳，瑞气腾腾，敢莫是该出现遇此圣也？”龙王道：“那是大禹治水之时，定江海深浅的一个定子，是一块神铁。”猴王道：“拿出来我看。”龙王摇手道：“扛不动！抬不动！”龙王引猴王到海藏中间，忽见金光万道，龙王说那放光的便是。美猴王摸了一把，乃是一根铁柱子，约有斗来粗，二丈有余长。猴王道：“忒粗忒长些！再短细些方可用。”说完，那宝贝短了几尺，细了几圈。猴王又说：“再细些更好！”那宝贝真个又细了几分。美猴王拿出来一看，原来两头是两个金箍，中间乃一段乌铁，紧挨箍有一行字：“如意金箍棒，重一万三千五百斤。”美猴王将金箍棒挥舞，只见得“唬得老龙王胆战心惊，小龙子魂飞魄散，龟鳖鼋鼍皆缩颈，鱼虾鳌蟹尽藏头”。[1]

---

1. [明]吴承恩：《西游记》，岳麓书社，1987年，第17—18页。

得寶
孫悟空
廠製造

35cm × 51cm

年画《孙悟空龙宫得宝》反映的便是此段内容，东海龙王敖广居中，龙太子立于画右，龙婆龙女居于画左，两边是虾兵蟹将。孙悟空挥舞金箍棒，地上扔着试过的各式兵器。落款为：天津德源工厂制造。

这幅年画表现的《西游记》故事在戏曲中名叫《闹龙宫》。戏中美猴王的武术高难动作很多，演员需要锤、枪、剑、鞭、棍等多种兵器齐用，所以要求很高。新中国成立后，《闹龙宫》成为代表我国政府出国演出的戏曲剧目。1954年，中国人民解放军歌舞团访问捷克斯洛伐克、罗马尼亚、波兰和苏联，在59个城市巡演162场，观众达110多万次，京剧《闹龙宫》就在其列。[1] 随着艺术形式的不断发展，2009年上映的3D立体动画电影《齐天大圣前传》，借鉴了京剧《闹龙宫》的打斗设计，融入京剧等戏曲元素，[2] 使传统文化在新的时代得以传承。

1. 宋天仪：《中外表演艺术交流史略（1949—1992）》，文化艺术出版社，1994年，第4页。

2. 中国电影家协会理论评论工作委员会编：《2010中国电影艺术报告》，中国电影出版社，2010年，第149页。

南阳府比武

年画《南阳府比武》的故事原型，
出自晚清白话公案侠义小说《续小五义》。

《续小五义》又名《忠烈续小五义传》《三续忠烈侠义传》等，一百二十四回。关于小说作者，不同版本的作者署名不尽相同，一说为不题撰人所著，一说为《三侠五义》和《小五义》的作者石玉昆所撰。鲁迅认为该书虽称石玉昆旧本，但应是“草创或出一人，润色则由众手”，和《三侠五义》是有所差异的。[1]《续小五义》是清光绪年间的作品，现存版本有光绪十七年（1891）北京文光楼刊本，光绪十八年（1892）重庆善成堂刊本，光绪十八年（1892）上海书局石印本，光绪二十四年（1898）上海三槐书屋铅印本等。[2]

鲁迅先生对侠义公案小说评价很高，其“揄扬勇侠，赞美粗豪，然又必不背于忠义”，在晚清时期大行其道。这类小说雅俗共赏：小说为当时的“市井细民写心”，说书之地在北京，“其先又屡平内乱，[3] 游民辄以从军得功名，归耀其乡里”，这样的情节引人钦羡，“故凡侠义小说中之英雄，在民间每极粗豪，大有绿林结习，而终必为一大僚隶卒，供使令奔走以为宠荣”，[4] 这并非是他们有乐为臣仆的主动意识，而是真正改变了自己的命运；在文人眼中，俞樾接触这类小说“初以为寻常俗书耳”，但读过之后“乃叹其事迹新奇，笔意酣恣”，阅读体验如“武松打店”一般，“初到店内无人，蓦地一吼，店中空缸空甏，皆瓮瓮有声，开中着色，精神百倍”。[5] 晚清流行的侠义小说，“使读者有拍案称快之乐，无废书长叹之时” 。[6]

1. 鲁迅：《中国小说史略》，鲁迅全集出版社，1947年，第293页。
2. 张兵主编：《五百种明清小说博览》，下册，上海辞书出版社，2005年，第1466页。
3. 这里指19世纪中期的太平天国和捻军农民起义。
4. 鲁迅：《中国小说史略》，第297页。
5. 鲁迅：《中国小说史略》，第291页。
6. 鲁迅：《中国小说史略》，第297页。

比武

刷製造

35cm × 51cm

《续小五义》中的五人，是指白芸生、韩天锦、徐良、卢珍和艾虎，前四人都是闹东京“五鼠”的后代，艾虎则是北侠欧阳春的义子。小说《续小五义》接续《小五义》前文，讲的是宋仁宗时期皇宫更衣殿天子冠袍带履被盗，开封府负责调查。众人发现是白菊花晏飞所盗。晏飞与同党逃至南阳府，众英雄赶到。年画中所描绘的是小说中南阳府打擂的情节。

东方亮以设擂台比武为名，纠集党羽，意欲举事。翻江鼠蒋平说服总镇大人，借比武之机将叛党一网打尽。众英雄齐聚白沙滩。南阳府知府臧能是叛乱的襄阳王的旧部，想劝说总镇大人谋反，总镇不为所动。擂台上，徐良打败了擂主王兴祖，韩天锦、于奢将其杀死。经过一场混战，众人生擒了东方亮，杀死他弟弟东方清，叛党土崩瓦解。

年画中擂台上的人物从左至右分别是：总镇、徐良（绰号“山西雁”，“穿山鼠”徐庆之子）、王兴祖（绰号“神拳太保”）、东方亮（绰号“伏地君王”）和臧能（南阳府知府）。擂台下的众英雄从左至右分别是：白芸生（绰号“玉面专诸”，“锦毛鼠”白玉堂之子）、智化（绰号“黑妖狐”，艾虎师父）、于奢（绰号“金镗无敌将”）、艾虎（绰号“小义士”）、卢珍（绰号“粉子都”，“钻天鼠”卢方之子）、冯渊（绰号“圣手秀士”）、刘士杰（绰号“义侠太保”，“小七杰”之一）、韩天锦（绰号“霹雳鬼”，“彻地鼠”韩彰义子）、展熊飞（即展昭，绰号“南侠”“御猫”）和蒋平（绰号“翻江鼠”）。

摇钱树

> 年画《摇钱树》是一幅戏曲年画，
> 描绘的是戏曲《摇钱树》里的场景。

戏曲《摇钱树》，又名《张四姐下凡》，是传统剧目之一，南北各地戏曲和曲艺中都有此剧目。故事讲的是，仙女张四姐下凡人间，与书生崔文瑞一见倾心，结为夫妻。崔家贫寒，张四姐变作摇钱树，崔家骤富。富豪王半城对崔文瑞由妒生恨，又垂涎张四姐的美貌，遂诬陷崔为盗匪，致其入狱。张四姐劫牢救夫，杀了王半城，酿成大案。包拯受命审理此案，在前往调查时被四姐殴打，朝廷大震。宋仁宗命穆桂英、杨文广等人前去降妖，却被张四姐摄入吸魂瓶。仁宗无奈，只好求助天庭。玉皇大帝派孙悟空、哪吒下凡捉拿四姐，均被打败。后王母娘娘出面相劝，张四姐始回天庭，并度崔文瑞母子成仙。

张四姐下凡的故事在各地和各民族的戏曲当中都有流传。除了京剧《摇钱树》外，通剧和洪山戏中有《张四姐闹东京》，桂剧有《四仙姑下凡》，河北梆子有《端花》，弋腔有《摆花张四姐》，黄梅戏、莆仙戏以及陕西孝歌中有《张四姐下凡》，花鼓戏有《四姐下凡》，皮影戏有《张四姐》等。在少数民族地区，有傣族戏曲《张四姐》，壮族戏曲《张四姐下凡》，彝族戏曲《张四姐》，苗族民间叙事诗《张四姐与崔文瑞》，壮族民间长诗《张四姐与李文墟》[1]，布依族故事《张四姐下凡配崔文瑞》[2]等。不难看出，虽然《摇钱树》的故事东拼西凑，荒诞不经，但流传度很广，说明其在民间受欢迎的程度。

---

1. 李永平：《“大闹”与“伏魔”：〈张四姐大闹东京宝卷〉的禳灾结构》，濮文起、李永平编：《宝卷研究》，商务印书馆，2019年，第210页。
2. 苗族文学史编写组编：《民间文学资料》，第19集，“布依族神话传说故事”，中国作家协会贵阳分会筹委会印，1959年，第117—118页。

樹

36cm × 52cm

揣其原因，其一是摇钱树主题符合百姓对财富的向往。贫寒书生崔文瑞巧遇仙女下凡，不仅赢得美人芳心，家景也骤然暴富："东京修座大府庭，逍遥府，赛过京，天下财主第一人。"崔家致富的手段只是因为院子里有棵摇钱树，"天井栽根摇钱树，早落黄金夜落银"。[1]

其二，故事中的张四姐，集勇敢与贤淑于一身，符合传统社会的妇女美德，是百姓心向往之的贤妻。她本为金枝玉叶，法术高强；下凡人间后对爱情忠贞不渝，为改善夫家境况，委身变作摇钱树；当丈夫含冤入狱时，四姐勇于抗暴，打了包拯，退了天兵。

其三，尽管故事情节荒诞，但在戏曲演出中场面热闹，观众熟悉的包公和穆桂英都成了反派，孙悟空和哪吒皆被打败，打斗场面激烈，观赏性很强。其中，戏中扮演张四姐的短打武旦表演的"打出手"功夫最为精彩。"打出手"是以武旦为中心，她与其他角色彼此把手中兵器有意识地脱手，通过抛、掷、踢、接武器的特技进行对打，包括"拍枪""过包踢枪""背口袋踢枪""前后桥踢枪"等各种舞姿。对打过程中，还要求演员们随时变换舞台位置，在专用锣鼓的伴奏下，组成诸如"斜一字""三丁""五梅花"等舞台场面。可见，"打出手"的表演难度很高，不仅演员自身要掌握刀、枪、鞭、剑等武器的技术和技巧，同时还要求演员之间的配合严丝合缝。"台上一分钟，台下十年功"，"不经过长期相互配合的严格训练，不具备扎实的基本功是决不能胜任的"。[2]

年画《摇钱树》描绘了王母收服张四姐的场面。画面居中者为张四姐，最右侧为王母，还有孙悟空、哪吒等形象。落款为"岳龙庄义盛发工厂"。

1. 施礼书：《张四姐下凡》（民间歌谣），遵义地区文化局：《中国歌谣集成·遵义卷》，贵州人民出版社，1993年，第531页。

2. 谯翠蓉：《京剧武旦"打出手"特技》，中国戏曲学院附属中等戏曲学校编：《菊苑耕耘录：中国戏曲基础教育教学文集》，中国文联出版社，2005年，第218页。

返延安 虹霓关

《返延安 虹霓关》是一幅颇有特色的戏曲年画，
它并未按传统的戏曲年画构图，
而是直接描绘了戏班的舞台演出场景，
将两出戏曲合在一幅画中。

戏曲《虹霓关》，又名《红泥关》，是不少曲种的传统剧目。故事讲的是，隋朝末年，虹霓关守将新文礼骁勇善战，妻子东方氏美而会武。瓦岗寨起义军多次攻城不克。神射手王伯当解粮前来。他催马上前，与新文礼大战，力有不敌，遂用暗箭将其射杀。新文礼在战前一夜曾做一梦，有不祥之兆，醒来后和妻子讲了范蠡与西施的故事。东方氏对天立誓，表示不背。新文礼战死后，东方氏立召诸将，誓报夫仇，慷慨激昂，令人钦仰。东方氏开关出战，瓦岗诸将不敌，王伯当出马迎战。不料东方氏见王伯当年少俊美，一见倾心，遂目注不移，而王伯当见东方氏亦顾盼不已。双方军兵见状大异。东方氏部下力促之，方挺枪交战，擒获王伯当。部将提议杀王伯当以祭故帅。东方氏不肯，反让丫鬟说合，愿改嫁伯当。王伯当提出三个要求：一是归降瓦岗军；二是迎瓦岗将士入关；三是三日后成亲。东方氏全部应允。她对丈夫的誓言早已丢到脑后。[1] 新婚之夜，王伯当在洞房中痛斥东方氏叛夫不义，将其杀死。梅兰芳在不同剧本中既演过东方氏，又演过丫鬟。后来，有些戏曲将结尾王伯当杀东方氏的情节改编为二人成婚。该剧故事并不见于《说唐全传》。[2]

1. 《古今戏剧大观》，第3册，中外书局，1921年，第32—33页。
2. 该戏“取材于《说唐全传》第三十八回”的说法有误。见黄钧、徐希博主编：《京剧文化词典》，汉语大词典出版社，2001年，第348页。

虹霓關

廠製造

返延安

天津德

35cm × 51cm

戏曲《返延安》[1]，又名《延安关》《双阳产子》。故事原型取材于《五虎平西演义》。宋将狄青初次平西，被西番双阳公主所擒，欲招为驸马。狄青将计就计，盗取日月骕骦马和珍珠烈火旗，私行回国。不料盗取宝物乃为赝品，在皇帝面前展示犯下欺君之罪。经八贤王、包拯等人力保，从轻治罪，发配充军。双阳公主追拿狄青未获，回国时父母已被海飞云所杀，宝物亦被其劫掠。公主举兵复叛，自立为王，托国于老臣波罗，领兵进犯延安关。延安关主帅杨宗保屡战失利，调狄青助阵。夫妇在战场上见面，双阳公主且泣且诉，骂其无义。狄青亦讲述获罪情形，劝她献出二宝，归顺大宋。双阳公主不允，二人激战。狄青见不能取胜，摆下五花八门阵，以擒双阳。不料双阳公主怀孕已近十月，战阵中顿觉腹中疼痛，一对婴儿呱呱坠地。狄青见状，不免心酸泪落。夫妻二人进延安关，向杨宗保禀报。杨宗保为二子起名狄文、狄武。[2] 此时恰好海飞云赶到，狄青夫妇合斩之，收回真马、真旗，得胜还朝。[3]

年画中，左侧是王伯当、东方氏夫妇，右侧是狄青和双阳公主夫妇。两对年轻的夫妇皆因国事产生冲突，巧合的是，丈夫都不是妻子的对手，但他们却有着不同的命运。王伯当夫妇因东方氏背叛前夫而阴阳相隔，家破人亡；狄青夫妇则双子临门，破镜重圆。这样的剧本安排，恐怕折射了传统文化伦理观。

1. 此处系年画书写错误，曲名应为《反延安》。
2. 《戏考大全》，第3册，上海书店出版社，1990年，第927—932页。
3. 吴同宾、周亚勋主编：《京剧知识词典》，天津人民出版社，1990年，第664—665页。

女侠红蝴蝶

年画《女侠红蝴蝶》取材于民间鼓词《侠女红蝴蝶全传》，讲述了清代长春府五常县统领刘进生与侠女红蝴蝶赵凌茹夫妻行侠破案的故事。该鼓词在上海一度盛行，《上海滩鼓词》广告云："未到过上海诸君者不可不看此书。"[1]

戏曲中有《红蝴蝶传》连台本戏，说的是清末赵尔巽任东三省总督，长春府瓦子峪有大盗名赵大刚，绰号"盖天红"，其妻胡氏，绰号"花鹁鸪"。赵大刚的妹妹叫赵凌茹，年方十七，武艺高强，人称"红蝴蝶"。两女手下有四大侠女，分别是"草上飞"、"赛飞燕"、"快如风"和"闪雷影"。赵大刚凭借一众女侠，行侠仗义，称霸一方。民国初年"红蝴蝶"系列京剧在上海走红一时，掀起了女侠戏的热潮。[2]

京剧《红蝴蝶》第一本讲的是，某日，赵大刚劫掠富家子刘进生，"红蝴蝶"与刘进生一见钟情，遂救下并结为夫妻。长春县吏之子欺压百姓，调戏民人妻子。"红蝴蝶"得知后，怒杀此子。赵大刚啸聚山林，下山突袭县衙。"红蝴蝶"因嫁给刘进生，住在县城，不帮其兄，反助官军，打退了赵大刚。大刚二次下山，官兵统带马德美求助"红蝴蝶"，不以好言相劝，反而威逼羞辱，被"红蝴蝶"所杀。马德美之兄马德仁将刘进生夫妇投入监狱，打算加害二人。有人将"红蝴蝶"退赵大刚、保卫县城之事托出，二人获释。"红蝴蝶"出狱后，引官兵攻山，生擒其兄赵大刚。此剧由名旦芙蓉草主演，蜚声于上海舞台。"红蝴蝶"后改为王灵珠饰演，刘进生由周信芳饰演。该剧演出时，采用真刀真枪，四十余人大打对子，火中大战，舞台布景既有大火

1. 李豫、李雪梅、孙英芳：《中国鼓词总目》，山西古籍出版社，2006年，第445页。
2. [日]波多野乾一著，卢茂君译：《京剧大观》，北京联合出版公司，2018年，第347页。

蝴蝶

36cm × 52cm

坑、恶山绳桥、断桥落水、真火烧林等危险机关，也有全白孝堂、三层树林、特别店房、满台瀑布、明星巧月等舞美设计，令观众如痴如醉，欲罢不能，连台本竟“后续至二十六本”。[1]

不难看出，京剧《红蝴蝶》的盛行出于两个原因。一是剧本，如第廿一二本，“看客多说廿一二本必定排不出了，因为一本至廿本，布景、情节太好了，廿一二本决不能编出最好的来。本台一想，真是不错，廿一二本实在难编。谁知本台著名演员周君信芳、王君洪寿居然编出来了。文章要死处做活方是奇文，事情要绝处逢生方是奇事，戏要风云变幻方是好戏。廿一二本红蝴蝶就是这个道理。诸君千万看看才晓得奇中见奇，妙而有妙，若问其中情节，太曲折，一言难尽”。一是舞台，“红蝴蝶一剧自排演至今，大受国人欢迎，因其中布景独如水景、火景、雪景机关等无人不说上海第一好戏也”。[2]

《红蝴蝶》也是经典的中国早期武侠电影。从1927年至1932年，《红蝴蝶》被拍成四部武侠电影上映。[3]《红蝴蝶》一至三集由创办于1925年的友联影片公司拍摄发行。剧中“红蝴蝶”的扮演者徐琴芳，是友联影片公司创办人陈铿然的妻子。徐琴芳学过京戏，练过武功，“因此该公司摄制多部由她主演的武侠片”。[4] 值得一提的是，首部《红蝴蝶》上映时，中国电影史上第一次在银幕上出现了专职武术导演的名字。[5]

年画描绘了众人抓捕赵大刚将其围困的场面。画中人物从左至右依次是：叔氏、大纲（赵大刚）、刘进生、慕容喜、张三、红蝴蝶、小青蛇、薛虎等。

1. 王森然遗稿：《中国剧目辞典》，河北教育出版社，1997年，第499—500页。
2. “《红蝴蝶》广告”，《申报》1918年9月30日，第5版。
3. 陈文平、蔡继福编著：《上海电影100年》，上海文化出版社，2007年，第88页。
4. 丁亚平：《中国电影通史》，上册，中国电影出版社，2015年，第89页。
5. 黎华：《武术与艺术》，云南大学出版社，2009年，第154页。

祝家庄

年画《祝家庄》取材于水浒故事。

独龙冈下有三个村庄，中间是祝家庄，西边是扈家庄，东边是李家庄。祝家庄庄主祝朝奉有三个儿子，祝龙、祝虎、祝彪，号称“祝氏三杰”。扈家庄的扈太公有一女儿扈三娘，人称“一丈青”，善使日月双刀，武艺高强，与祝家三子祝彪订有婚约。李家庄的庄主名为李应，人称“扑天雕”，背藏飞刀五口，百步取人，神出鬼没。三村为防止梁山泊好汉过来借粮，联合一、二万军马，结下生死誓愿，但有吉凶，互相救应。鼓上蚤时迁投奔梁山，路过祝家庄，偷了店里的报晓鸡，争执间石秀又烧了祝家的店铺。时迁被捉。李应两次修书讨要时迁，祝家坚决不让，还伤了李应。

莊

36cm × 52cm

晁盖、宋江等人为搭救前来投奔被抓的时迁，三打祝家庄。一打祝家庄，由于祝家庄内道路复杂，吃了败仗，折了杨林、黄信。二打祝家庄，一丈青扈三娘出阵迎战。这扈三娘生得“天然美貌海棠花”，梁山好汉中的矮脚虎王英“是个好色之徒，听得说是个女将，指望一合便捉得过来”。但二人交手，王英被擒。双方混战，欧鹏、秦明、邓飞被擒。林冲活捉了扈三娘，把她送往宋江的父亲宋太公处。“众头领只道宋江自要这个女子，尽皆小心送去。”三打祝家庄前，另一位梁山好汉中的女性顾大嫂也参与其中。只见她“眉粗眼大，肥面肥腰，插一头异样钗环，露两臂时兴钏镯。生来不会拈针线，正是山中母大虫”。顾大嫂的丈夫是小尉迟孙新。孙新的哥哥则是在登州军营效力的提辖，病尉迟孙立。孙立率众人借提辖名义进入祝家庄，解救了被俘的众好汉，与三打祝家庄的宋江里应外合，大获全胜。宋江把王英叫来说道：“我当初在清风山上，许下你一头亲事，悬挂在心中，不曾完得此愿。今日我父亲有个女儿，招你为婿。”宋江请宋太公引扈三娘到王英面前，说道：“是我当初曾许下他一头亲事，一向未曾成得。今日贤妹你认义我父亲了，众头领都是媒人，今朝是个良辰吉日，贤妹与王英结为夫妇。”扈三娘见宋江义气深重，推却不得，小两口只得拜谢。[1] 扈三娘拜宋太公为义父，而李逵误杀了扈家庄全家老少，只有哥哥幸免，逃往延安府。扈三娘的失怙丧亲，恐怕也是她推却不得嫁给矮脚虎的原因吧。

毛泽东曾总结三打祝家庄的过程：“《水浒传》上宋江三打祝家庄，两次都因情况不明，方法不对，打了败仗。后来改变方法，从调查情形入手，于是熟悉了盘陀路，拆散了李家庄、扈家庄和祝家庄的联盟，并且布置了藏在敌人营盘里的伏兵，用了和外国故事中所说木马计相像的方法，第三次就打了胜仗。”接下来他评价道：“《水浒传》上有很多唯物辩证法的事例，这个三打祝家庄，算是最好的一个。”[2]

新中国成立后，《三打祝家庄》作为京剧院的改编新戏，“始终是被观众热烈接受的剧目之一”。[3]

1. [明]施耐庵、[明]罗贯中：《水浒传》，人民文学出版社，1975年，第655—708页。
2. 毛泽东：《矛盾论》，《毛泽东选集》，第一卷，人民出版社，1991年，第313页。
3. 田汉：《〈三打祝家庄〉序》，中国京剧院编：《旧剧革命的划时期的开端》，中国戏剧出版社，2005年，第434—436页。

苗家镇

年画《苗家镇》的内容取材于《续小五义》第一百十八回“英云素花双双得胜，王玉金仙对对失机”。

东方玉仙与苗天雨等人在苗家镇展开激战。六十二岁的苗天雨年轻时做保镖，绰号“坐山雕”。他有个弟弟叫苗天禄，绰号“一枝苗”，最不成器，在邓家堡与群贼入伙。苗天雨一气之下辞了镖行买卖，会同邻居打猎为生。这次被玉仙的链子槊所杀。英云、郑素花等人为其报仇，将玉仙擒拿。大家将这女贼祭灵，“英云窜将出去，在玉仙腿上哧溜哧溜割下两块肉来”。苗家“连男带女你一刀我一刀，把玉仙剐了个鬼哭神嚎的声音”，“后来把玉仙剁成肉泥一般”。“然后英云开了她的膛，把心掏将出来，供在苗员外面前，用碟子摆上作为祭礼。”几个猎户到村外把玉仙的尸首扔掉，不料却碰到了前来寻找玉仙的金仙和王玉。金仙辨认出尸体正是玉仙，闯入苗家镇复仇。苗天雨好友王忠和王玉战在一处，“二个姓王的单刀对花枪”。英云、素花等众人围住金仙。“金仙一瞧势头不好，虚砍一刀，窜出圈外，撒腿就跑。众人就追，金仙回手把刀一扔，把链子锤从腰间解将下来，一翻身回来把链子锤哗啷哗啷地乱抖。”郑素花把鸡爪飞抓亮出来迎上去，“净等着她双锤一齐往上一抖的时节，

刘士杰
張豹
王玉
金仙
義盛發工廠

cm36×52cm

好拿鸡爪飞抓绕她的链子”。金仙哪知道这飞抓的厉害，“果然双锤凑在一处，对着素花一抖，教素花鸡爪飞抓绕在一处”，二人彼此一夺，英云在后面就是一刀，“嘭的一声，金仙扑通趴倒在地”。王玉一看不妙，打算要逃。“忽见山下来了一伙人，彼此全都亮兵刃，往上就闯。头一个就是小义士艾虎，第二个是公子卢珍，第三个刘士杰，第四个是开路鬼乔彬，第五个是马龙，第六个是张豹。”王玉要跑，“迎面教卢珍用刀砍在肩头之上，扑通一声，栽倒在地”。大家商量把金仙和王玉移送官府处理。[1]

年画反映的是苗家镇激战的场面。画面中间部分描绘了郑素花用鸡爪飞抓缠绕金仙链子锤的场景。金仙左侧是王玉。素花右侧是老英雄王忠，右上方为白眉大侠徐良的未婚妻英云。其余则是赶来助阵的众英雄。上有刘士杰、张豹、马龙、卢珍，下有艾虎和乔彬。

落款为：义盛发工厂。

1. 《增图续小五义传》，第一百十八回“英云素花双双得胜，王玉金仙对对失机”，商务印书馆，1931年，第64—68页。

哪吒闹海

年画《哪吒闹海》的故事取材于小说《封神演义》的第十二回“陈塘关哪吒出世”。

《哪吒闹海》的故事可谓家喻户晓。话说陈塘关总兵李靖自幼访道修真，因仙道难成，改为辅佐纣王。原配殷氏，本生有二子，不久又怀孕在身，三年零六个月尚不生产。夫人道：“此孕定非吉兆，教我日夜忧心。”孩子降生后，李靖家中一片慌乱。侍儿和李靖说：“夫人生下一个妖精来了！”李靖手执宝剑，只见房里一团红气，满屋异香。一个肉球滴溜溜圆转如轮。李靖一剑砍去，肉球分开跳出个小孩，“面如傅粉，右手套一金镯，肚腹上围着一块红绫”。这金镯乃是“乾坤圈”，红绫名曰“混天绫”。这都是太乙真人所在的乾元山金光洞的镇洞之宝。这孩子其实是灵珠子化身，取名哪吒，后来做了姜子牙的先行官。

哪吒七岁那年天气暑热，跑到陈塘关外的九湾河，把七尺混天绫放到水中，蘸水洗澡。混天绫放在水里，把水面映红，“摆一摆，江河晃动；摇一摇，乾坤动撼”。这九湾河在东海口上，哪吒洗澡，东海龙王的水晶宫晃得乱响。玉帝点差派到东海的巡海夜叉李艮探察情形，被哪吒用乾坤圈打死。东海龙王的三太子敖丙持画杆方天戟与哪吒理论，又被哪吒打死。哪吒看到敖丙现了原形，说道：“把他的筋抽去，做一条龙筋绦给俺父亲束甲。”东海龙王敖光见夜叉和儿子被打死，前往灵霄殿告状。哪吒在太乙真人帮助下，来到宝德门，见到准备告状的敖光。哪吒对其亮明身份：“吾非别人，乃乾元山金光洞太乙真人弟子灵珠子是也。奉玉虚宫法牒，脱化陈塘关李门为子。因成汤合灭，周室当兴，姜子牙不久下山，吾乃破纣辅周先行官是也。”敖光执意不听。哪吒想到，“龙怕揭鳞，虎怕抽筋”，于是用手连抓数把，抓下四五十鳞甲，鲜血淋漓。敖光哀求饶命，遂罢告状之意。[1]

1. [明]许仲琳编：《封神演义》，齐鲁书社，1980年，第113—124页。

鬧海
古燕
王紹田画稿
陳塘關
製造

35cm×51cm

“哪吒闹海”是戏曲的经典剧目，哪吒一角由武生扮演。1957年，当时十九岁的京剧名角李小春[1]代表中国赴莫斯科参加第六届世界青年联欢节，他主演的京剧《哪吒闹海》，通过走边、耍圈、武打及枪花下场等绝技，渲染了哪吒冲、猛、帅的人物形象，获得金质奖章。[2] 1983年，戏曲电影《哪吒》上映，故事围绕哪吒闹海的情节而展开。这部河北梆子电影由裴艳玲、张惠云、张峰山等人主演，在当时极受欢迎。“它敢于突破本剧种、本行当的局限，把歌舞、杂技、民间文艺、艺术体操，以及京剧中的‘打出手’、川剧中的‘变脸’等荟萃一堂。”[3] 此外，秦腔、赣剧、绍剧、皮影戏、木偶剧等均有叙述哪吒故事的剧目，“以《哪吒闹海》为最多”。[4]

1979年，上海美术电影制片厂拍摄了动画电影《哪吒闹海》。该片的美术设计是著名艺术家张仃。张仃先生是新中国开国大典、全国人民代表大会、天安门广场大会会场的美术设计，也是新中国第一套纪念邮票的设计者。我们熟悉的场景——天安门城楼上挂的那一排大红灯笼就是出自他的创意。这部《哪吒闹海》，在美术设计上坚持民族化风格的固有传统，[5] 把民间装饰艺术与中国传统绘画元素相结合，古韵画风和空灵的民族音乐打造出梦幻的神话意境，是中国美术片史上的经典作品。

年画《哪吒闹海》上标明了画者和印商，画者为“古夔王绍田画稿”，印商为“天津德源工厂”。

1. 李小春先生出身京剧世家，祖父李永利、父亲李万春、舅父李少春都是京剧武生名角。
2. 河北省历史文化研究发展促进会编：《燕赵梨园百家》，河北人民出版社，2011年，第109页。
3. 阿庚：《锐意创新的〈哪吒闹海〉》，《戏剧报》，1983年第8期。
4. 水文化丛书编委会：《水与音乐》，河海大学出版社，2019年，第151页。
5. 宫承波主编，王大智、朱逸伦副主编：《中国动画史》，中国广播影视出版社，2015年，第190页。

赠美女、过五关、貂蝉祭月、龙凤配

这幅年画反映了小说《三国演义》的内容，
《赠美女》[1]《过五关》《貂蝉祭月》《龙凤配》是四个三国故事。

《赠美女》出自小说第二十五回“屯土山关公约三事，救白马曹操解重围”。讲的是，关羽被曹操军队围困，不得已降曹。曹操领关羽至许昌，见汉献帝，封为偏将军。曹操待关羽甚厚，“小宴三日，大宴五日，送美女十人，使侍关公”。关羽尽送入内门，令服侍二嫂。这就是年画所描绘的内容，右侧读书者为关羽，左为曹操和众美女。一日，曹操请关羽赴宴，见有泪容，问其故。关羽道：“二嫂思兄痛哭，不由某心不悲。”曹操笑而宽解之，频频劝酒，关羽微醺，抚髯道：“生不能报国家，而背其兄，徒为人也！”曹操问：“云长髯有数乎？”关羽说道：“约数百根。每秋月约退三五根。冬月多以皂纱囊裹之，恐其断也。”曹操以纱锦作囊，与关羽护髯。第二天早朝汉献帝见关羽胸前挂个纱锦囊，问他何故。关羽奏曰：“臣髯颇长，丞相赐囊贮之。”献帝让关羽把锦囊摘掉，胡须披散下来，“过于其腹”。献帝赞曰：“真美髯公也！”从此人们称关羽为“美髯公”。[2]

《过五关》出自小说第二十七回“美髯公千里走单骑，汉寿侯五关斩六将”。讲的是，关羽得知刘备在河北的消息后辞别曹操，“尽封所赐金银等物。美女十人，另居内室。其汉寿亭侯印悬于堂上”。关羽仅带二十余人，途中遇廖化解救二位皇嫂。关羽先后在东岭关杀孔秀、洛阳关杀韩福和孟坦、汜水关杀卞喜、荥阳关杀王植、黄河渡口斩秦琪，最终渡过黄河，来到袁绍地面。年画描绘了关羽在关前战斗的场面。后人有诗叹曰：“挂印封金辞汉相，寻兄遥望远途还。马骑赤兔行千里，刀偃青龙出五关。忠义慨然冲宇宙，英雄从此震江山。独行斩将应无敌，今古留题翰墨间。”[3]

1. 原画中写为“赠姜女”，系书写错误，应为“赠美女”。
2. [明]罗贯中：《三国演义》，岳麓书社，1986年，第134—135页。
3. [明]罗贯中：《三国演义》，第146页。

貂蝉祭月

龍鳳配

36cm × 52cm

《貂蝉祭月》出自小说第八回“王司徒巧使连环计，董太师大闹凤仪亭”。讲的是，董卓在孙坚死后愈加骄横，自号为“尚父”，“出入僭天子仪仗，封弟董旻为左将军、鄠侯，侄董璜为侍中，总领禁军。董氏宗族，不问长幼，皆封列侯”。他还在离长安城二百五十里的地方修筑郿坞，城墙高度、厚度和长安一样，城内仓库囤积二十年粮食，选民间少年美女八百人，家属都住在内。一日，董卓宴会百官，席间揪司空张温下堂。不久，张温首级献于堂上。百官骇得魂不附体。司徒王允回到家中，坐不安席。夜深明月时，王允策杖步入后园，仰天垂泪。身后有人长吁短叹，王允一看，是府中歌伎貂蝉。这貂蝉自幼选入府中，教以歌舞，王允以亲生女儿待之。王允问她为何长叹，貂蝉道：“近见大人两眉愁锁，必有国家大事，但有使令，万死不辞。”[1] 此即年画描绘的情形。王允遂定下连环计，将貂蝉嫁给吕布，后献于董卓。貂蝉终使董、吕反目，借吕布之手除掉了董卓。

《龙凤配》出自小说第五十四回“吴国太佛寺看新郎，刘皇叔洞房续佳偶”。讲的是，周瑜为让刘备还荆州，闻知刘备的甘夫人刚死，想定计将孙权的妹妹孙尚香许配给刘备，趁机将刘备擒获，逼他还荆州。孙权同意此计，将吕范召来，说道：“近闻刘玄德丧妇。吾有一妹，欲招赘玄德为婿，永结姻亲，同心破曹，以扶汉室。”吕范到刘备军营提亲。刘备道：“中年丧妻，大不幸也。骨肉未寒，安忍便议亲。”吕范道：“人若无妻，如屋无梁，岂可中道而废人伦？吾主吴侯有一妹，美而贤，堪奉箕帚。”刘备推辞道：“吾年已半百，鬓发斑白；吴侯之妹，正当妙龄，恐非配偶。”吕范道：“吴侯之妹，身虽女子，志胜男儿。正所谓淑女配君子，岂以年齿上下相嫌乎？”[2] 刘备和诸葛亮商议，答应了这门婚事。让周瑜没想到的是，诸葛亮运筹帷幄，他落得个赔了夫人又折兵的下场。年画描绘了刘备与孙尚香洞房成亲的情景。

---

1. [明]罗贯中：《三国演义》，岳麓书社，1986年，第37页。

2. [明]罗贯中：《三国演义》，第281页。

打皂王、巧姻缘、劝第妇、周子琴

年画《打皂王》的故事原型出于
南北朝时期的志怪小说《续齐谐记》。

京兆地区的田真兄弟三人分家，共同议定平均分配财产。堂前有一株紫荆树，三兄弟也商议均分，打算把它劈为三片。砍树前一天，这棵紫荆树呈枯死状，仿佛火烧过一般。田真见此景大惊，和两个弟弟说道："树本同株，闻将分斫，所以憔悴。是人不如木也。"连树都知道同株不可分的道理，田真和兄弟竟做出如此愚蠢的举动。想到这里，田真悲不自胜。当他解开待砍的紫荆树时，此树应声荣茂。田氏兄弟受到感化，决定不再分家，合财共灶。田真后来官至太中大夫，田氏亦成孝门。[1]

戏曲《打皂王》又称《紫荆树》《打灶分家》等，讲述了田氏三兄弟，老三的妻子李三春向来无理，怂恿丈夫与两个哥哥分家。两个哥哥不同意，李三春就整天撒泼吵闹。有一天，李三春拿家里供奉的灶王撒气，撕毁了灶王像，冲撞了灶王爷。兄嫂无奈，答应分家。分家后，院里枝繁叶茂的紫荆树突然枯死。兄弟三个受到感化，重新复合，紫荆树又复活了。李三春羞愧难当，自尽身亡。《打皂王》是传统丑角戏"四打"[2]之一，京剧、河北梆子、评剧、豫剧、汉剧等剧目中都有此戏。

---

1. [南朝梁]吴均：《续齐谐记》，《钦定四库全书》，"子部"，十二，"小说家类"二，"异闻之属"。
2. "四打"指的是《打花鼓》《打樱桃》《打城隍》《打皂王》。

勸弟婦

周子琴

36cm×52cm

年画《巧姻缘》的故事原型出自《醒世恒言》第七卷“钱秀才错占凤凰俦”。西洞庭富家子弟高赞，“少年惯走湖广，贩卖粮食”，积累很多财富，家道殷实。夫人金氏给他生了一儿一女。女儿秋芳天资聪颖，“自七岁读书，至十二岁，书史皆通，写作俱妙”。秋芳长大后，经尤辰介绍，许配给吴江县的颜俊。但颜俊貌丑，新婚之日请表弟钱青代为迎亲。不料到高家后，遇到大风，“刮得彤云密布，雪花飞舞”，钱青只好在高家拜堂成亲。颜俊得知后大怒，欲在半路夺妻。高赞闻知事情原委后，护女渡江。双方在路上相遇，展开激烈争斗。高赞将此事报官，官府判定钱青为婿。[1]

年画《劝第妇》讲述了劝解弟媳，家庭和睦的故事。

年画《周子琴》取材于小说《聊斋志异》卷二十“胭脂”。山东东昌兽医卞氏的女儿叫胭脂，“才姿慧丽”，父亲想给她许配个好人家，“而世族鄙其寒贱，不屑结盟”。对门龚姓之妻王氏，“佻脱善谑”，是胭脂的闺中好友。一日，一少年路过，胭脂“秋波萦转之”。王氏看到后告诉胭脂，这是秀才鄂秋隼，已故孝廉之子，妻子刚刚去世，不知姑娘是否有意。过了几天，胭脂忽然病倒。王氏前来探望，问道：“姑娘是否为鄂秀才才生病的？”胭脂叹道：“事至此已不能羞，如果他来，病当痊愈。”王氏丈夫经常不在家，和邻居宿介通奸，便把探病胭脂的事情告诉他。宿介冒名鄂秀才，晚上来到胭脂家。他把胭脂扑倒时，胭脂说道：“何来恶少，必非鄂郎。”宿介怕事情败露，不敢勉强，把胭脂的绣鞋抢走后逃之夭夭。回到王氏这里，宿介发现绣鞋不见了。原来绣鞋让游手好闲的毛大偷去。毛大拿鞋到胭脂家，被胭脂父亲发现，扭打中毛大误杀了卞氏。胭脂告官，说鄂秀才杀了她父亲。鄂秋隼年十九岁，为人木讷，不善言辞。他和胭脂当面对质时，胭脂对他破口大骂，他“结舌不能自伸”。济南知府吴南岱审案时发现鄂秀才不像杀人者，于是夜审胭脂，最终案情水落石出。[2] 戏曲沿袭了小说的故事情节，把胭脂的名字改成了周子琴。《夜审周子琴》是传统戏曲的常见剧目之一，很多剧种中都有此戏。

1. [明]冯梦龙：《醒世恒言》，崇文书局，2015年，第73—87页。

2. [清]蒲松龄：《聊斋志异》（二十四卷抄本），齐鲁书社，1981年，第2001—2020页。

摔跤图

| 摔跤是清朝满人的一种传统体育活动。

康熙年间，清朝以少年侍卫为基础组建了皇家的摔跤队伍善扑处。据《伊江笔录》记载，康熙年间俄罗斯贡使入京，康熙帝“令善扑处有力者在馆伺候。凡俄国一馆一役外出，必有一善扑者随之。俄人虽高大强壮，而两股用布束缚，举足不灵。偶出扰民，善扑者从其后踢之，辄仆地不能起，以此凛然守法”。[1]

故宫博物院
藏《善扑营摔跤图》

善扑处后改为善扑营，隶属侍卫处管辖，分左、右两翼。左翼为东营，在隆福寺；右翼为西营，在西四牌楼，有“东西两翼，善扑两营”的说法。善扑营内分组，组长称为“冈儿达”，摔跤手分为三等“扑虎”，刚入营者没有等级，称为“塌西密”。每年腊月二十三这天，皇宫举行摔跤比赛。皇帝亲临观赛，裁判员由亲王贝勒担任。摔跤手上身穿褡裢，下身穿套裤，脚穿高勒靴，靴子前后有两个凸肚，称为螳螂肚靴子。腰间穿一件甩裙，系有驼毛制成的腰带，以防摔跤过程中裤子被对方揪下来，不至于露出私处。摔跤时跤手把辫子盘在后脑，叫作“蝎子眼儿”。上场时跤手不是走着上，而是跳着上去，称为跳“晃花架”。比赛时双方“一边跳跃，一边寻找机会。一旦机会来临，则欺身进行搏击”。善扑营的摔跤手训练非常刻苦，在营时间练习称为“官练”，回家后练习称为“私练”。[2]

1. 转引自周简段：《京华感旧录》，吉林出版集团有限责任公司，2011年，第268页。
2. 马贵保：《跤谱：宝三亲传弟子马贵保讲述摔跤不传之秘》，知识产权出版社，2014年，第1—2页。

辛亥革命后，善扑营解散。摔跤师傅组织私人摔跤场，在天桥等地表演。20世纪20年代，天桥有好几个摔跤场，其中最著名的有两个，一个是宝善林又叫宝三所设，一个是沈友三又叫沈三所设。跤场是露天场地，“围以粗木板凳座位，中间用黄土铺地”。每天开始营业时，先用大镐把黄土刨松。[1] 民国时期逐渐形成武术流派——北平摔跤，也称为“满人摔跤”。北平摔跤动作比较缓慢，力量胜过技术，摔法的架势比汉人的“保定摔跤”小，因此称为“小架式”，俗称“黄瓜架”。[2]

在青木正儿编图的《北京风俗图谱》中亦绘有摔跤图。不难看出，此图与《摔跤图》在构图上有很大相似度，如跤手服饰、摔跤姿势等。由此推测，青木正儿让画师作画时很可能参考了他收藏的《摔跤图》。

《武艺》图局部[3]

《摔跤图》

1. 周简段：《神州轶闻录·民俗篇》，华文出版社，1992年，第179—180页。

2. [日]松田隆智著，吕彦、阎海译：《中国武术史略》，四川科学技术出版社，1984年，第209页。

3. [日]青木正儿编图，[日]内田道夫解说，张小钢译注：《北京风俗图谱》，东方出版社，2019年，第238页。

28cm × 26cm

28cm × 26cm

28cm × 26cm

28cm × 26cm

28cm × 26cm

28cm × 26cm

28cm × 26cm

28cm × 26cm

卷三 神码及娘娘码

在内丘和周边农村，春节贴神码是比贴春联还重要的民俗活动。

神码及娘娘码

"神码及娘娘码"画册，
表纸上有青木正儿题注"大正十五年二月辑"，即1926年2月。
该画册收录纸码二十三幅，落款有青木的私人藏章"守拙庐藏书印"。

神码是民间节庆或祭祀仪式上悬挂或焚烧的印有各种神像的木版图画，有时也称"码纸"或"纸码"。娘娘码则是女性神像的神码。全国各地有不同的神码。有学者将其分为"纸码"、"门神"与"招财"三种。[1] 也有学者认为神码是"最古老的年画"。如内丘神码最早是画在石壁或墙壁上，因为容易褪色，不能长久保存，就把它做成石雕或泥塑。当造纸术和印刷术发明以后，神码被印到纸上以供祭拜。"在内丘和周边农村，春节贴神码是比贴春联还重要的民俗活动。许多农民特别是老太太，虽然一字不识，却认识每一张神码的神灵，还能讲得头头是道，形成当地一整套春节期间不可缺少的地方民俗。"[2] 传统的北京新年也极为重视用神码举行祭祀活动，有所谓香、蜡、神码三事一体的习俗："传香者必传蜡，传香蜡者而必有神码在焉。"[3]

---

1. 郑康伯：《关于神码》，《天地人》，1936 年第10期，第22页。
2. 王智主编：《燕赵传奇：民俗文化》（上册），河北教育出版社，2016年，第323页。
3. 仙洲：《北平岁时记》（廿八），《益世报》1931年3月18日，第9版。

大正十五年二月輯

神碼及娘々碼

纸码的题材是各种神像，如灶君、土地神、财神、家堂、天地、观音、大圣、三官等。每年腊月二十三日（南方有些地方是二十四日）是送灶君的日子，除了焚烧一幅灶君神码外，还要在灶壁上贴一幅神码。土地神码在除夕供奉，保佑一年五谷丰登。天地神码和家堂蕴含“敬天敬地敬祖先、保家安宅”的美好祝愿。门神是长方形的神像，二尺多宽，一尺多长，除夕时贴在大门、后门和房门上。贴在大门的有秦琼、尉迟敬德、天官赐福等图案，贴在后门的则是门神魏徵，贴在房门上的多为麒麟图，取“天赐麟儿”之意。招财神码多贴在橱柜或者房梁上，有福、禄、寿、喜、财等字样和各种神像，颜色多取红、绿、黄三种。

神码的创作者和欣赏者均来自民间，是典型的民间艺术品。首先，神码最主要的艺术特色是图案和神像极富象征意味，如“鲤鱼”象征“利”，“蝙蝠”象征“福”，“鹿”象征“禄”，“桃”象征“寿”，“石榴”象征“子孙”等。其次，神码的绘画技巧虽然简单，但它给人的感觉却非常深邃，“一草一木，一鸟一虫，亦表现出神圣的感觉，并且还富有宗教方面的情绪”。再次，神码的人物、植物和动物往往混合在一起。最后，各种祖先容像和神像“皆系正面而坐，使人一见即肃然起敬，引起宗教之情绪，此亦可谓神码描写者之特点”。[1]

神码是民俗学研究的重要资料，涉及民间美术、信仰、仪式、服饰等多方面的内容。民国年间，法国利用庚子赔款在北京设立的中法汉学研究所就极为重视这类资料的搜集，先后收藏神码、年画四千件。[2]

1. 俞松纹：《略谈神码》，《天地人》1936年第10期，第21页。

2. 《中法汉学研究所五部门工作积极，民俗学组收藏神码年画四千件》，《世界日报》1946年11月22日，第2版。

忠义神武灵佑仁勇威显关圣大帝

关羽既是一个真实的三国历史人物，
也是佛、道、儒文化中共同崇拜的神灵。

藏传佛教尊关羽为护法。道教尊关羽为“关圣帝君”，为护法四帅之一，既是“治病除灾，驱邪避恶，诛罚叛逆，巡查冥司”的执法神，也是“司命禄，庇护商贾，招财进宝”的保护神和武财神。至于儒家，明代文人徐渭写道：“蜀汉前将军关侯之神，与吾孔子之道并行于天下。然祠孔子者止郡县而已，而侯则居九州之广，上自都城，下至墟落，虽烟火数家，亦靡不醵金构祠，肖像以临球马弓刀，穷其力之所办。而其醵也，虽妇女儿童，犹欢忻踊跃，惟恐或后。以比于事孔子者殆若过之。噫，亦盛矣！”[1] 可见，官方和民间对关公的信仰都极为兴盛。关羽生前的最高爵位是“汉寿亭侯”，死后谥号“壮缪侯”。北宋时期，关羽先后被封为忠惠公和义勇武安王，成为国家法定祭祀的正神。元代关羽被封为显灵义勇武安英济王。明万历年间，关羽被加封为帝君，称“三界伏魔大帝神威远震天尊关圣帝君”。[2] 清朝统治者更加重视对关羽的祭祀和崇拜。“本朝未入关之先，以翻译《三国志演义》为兵略，故极崇拜关羽，其后有托为关神显灵卫驾之说，屡加封号，庙祀遂遍天下。”[3] 顺治年间封其为“忠义神武关圣大帝”，乾隆年间平定阿睦尔撒纳和大小和卓叛乱后加“灵佑”封号，嘉庆年间平定天理教起义后加封“仁勇”二字，道光年间平定张格尔叛乱后加“威显”封号。这便是关羽十一字封号的由来。

1. [明]徐渭：《蜀汉关侯祠祀》，《徐文长轶事》，卷十九，伟文图书出版社有限公司，1977年，第14a页。
2. 吕宗力、栾保群：《中国民间诸神》（下册），河北教育出版社，2001年，第480页。
3. 王嵩儒：《掌故零拾》，卷一，彝宝斋印书局，1936年，第9b–10a页。

40cm × 36cm

信仰关帝已成为传统文化礼俗的重要组成部分。明代正阳门有关帝庙，“以门于宸居近，左宗庙、右社稷之间，朝廷岁一命祀。万国朝者退必谒”，祀典在每年的五月十三日。[1] 清乾隆年间，北京有两百多座关帝庙。雍正三年（1725），清廷规定祭祀关帝由原来的一年一大祭改为三大祭，在京师增加春秋二祭。乾隆九年（1744），乾隆皇帝专门为关羽家乡山西解州的关帝庙正殿和崇宁殿书写祝文。咸丰三年（1853），关帝正式列为“中祀”，祭祀时“行礼三跪九叩，乐六奏，舞八佾，如帝王庙仪”。清代礼制规定，每年春、秋季的第二个月选取吉日，以及五月十三日，各地府州县均前往关帝庙致祭，前殿由地方正印官主祭，后殿由丞史、将事、执事祭祀。[2] 今天的台湾省据说有一百六十余座关帝庙，海外则有一百四十多个国家和地区建有关帝庙。马来西亚的关帝庙挂有这样一副对联：

“忠义”二字团结了中华儿女，

《春秋》大义代表了民族精神。[3]

关帝信仰不仅仅体现在寺庙中，民间的商铺、饭店甚至家里也有供奉关帝神像。在民间，“每岁四月八日传帝于是日受封，远近男女，皆刲击羊豕，伐鼓啸龠，俳优巫觋，舞燕娱悦”。[4] 而山西解州还在六月二十二日（关羽诞辰）和九月十三日（关羽忌日）举行祭祀。有些地方将农历六月二十四日定为“关帝节”，“老百姓上供、放鞭，祭祀关帝”。[5]

1. [明]刘侗、[明]于奕正：《帝京景物略》，卷三，上海古籍出版社，2001年，第140页。
2. 卢湛辑：《关圣帝君圣迹图志全集》，卷一，上海模范工厂印刷厂，1923年，第59–60页。
3. 周庆安：《探秘诸神背后的真相》，中原农民出版社，2009年，第89页。
4. 卢湛辑：《关圣帝君圣迹图志全集》，卷三，第2–3页。
5. 宋涛主编：《实用节日手册》，北京燕山出版社，2008年，第100页。

北京城内有很多关帝庙，最著名的要数正阳门西瓮洞的关帝庙。该庙“求签者日数百人。所发签直指人心，后时多应验，故香火极盛”。[1] 其次为地安门外的关帝庙，雍正五年（1727）重修，内有雍正帝亲笔御书“忠贯天人”匾额。再次为骑河楼街庙儿胡同的关帝庙，旧名暖阁厂，庙内有二钟。[2]清代竹枝词有云：

> 来往人皆动拜瞻，香逢朔望倍多添。
> 京中几万关夫子，难道前门许问签？[3]

人们对关羽的崇拜也体现在戏曲表演中。过去戏班里饰演关羽的演员，从开始化装就严禁说笑，还恭恭敬敬地把一张“关羽神码儿”——一张印有彩色关羽像的纸叠成小方块儿顶在头上再戴头盔，“希望在演出时关羽的神灵能附体，可以演得惟妙惟肖，这虽然有些迷信，但演员可以屏息敛气提前进入角色的内心状态”。[4]

---

1. [清]汪启淑：《水曹清暇录》，北京古籍出版社，1997年，第190页。
2. 徐珂编纂：《老北京实用指南》（下册），社会科学文献出版社，2017年，第815页。
3. [清]杨静亭：《都门杂咏》，杨米人等：《清代北京竹枝词（十三种）》，北京古籍出版社，1982年，第75页。
4. 李小琴：《论戏曲表演艺术之双重体验》，王佩孚主编：《缀玉集》（下册），中国戏剧出版社，2004年，第475页。

玄坛赵元帅

神码中的玄坛赵元帅指的是赵公明。
赵公明是道教的神祇，文献记载他姓赵，名郎，又名昶，字公明，
生于三月十五日，终南山人。
秦朝避世山中修炼，功德圆满，被玉帝召为神霄副帅。
赵公明面色黝黑，重须髯，头戴铁冠，身披金甲，外罩绿袍，脚穿绿靴，
右手执二十四节铁鞭，左手提铁索，坐骑黑虎随身。
神码中赵公明的形象与道教文献记载基本一致，下方亦有黑虎。

赵公明的传说很多。晋代的《搜神记》中记载，“上帝以三将军赵公明、钟士季，各督数鬼下取人”。[1] 这里的赵公明是督率众鬼的冥神。元代的《三教源流搜神大全》将赵公明描述为“执火壶”的瘟神，隋朝时五瘟神下凡传播瘟疫，隋文帝立祠奉祀，封赵公明为感应将军。明朝时赵公明化身为守护神，被授为龙虎山“正一玄坛元帅”，即神码中的“玄坛赵元帅”。赵公明拥有“驱雷役电、唤雨呼风、除瘟剪疟、保病禳灾”的法术，被民间奉为门神。《赵帅歌》中唱道：“玄坛上将赵元帅，捉鬼降魔你行先。捉取虎儿当马骑，青竹蛇儿作马鞭。请你到坛来保佑，病患灾难飞天边。”[2]

1. [东晋]干宝：《搜神记》，辽宁教育出版社，1997年，第34页。
2. 盘朝宽唱述，李云章记译：《赵帅歌》，普学旺主编：《云南民族口传非物质文化遗产总目提要·史诗歌谣卷》（下卷），云南教育出版社，2008年，第85页。

40cm × 36cm

在明代神魔小说《封神演义》中，姜子牙封赵公明为“金龙如意正一龙虎玄坛真君”，统领招宝天尊萧升、纳珍天尊曹宝、招财使者陈九公、利市天官姚少司，即神码中的左右四辅神，专司“迎祥纳福、追逃捕亡”，这和之前道教塑造的“讼冤伸抑，公能使之解释公平；买卖求财，公能使之宜利和合”相结合，成为民间尊崇的财神。

赵公明被民间尊为武财神和五路财神的中路财神。北京民俗中，做买卖的商户常年供奉所谓“三财”，即首财神关圣帝、文财神比干和武财神赵公明。除夕时，人们会把财神神码贴上佛龛，边贴边念道：“财神爷老是冲着咱们家笑，应当谢谢他。”这张神码会在正月初二日上供。[1] 初二清晨，“居民商肆，均祭财神”。[2] 商人对此尤为重视。如北京著名的“八大祥”、同仁堂等大商号初二祭财神都用五宗大供：猪、羊、鸡、鸭以及用红绿线拴着的红色活鲤鱼两条。铺户的祭祀仪式由掌柜主持，住户的祭祀仪式则由长辈主祭。众人“依次燃烛、拈香、上叩。全体依尊卑长幼依次三叩首，肃立十分钟左右，待香烛欲尽时，仍由主祭人率全铺（宅）依次三叩首，即请了香根，将非长年供奉的神纸、除夕接进来的一些财神码儿以及黄钱、阡张、元宝等敬神钱粮，一并放到院中钱粮盆内与松木枝、芝麻秸同时焚化，加放鞭炮”。[3] 初二当天早上吃的是馄饨，称为“元宝汤”。“因为馄饨的形状像元宝，吃馄饨就是招财进宝，取财源滚如汤水滚滚而来的意思。”一般元宝汤的馅儿有两种，一种是以猪肉、菠菜、青韭为馅儿，一种是以羊肉和白菜为馅儿。[4]

至于逛庙，正月初二和九月十七日是逛财神庙的日子。“京师广宁门外财神庙，庙貌巍焕，报赛最盛。”“倾城往祀，商贾、妓女尤夥。庙祝更神其说，谓借神前纸锭怀归，俟得财当十倍以酬神，故皆趋之若鹜也。”[5]

1. 罗信耀著，罗进德译写：《旗人风华——一个老北京人的生命周期》，文津出版社，2020年，第485页。
2. 李家瑞编：《北平风俗类征》（上），北京出版社，2017年，第6页。
3. 常人春：《老北京的风俗》，北京出版社，2019年，第154页。
4. 袁树森、侯闽编：《老礼儿：正在消失的文明》，团结出版社，2016年，第129页。
5. 李家瑞编：《北平风俗类征》（上），第5页。

增福积宝财神

> 增福积宝财神的形象在各地有所不同。
> 北方地区流行的增福积宝财神多为有"文财神"之称的比干。
> 有些地区的文财神是辅佐越王勾践成就霸业、
> 急流勇退改名"陶朱公"的大臣范蠡。
> 而浙江东北一带的增福财神则是当地的文财神——江南富豪沈万三。
> 四川的增福财神则是赵公明。[1]

增福财神是东北地区民间最受欢迎、普遍供奉的神祇，"过去，吉林各县城都有财神庙"。[2] 比干是商纣王时期的重臣，相传他是理财专家，不仅自己家财万贯，国家也治理得富足安宁。纣王无道，对他施以剖心的酷刑。民间传说他死后因无心而不偏心，秉公办事，保佑人们聚财致富，因此被奉为文财神。"这是把公心和正直当作理想中财神应有的特质，也表现出了一般大众对于财富公平分配的渴望。"[3] 这幅神码中间是文财神比干的形象，他头戴文官纱帽，大耳垂肩，雍容富态，三绺长髯，手抱牙笏。画面下方的侍从源源不断地往聚宝盆里扔元宝。聚宝盆的传说出自明代，据说富豪沈万三家有聚宝盆，"取财不尽"，遂成巨富。[4]

京津地区有除夕接财神、正月初二祭财神的年俗。北京民俗认为除夕之夜诸神下界，"除夕前，一些印刷作坊早已印好财神码儿——其上有财神半身像"，书有"增福积宝财神"字样，系毛头纸木版印刷，略饰彩绘，极为粗糙。[5] 这些神码，"有由店铺购者，有自小孩手中买下者。此类童子大半为贫苦之家，欲乘此新年机会，捞摸若干钱文，于是做成财神，向各住户串售，于门口

1. 殷伟编著：《图说五福》，安徽文艺出版社，2008年，第11页。
2. 杜洪义：《东北非物质文化遗产丛书·民间礼俗卷》，东北大学出版社，2018年，第303—304页。
3. 李江：《中国传统福文化研究》，中国轻工业出版社，2019年，第94页。
4. 张道一：《纸码：心灵的慰藉》，山东教育出版社，2018年，第351页。
5. 董宝光：《京华忆往》，北京出版社，2009年，第15页。

40cm × 36cm

大呼曰:‘送财神爷来了!’愿意要者,付以一两枚铜元之代价,即满意而去;若不欲要者,亦不能回以‘不要’,盖避不详也,只答以‘已有’”[1]。财神接到后,供于佛龛。正月初二上午全家拜祭,燃蜡烛,放鞭炮,“将财神码儿与金银纸元宝等共焚之,谓之祭财神”[2]。天津的民俗大抵相似。“旧时腊月三十之前,家家户户都要到街上请(买)一张财神神码儿供于家中佛堂或堂屋内供神像的地方。”正月初二天微亮时,人们在家中财神神码儿前摆满供品,点燃香烛,叩头祷告,然后将神码儿随黄表纸焚烧。[3]

在东北地区,“正月初二为开斋日,有素食三日者,自除夕至是日始得肉食。此日又为米娘娘生日,新春大岁第二顿饭做米饭。为财神祭日,是日一早,住户和商号都要祭财神。一般住户如无常年供奉的财神像或牌位,就临时到香蜡铺请一位极糙的木刻版、水彩印刷的‘增福积宝财神’码儿,或者将除夕接进的那些财神码儿夹在木制的神纸夹子上,设一祭坛;铺户则仍在原奉祀的‘三财’神龛前设坛”。燃灯、拈香、叩首后将财神码儿放在院中钱粮盆内焚化。[4] 满族萨满教还有跳财神的祭祀活动。《神本》曰:

日头出来似火烧,双手托只金元宝。绸扎彩来蓝柱桥,财神喜神来到了。

左金山来右银山,利市仙官到前门。增福财神上边坐,招财童子来站班。

招财童子来进宝,进宝郎君散金钱。左边栽下摇钱树,右边栽下聚宝盆。

摇钱树上宝钱挂,聚宝盆里起金花。起金花来起银花,金盆银树都到家。

搭躬得着整金马,施礼得着整金人。

财神喜神,喜神贵神,增福财神,聚宝郎君,行堂坐堂,老祖师父,师兄师弟,八大本坛,

烧钱纸来如灵神,壶里有酒奠三巡。[5]

1. 胡朴安:《中华全国风俗志》,气象出版社,2012年,第43页。

2. 董宝光:《京华忆往》,北京出版社,2009年,第15页。

3. 杨琳等编著:《中国民俗知识·天津民俗》,甘肃人民出版社,2008年,第58页。

4. 施立学:《关东岁时风俗论》,吉林文史出版社,1998年,第21—22页。

5. 石光伟、刘厚生编著:《满族萨满跳神研究》,吉林文史出版社,1992年,第414—415页。

星科

神码“星科”以天干、地支、五行、阴阳等为基础，
结合历法、天文、气象等知识，选取良辰吉日进行祈福祭祀等活动。

神码上有“朱雀”字样，下有“玄武”字样，中为八卦图，有天干、地支以及十二生肖的图案。首排文字有“天德”“日德”“月德”等字样，分别代表上天、太阳、月亮，由它们分别对应天干地支的不同组合，生成不同的吉日。上排三行文字记录了不同的星宿。中间文字为二十八星宿。角、亢、氐、房、心、尾、箕，这七个星宿组成一个龙的形象，春分时节出现在天空的东方，称为东方青龙七宿；斗、牛、女、虚、危、室、壁，这七个星宿形成龟蛇互缠的形象，春分时节出现在北部天空，称为北方玄武七宿；奎、娄、胃、昴、毕、觜、参，这七个星宿形成虎的形状，春分时节出现在西部天空，称为西方白虎七宿；井、鬼、柳、星、张、翼、轸，这七个星宿形成鸟的形象，春分时节出现在南部天空，称为南方朱雀七宿。人们对星星的敬畏崇拜是年代久远的信仰，“一些重要的星星是神，负责照料下界人们的幸福，某几颗星星分别照看不同年龄段的人。这样的星星共有九个（有点儿像太阳系八大行星），其中七个是‘吉星’，两个是‘煞星’，不过对所有星星的崇拜必须一视同仁，为的是既要得到幸运的眷顾，又要在厄运袭来之际受到庇护逃过灾难”。老百姓还相信，“地上的每一个人都在天上有一颗对应的星星”。[1]

1. 罗信耀著，罗进德译写：《旗人风华——一个老北京人的生命周期》，文津出版社，2020年，第511页。

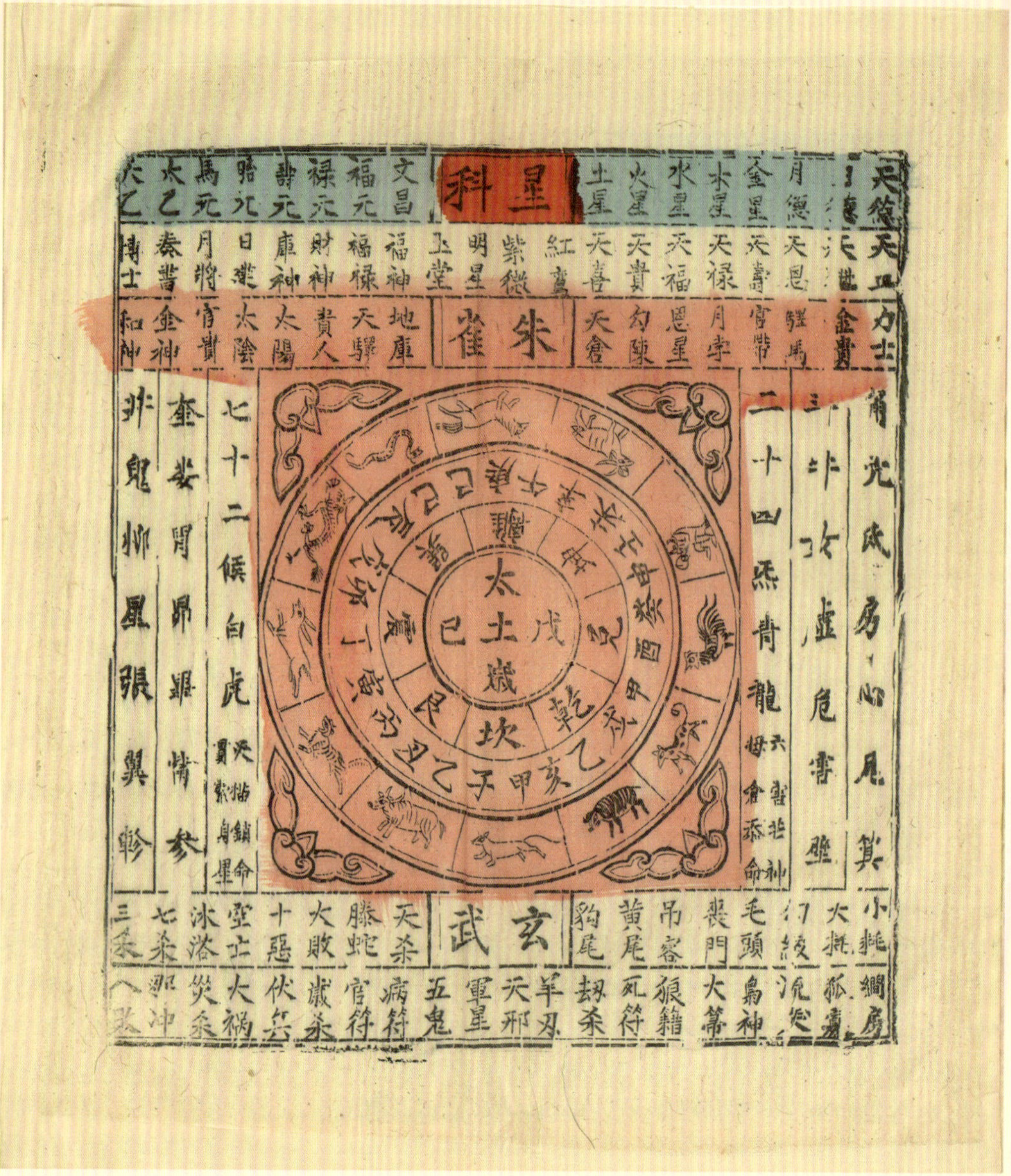

40cm × 36cm

“星科”神码用于正月初八顺星节的祭祀活动。所谓“顺星”，是指“剪灯花纸拈成鸡爪样，蘸油置灯支碗中燃之，初供四十八盏，继与家人各按值年之星盏数形式燃之”。祭祀完之后，将灯花散置于门户、井灶各处，谓之“散灯花”，或谓之“散星”，辟除不祥之意。[1] 在北京，顺星节的民俗活动大有看头。“主人先在院子中间摆上八仙桌，挂起一张神码儿——九颗星星的周围环绕着十二生肖，代表十二年的一个周期（作者注：即“星科”神码）。另外还有一张老寿星的纸码儿也立在桌上（作者注：即下文的‘本命延寿星君’神码）。”家人再摆上一百零八只“灯花”，“这是全家人动手提前做好的供品——先拿黄土泥捏出一百零八个一寸直径的小泥碗，晾干备用，叫作‘灯盏碗儿’。再拿高丽纸裁成小条，捻成一百零八个纸捻儿，用香油浸透，拿铜钱压在碗上，让它直立不倒。其中有一个灯花稍微大一点，把它摆在寿星面前，其他的灯花在桌面上码成一个‘顺’字。剩下的从桌前地面上排列成行，一直排到大门口。桌面上还要摆上五碗元宵。灯花全部点燃，烧起高香，大家依次行礼。礼成之后把所有的纸制品放到芝麻秸、松树枝上一烧，仪式结束。元宵全家分而食之”。[2]

西便门外的白云观在祭星之日游人最盛。正月初八“这天，以卜巫者流的生意最佳，卦摊命馆，触目皆是，他们扮得僧非僧，道非道，故作种种奇怪模样，藉惑那些趋利避害之徒，无不市利三倍”。清代竹枝词道出了这有趣的一幕：

与君对面语平和，先问年庚是几何？

谈相全凭青白眼，评量真喜阅人多。[3]

白云观内有顺星殿，列有二十八星宿和七星神像，“祭者向己命所属星宿虔诚叩礼，敬献香烛并油钱，能消害致福，确否待考，此种风气，至今未泯”。晚上有祭星大典，“在大殿香案上排列一百零八盏灯，两边有二十八宿和七星星盏。方丈率领全体道士，衣法服，鸣鼓击钟，诵《玉枢经》，祈祷灾除福降，国泰民安”。凡星灯以尽为度，不再添油加灯芯。[4]

---

1. 李家瑞编：《北平风俗类征》（上），北京出版社，2017年，第34页。
2. 罗信耀著，罗进德译写：《旗人风华——一个老北京人的生命周期》，第512页。
3. [清]李静山：《增补都门杂咏》，《清代北京竹枝词（十三种）》，北京古籍出版社，1982年，第96页。
4. 李家瑞编：《北平风俗类征》（上），第35页。

本命延寿星君

“本命延寿星君”是正月初八“顺星节”祭祀所用的神码。

寿星是指二十八星宿的角、亢二星，因角、亢二星排在东方青龙七星的前两位，即“数起角、亢，列宿之长，故曰寿”[1]。《史记》中则记载寿星属于西方白虎星宿，“狼比地有大星，曰南极老人。老人见，治安；不见，兵起。常以秋分时候之于南郊”。意思是说，西宫东面有一颗大星曰狼，“狼为野将，主侵掠”，“狼角变色，多盗贼”。而在狼一星的附近有一颗大星，名为“南极老人”，此星“为人主占寿命延长之应”，“常以秋分之曙见于景，春分之夕见于丁”。此星是国运的反映，“见，国长命，故谓之寿昌，天下安宁；不见，人主忧也”。[2]杜甫“南极老人应寿昌”[3]的诗句亦指此意。不难看出，这里解释的“南极老人星”政治色彩非常浓厚，涉及国运的盛衰安危。但到了后世，这种政治色彩逐渐淡薄，“而民间色彩则越来越浓，终于成为民间最有影响的长寿神明”。[4]关于本命延寿星君，“据星相家言，各人每岁皆有一位星宿，如太阴、太阳、罗睺、太岁等名词，本年命运如何，纯视此星宿之优劣。故人于一年之始，须祭祀之，以祈其降福”。[5]神码中的本命延寿星君高额长面，慈眉善目，身穿道袍，左右两边有“福禄祯祥”字样。

---

1. 《尔雅》，浙江古籍出版社，2011年，第38页。
2. 《史记》（四），卷二十七，“天官书第五”，中华书局，1996年，第1307—1308页。
3. 杜甫：《寄韩谏议注》，蘅塘退士编：《唐诗三百首》，北京出版社，2017年，第57页。
4. 马书田、马书侠：《全像福寿财神》，江西美术出版社，2008年，第95页。
5. 胡朴安：《中华全国风俗志》，气象出版社，2012年，第13页。

40cm × 36cm

北京民俗讲究过“顺星节”。正月初八诸星下界，“顺星节”分在家、在庙二种。在家者“祭本命星君，以糯米为面，裹糖果馅，谓之元宵为献，以其形肖星象也”。[1] 除了吃元宵，还要燃灯为祭。灯碗是用泥烧制，“如酒盏大，高足，中可燃灯，初八日祭星灯节用”。[2] 黄昏之后，以纸蘸油，“灯数以百有八盏为率，有四十九盏者，有按玉匣记本命星灯之数者。于更初设香楮，陈汤点，燃而祭之”。本命星灯数的算法是，“其数目须较本年岁数多一个，如二十岁者则用灯花二十一个”。[3]“观寺释道亦将施主檀越年命星庚记注，于是夕受香仪，代具纸疏云马，为坛而祭，习以为常。”[4] 顺星节这一天，不许妇女出门。多数人“须往白云观中之后土殿，对其本年星宿礼拜焚香”。[5] 正月“十三日至十六日，由堂奥以至大门，燃灯而照之，谓之散灯花，又谓之散小人，以辟除不祥之意也”。散灯的情景非常壮观，“聚如萤，散如星”。富庶之家还要点上四晚上灯。[6]

民国以降，做寿者日多，所行礼仪不尽相同，“唯不设寿翁、寿母座位，每设寿堂，挂用寿幛，铺设寿筵及糖茶、糕茶等类”。奇怪的是，“仕宦之家，每因父母既没，无从做寿，乃亦大张旗鼓，谓之曰做阴寿。设神像于堂上，对神像行礼。家内或设坛，延僧拜忏，以为超度。然而名为超度，实则为自身出风头，或网罗财帛耳”。[7]

---

1. 李家瑞编：《北京风俗类征》（上），北京出版社，2017年，第34页。
2. 蔡省吾原编，周作人录抄：《一岁货声》，北京出版社，2015年，第6页。
3. 胡朴安：《中华全国风俗志》，气象出版社，2012年，第13页。
4. [清]潘荣陛：《帝京岁时纪胜》，北京古籍出版社，1981年，第8页。
5. 胡朴安：《中华全国风俗志》，第13页。
6. [清]富察敦崇：《燕京岁时记》，北京古籍出版社，1981年，第47页。
7. 胡朴安：《中华全国风俗志》，第14页。

床公床母

关于床公床母的崇拜，最早在宋代就出现了。宋人曾三异在《同话录》中记载，崔大雅在翰林院值班时，皇帝夜里忽然降旨，令其撰写一篇祭祀床婆子的文章。他“恍然不知格式”，去问丞相周翰长。翰长告诉他，和平常写文章一样，只要把皇帝派去致祭之人称为“典司床箦”即可。

明人杨循吉的《除夜杂咏》有云：“买饧迎灶帝，酌水祀床公。”床公床母和灶君一样，已成为明清春节普遍流行的一项祭祀活动：“荐茶酒糕果于寝室，以祀床神，云祈终岁安寝，俗呼床神为床公、床婆。”清代苏州“以酒祀床母，而以茶祀床公，谓母嗜酒，公癖茶，谓之男茶女酒”[1]；杭州则是“正月十五请床公床母，用糖茶两杯、糕果两盘、鸡蛋两个供于房中。谓如是，小儿夜睡必宁”[2]。

床公床母作为房帏保护神，是每个家庭的护身符。关东习俗中，床神是可佑人间多子之神。“旧时新郎新娘入洞房要先拜床，妇女生孩子、儿童出疹、出天花时，都要祭拜床公床母，有些地方初一、十五要把饭菜摆到床上，以为祭祀。”[3] 有些地方甚至在续弦时也要祭拜，祈祷死去的前妻不要来打扰。[4]

1. [清]顾禄：《清嘉录》，中国商业出版社，1989年，第270—271页。
2. 范祖述：《杭俗遗风》，上海文艺出版社，1989年，第31页。
3. 施立学：《关东岁时风俗论》，吉林文史出版社，1998年，第63页。
4. 文可仁主编：《中国民间传统文化宝典》，延边人民出版社，1999年，第331页。

40cm × 36cm

由于床母是守护生育的床神，有些地方在妇女待产时祭拜床母，有些地方则是等小孩出生后进行祭祀，如北京民俗是小儿出生后三日举行“洗三”仪式时祭祀床公床母。在东北地区，床公床母传说是周文王夫妇。周文王活了九十七岁，有九十九个儿子，后来在燕山收养了雷震子，凑成百子。民间将文王夫妇视为“多子多福”的楷模。床公床母“一般设有塑像和画像，有时在床头摆上一只插着焚香的碗，就是床神的神位了”。[1]

> 北京的“洗三”当天，必招收生婆到家，酒食优待。然后由本家将神纸（俗呼娘娘码儿）并床公床母之像，供于桌上，供品用毛边缸炉（北京点心名）五盘。由收生婆烧香焚神纸，毕，将火煮之槐条水倾入盆内，旁置凉水一碗及两盘，一盘盛胰子、碱、胭脂、粉、茶叶、白糖、青布尖儿、白布数尺、秤杈、剪子、锁、镜等物，一盘盛鸡蛋、花生、粟子、枣、桂圆、栗、荔等物，均用红色染过。诸亲友齐集床前，将各色果子投数枚于盆内，再加冷水两匙、铜圆数十枚，名为添盆。添毕，由收生婆洗小儿。洗罢，将小儿脐带盘于肚上，敷以烧过之明矾末，用棉花捆好。所有食物，全由收生婆携去，洗三告终。[2]

> “洗三”仪式要给一众印在纸上的神码烧香上供。这些神码一套有十几张，“它们被摞成一沓，一张压一张，每一张只需露出上头写着神仙名号的一小部分，把它们折成同样宽度夹在木架上”。这些神码从上到下依次是：灶王爷、家宅六神、痘疹娘娘、引路娘娘、伙伴娘娘、奶母娘娘、接生娘娘、催生娘娘、眼光娘娘、子孙娘娘、天女娘娘、白衣慈悲送子娘娘、天地之神等。这些神仙娘娘都是吃素的，因此上供不摆槽子糕。炕上另单供着床公床母的纸码儿。供桌最前边是香炉和蜡扦。蜡扦下边挂着三样东西：一串黄纸钱、一串纸做的银元宝、一串黄色硬纸剪成的“阡张”。阡张代表一架天梯，神码焚烧之后各路神仙就登梯子回到天上去了。[3]

---

1. 施立学：《关东岁时风俗论》，吉林文史出版社，1998年，第64页。
2. 胡朴安：《中华全国风俗志》，气象出版社，2013年，第14—15页。
3. 罗信耀著，罗进德译写：《旗人风华—— 一个老北京人的生命周期》，文津出版社，2020年，第20—21页。

三官

三官指的是天官、地官和水官。
三官神码中有“上元赐福天官”“中元赦罪地官”“下元解厄水官”字样。

三官是道教最早尊崇的三位天神。三官中地位最高的是天官，为一品，亦称紫微大帝。地官为二品，亦称清虚大帝。水官为三品，亦称洞阴大帝。也有地方的“三官”分别是天官唐尧、地官虞舜和水官大禹。“三官”的信仰历史久远，“传说张角为人治病，写着病人姓名和得病服从神罚大意的书做三份，一份称奉天，置于山上；一份埋于地下；一份沉入水中，将此称为三官手书”[1]。后来随着道教的发展，三官的内容也越来越丰富。天官属玉清境，由青、黄、白三气结成，总主诸天帝王，每年正月十五日下人间，校定人之罪福，故称天官赐福。地官属上清境，由元洞混灵之气和极黄之精结成，总主五帝五岳诸地神仙，每年七月十五日下人间，校戒罪福，为人赦罪。水官属玉清境，由风泽之气和晨浩之精结成，总主水中神仙，每年十月十五日下人间，为人消灾。道教信徒要在天、地、水三官下凡之日入庙烧香，据说“此时长斋，诵‘度人经’，福及上世，可以身列神仙”[2]，对祖先是有好处的。为了纪念三官，有素食者，在正月、七月、十月斋居三月。[3]

1. [日]内藤湖南、青木正儿著，王青译：《两个日本汉学家的中国纪行》，光明日报出版社，1999年，第129页。
2. [日]内藤湖南、青木正儿著，王青译：《两个日本汉学家的中国纪行》，第129页。
3. [清]潘荣陛：《帝京岁时纪胜》，北京古籍出版社，1981年，第10页。

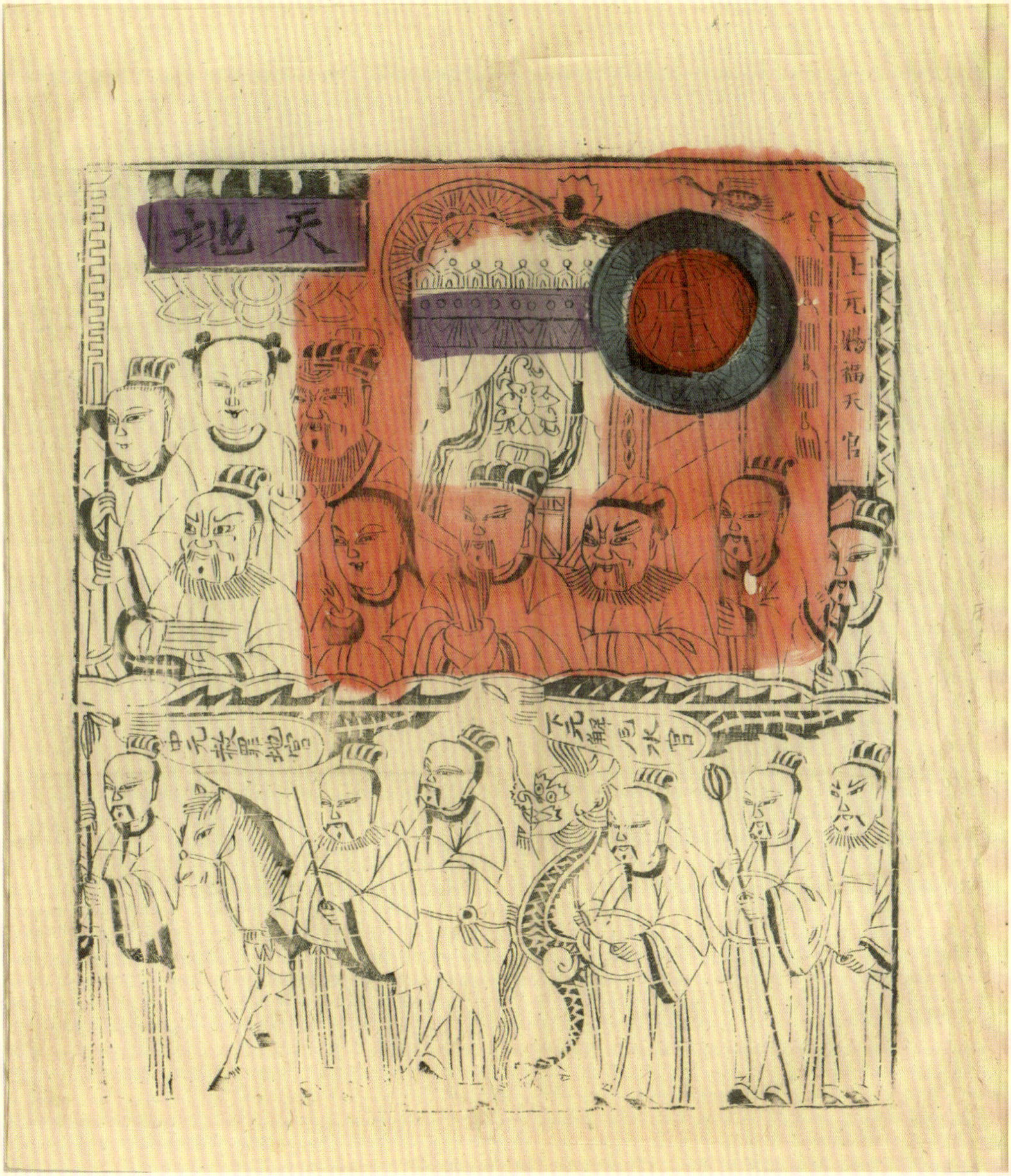

40cm × 36cm

正月十五日为上元节，祭神，以元宵为献，俗谓之灯节。[1] 上元节是道教的说法，祭的神是“上元赐福天官紫微大帝”，正月十五日是他下凡之日，举行种种庆贺活动。在北京，上元节与新春厂甸庙会、白云观的燕九会神仙合称为“上林盛举”。[2] 上元节最盛大的活动是张灯和观灯，“自十三以至十七均谓之灯节，惟十五日谓之正灯耳”。明代北京“灯市在东华门王府街东，崇文街西，亘二里许”。[3] 清代北京“每至灯节，内廷筵宴，放烟火，市肆张灯。而六街之灯，以东四牌楼及地安门为最盛，工部次之，兵部又次之……若东安门、新街口、西四牌楼亦稍有可观”。[4]上元节的活动热闹非凡，通宵达旦连轴转。从早到晚逛市集，“市之日，省直之商旅，夷蛮闽貊之珍异，三代八朝之骨董，五等四民之服用物，皆集。衢三行，市四列，所称九市开场，货随队分，人不得顾，车不能旋，阗城溢郭，旁流百尘也”。[5] 而傍晚至黎明，则有赏灯活动。“每初月乍升，街尘不起，士女云集，童稚欢呼”，“观者如云，九轨之衢，竟夕不能举步。香车宝马，参错其间。愈无出路，而愈进不已”。[6]

七月十五日为中元节，“俗传地官赦罪之辰，人家上塚奠先人，如清明仪”。[7] 由于七月十五日祭扫坟茔，也有“中元不为节”的说法。[8] 青木正儿则认为，“三元中中元与佛教盂兰盆同时期，向来道教模仿佛教，附会教祖后汉张角的天地水三元之说而捏造的”。[9]

十月十五日为下元节，“俗传水官解厄之辰”，北京有“持斋诵经”的风俗。京师八旗有在十月十五日仰山洼操练的传统。仰山洼位于安定门外正北十里，有将台一座。“八旗合操，演九进十连环，前锋护军统领跑交冲马”。由于天气寒冷，兵丁有动皲者，“故非豪侠少年不能往观也”。[10]

---

1. 李家瑞编：《北平风俗类征》（上），北京出版社，2017年，第42页。
2. 常人春：《老北京的风俗》，北京出版社，2019年，第160页。
3. [清]于敏中等编纂：《日下旧闻考》，北京古籍出版社，1985年，第707页。
4. 富察敦崇：《燕京岁时记》，北京古籍出版社，1981年，第48页。
5. [明]刘侗、于奕正：《帝京景物略》，卷二，上海古籍出版社，2001年，第88页。
6. [清]震钧：《天咫偶闻》，北京古籍出版社，1982年，第58页。
7. 李家瑞编：《北平风俗类征》（上），第145页。
8. [清]富察敦崇：《燕京岁时记》，第75页。
9. [日]内藤湖南、青木正儿著，王青译：《两个日本汉学家的中国纪行》，光明日报出版社，1999年，第129页。
10. [清]富察敦崇：《燕京岁时记》，第84页。

白衣送子观音

观音菩萨是中国人最熟悉的佛教神祇之一。
究其原因，
恐怕是由于佛教的观音信仰与儒家的思想观念结合得很好。

学者指出，“宋代以后，观音虽仍被当作佛教菩萨来崇奉，但信仰的内容主要是赐福、免灾、保平安，其作用已和一般的民间俗神无别”。[1] 北京风俗中有三个日子祭祀观音。二月十九日为观音诞辰，“正阳门月城内观音庙香火极盛，城内外白衣庵、观音院、大悲坛、紫竹林，庙宇不下千百，皆诵经聚会”。六月十九日登莲台，九月十九日传道妙，“有善信啐大悲咒戒荤酒者，二、六、九食素三月”。[2] 观音菩萨的形象幻化多变，善财童子和龙女常伴左右。白衣观音“身穿白色袈裟，肩披银色长巾，头戴女式风帽，长发，赤足，左手持莲花，右手作与愿印，面容慈祥可亲，端庄肃穆，十分庄严”。[3]

---

1. 孙昌武：《中国文学中的维摩与观音》，天津教育出版社，2005年，第344页。
2. [清]潘荣陛：《帝京岁时纪胜》，北京古籍出版社，1981年，第15页。
3. 李淼：《观音菩萨宝卷》，吉林人民出版社，1995年，第173页。

40cm × 36cm

在观音庙中，人们多以求子为目的，称观音为“送子观音”。《法华经》有云：“若有女人设欲求男，礼拜供养观世音菩萨，便生福德智能之男；设欲求女，便生端正有相之女。”关于观音送子，还有这样一个故事：话说金陵商人潘和家道小康，笃信佛教，膝下有一女。一日，潘和做一奇梦，梦到一白衣女子对他讲：“明日中午你在江口等候，将有观音法像漂过。你打捞后送往清凉山鸡鸣寺好生供养。做好此事，功德无量。”潘和答曰：“遵命照办。只是我年过半百，膝下无子，多年求而不得，不知是否有得子之望。”白衣女子从怀里取出一颗白棋子交给潘和。潘和再想追问，白衣女子已不见踪影。潘和从梦中醒来。次日中午，潘和果然在江口看到木雕的观音法像缓缓漂来。他将观音像打捞起来，送到鸡鸣寺，并为其重塑金身。回到家后，潘和想明白了托梦的白衣女子便是观音菩萨，“请了金陵有名画工将梦中所见白衣女子模样画出来，他求子心切，还让画工在女子怀中加上了一个小孩子，称为‘白衣送子观音’，供奉在家，每日叩拜”。不久，妻子果然怀孕，后来生了个大胖小子。[1] 正所谓“座下莲台频结子，瓶中杨柳自生枝”。[2]

全国很多地方都有拜观音求子的传说和风俗。如南宋时期的洪迈在《夷坚志》中有观音送子的故事：“许洄妻孙氏临产，危苦万状，默祷观世音，恍惚见白氅妇人，抱一金色木龙与之，遂生男。”[3] 在江苏青浦黄渡镇，“妇女之无子者，必往镇东祖师堂之送子观音前，烧香告祷，并暗中将送子观音之绣花鞋偷去一只，云即能生子。唯生子以后，须寄给与送子观音为干儿子也”。[4]

各地也建有很多美轮美奂的观音寺或观音殿。如京西戒台寺最高的建筑便是观音殿。大殿面阔三间，正中一间供有观音菩萨像，左右两间曾是晚清时期恭亲王奕䜣的书房。观音殿前有一道青石栏，柱头上由北向南排列十七只大石狮子和八只小狮子，这些狮子形态各异，有的戏绣球，有的给幼狮喂乳，有的掌托幼狮，具有极高的艺术价值。

1. 李淼：《观音菩萨宝卷》，吉林人民出版社，1995年，第210页。
2. 江忍庵纂辑、乔继堂编：《分类楹联宝库》，上海科学技术文献出版社，2018年，第580页。
3. [清]赵翼：《陔余丛考》，河北教育出版社，2003年，第706页。
4. 胡朴安：《中华全国风俗志》，气象出版社，2013年，第114页。

家宅六神

家宅六神是指六位驱鬼护宅的神仙。
神码中上排中间的是灶君，左为户尉，右为门神；下排中间的是土地，
左为井泉童子，右为三姑夫人。

灶君司管饮食，全称是东厨司命九灵王定福神君，又称司命真君，在家宅诸神中地位最高。俗话说“民以食为天”，饮食是古代家庭生活的核心内容，连官方的家庭人口普查亦称为“排门点灶”。北京风俗是每年的腊月二十三日、二十四日祭灶王，“其祀期用二十三日，惟南省客户则用二十四日”。“图灶神锓于木，以纸印之，曰‘灶马’，士民竞鬻，以腊月二十四日焚之，为送灶上天。”[1]“以糖剂饼，黍糕、枣、栗、胡桃、炒豆祀灶君，以槽草秣灶君马，谓灶君翌日朝天去，白家间一岁事。祝曰：好多说，不好少说。”过去有“男不拜月，女不祭灶”的说法，“祀余糖果禁幼女不令得啖，曰啖灶余则食肥腻时口圈黑也”。[2] 北平旧曲唱出祭灶送灶君的情形：“腊月二十三，呀呀哟，家家祭灶，送神上天，祭的是人间善恶言。一张方桌拦在灶前，阡张元宝挂在两边。滚茶凉水，草料俱全。糖果子糖饼子，正素两盘。当家人跪倒，手举着香烟，一不求富贵，二不求吃穿；好事儿替我多说，恶事儿替我隐瞒。”[3]

1. 李家瑞编：《北平风俗类征》（上），北京出版社，2017年，第184页。
2. [清]于敏中等编纂：《日下旧闻考》，卷一四八，“风俗”，北京古籍出版社，1985年，第2367页。
3. 李家瑞编：《北平风俗类征》（上），第181—182页。

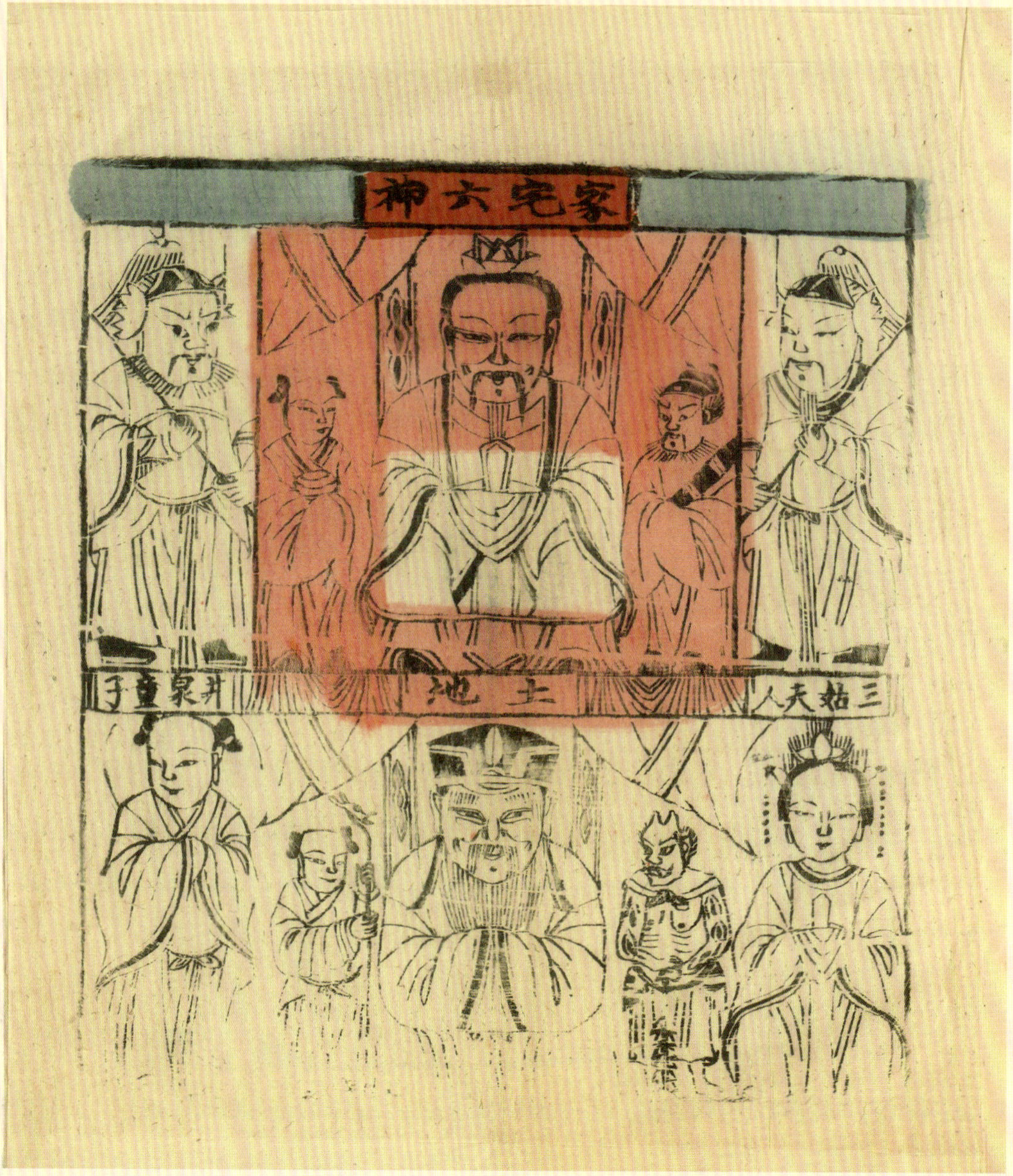

40cm × 36cm

门神和户尉是镇宅之神。户尉是道教守卫家门的神祇，左曰“门丞”，右曰“户尉”。古代很早就有大门贴门神的传统。据《后汉书》载，新春百官官府“设桃梗、郁垒、苇茭”。《风俗通》曰：“桃梗者，更也，岁终更始，受介祉也。”这个典故出自《山海经》，“立桃符于门户上，画郁垒持苇索，以御凶鬼，画虎于门，当食鬼也”。[1] 门神的名目到后来逐渐增多，包括关公、钟馗、秦琼、尉迟敬德等数十种。

土地神是地方的保护神。神码画像是穿便服、戴帽子的老人，“面庞圆而丰盈，长须，两眼微眯，慈眼善目，福态吉祥”，小鬼、判官侍立两边。[2] 土地神的崇拜非常普遍，各地都建有土地祠、土地庙。如京师宝泉局土地祠“所塑皂隶四人，素灵感，炉头铸工皆时祭赛”。[3] 有趣的是，翰林院及吏部所祀土地神是唐代的韩愈。这与《宋史》中记载的临安太学以岳飞为土地神有着异曲同工之妙。[4]

三姑夫人是主管如厕的厕神。[5] 厕神是道家及民间祀奉司厕之神，有紫姑、厕姑、三姑、三霄娘娘等称谓。[6] 有些地方有正月十五迎厕神的风俗，人们用稻草、布头等扎成真人大小的三姑夫人形象，妇女们站到厕所、猪圈旁边迎接她，祭祀时也会烧化三姑夫人神码。有些庙中的“百子堂”中常有她的牌位或塑像，多与其他神像合祀。

井泉童子是指庭院中的井神。《酉阳杂俎》中载：“井鬼，名琼。”[7] 杭州有正月祭井神的传统：“置井泉童子马于竹筛内，祀以糕、果、茶、酒，庋井栏上掩之，谓之‘封井’。至新正三日或五日，焚送神码。”等开井汲水时，指蘸拭目，令目不昏。[8]

---

1. 《后汉书》，志第五，“礼仪中”，中华书局，1996年，第3128—3129页。
2. 韩秋长、韩志勇：《内丘神码中的土地爷信仰》，冯骥才主编：《年画研究2013》，中国戏剧出版社，2013年，第87页。
3. [清]汪启淑：《水曹清暇录》，北京古籍出版社，1997年，第178页。
4. [清]赵翼：《陔余丛考》，河北教育出版社，2003年，第738页。
5. 李明洁：《哥伦比亚大学“纸神专藏”中的娘娘纸码研究》，《华东师范大学学报》，2021年第6期，第131页；马兰：《家宅“六神”信仰流变考》，《廊坊师范学院学报》，2018年第3期，第83页。
6. [清]姚东昇辑，周明校注：《释神校注》，巴蜀书社，2015年，第178页。
7. [清]姚东昇辑，周明校注：《释神校注》，第41页。
8. [清]顾禄：《清嘉录》，江苏凤凰文艺出版社，2019年，第350页。

司命之神

司命之神指的是灶君。
灶君不仅管理家庭的饮食，还监督一家老小的功过善恶，
负责向天帝报告。

灶君本姓苏，名吉利。[1]《论语》记载，卫国大臣王孙贾问孔子："与其媚于奥，宁媚于灶，何谓也？"奥指房屋的西南角，一室之内奥为最尊。王孙贾问孔子为什么要取悦于灶君呢？孔子告诉他："不然；获罪于天，无所祷也。"意思是说，"不对！如果得罪了天，祈祷也没用"。[2] 从这段话不难看出，由于凡人无法直接与天帝沟通，灶君代表天帝监督人们一年中的表现，神码中的"善""恶"字样也说明了这一点。灶君主管一家的丰歉祸福，因此也被奉为"一家之主"。

司命之神的命，是命运的意思，并不是指寿命。《汉武故事》曾记载，汉武帝祭祀天地五帝时，常有光照长安城，如月光一般。他问东方朔："此何神也？"朔曰："此司命之神，总鬼神也。"汉武帝问道："祠之能令益寿乎？"对曰："皇者寿命悬于天，司命无能为也。"[3] 其实，司命之神并不单单无法掌控皇帝的寿命。清朝的山东巡抚曾问扶乩者阳寿几何。扶乩者答曰："不知。"巡抚问道："仙人岂有所不知？"答曰："他人可知，公则不可知。修短有数，常人尽其所禀而已。若封疆重镇，操生杀予夺之权，一政善，则千百万人受其福，寿可以增；一政不善，则千百万人受其祸，寿亦可以减。此即司命之神不能预为注定，何况于吾？"[4] 也就是说，巡抚的寿命取决于他的善恶表现。

1. 刘玉堂主编：《中国节日志》，光明日报出版社，2017年，第105页。
2. 《论语》，岳麓书社，2018年，第36页。
3. [明]解缙等编：《永乐大典》，第四卷，大众文艺出版社，2008年，第1225页。
4. [清]纪昀：《阅微草堂笔记》，浙江古籍出版社，1998年，第413页。

40cm × 36cm

腊月二十三日，灶王爷上天，这天是“辞灶”的日子。为了让灶君不在天帝面前说坏话，家家户户举行隆重的“祭灶”仪式。供品以糖为主，包括粘牙糯米糖等“关东糖”，胡麻糖、糯米细糖、梨糕等“南糖”，糖瓜，糖饼，等等。给灶君供糖，目的就是让他吃饱肚子嘴甜甜的，上天后多说好话。同时也要照顾好灶君的马，“以草秸、料豆、清水供马”。“司命之神”神码下方即有马的图案。祭祀时，“男子罗拜，祝以遏恶扬善之词。妇女于内室，扫除炉灶，以净泥涂饰，谓曰挂袍，燃灯默拜”。[1] 祭祀完毕，送灶君上天，将司命之神的神码揭下烧掉，对灶马说道：“焚灶马，送紫官，辛甘臭辣君莫言，但言小人尘生釜，突无烟，上乞天公怜。天公怜，锡纯嘏，燔熊豢豹充庖厨，黑豆年年饲君马。”[2]

腊月二十五日，“俗传为上帝下界之辰。因廿三日送灶上天，奏人间一年之善恶，故上帝于廿五日下界，稽查臧否，降之祸福”。所以这一天人们谨起居、慎言语，尤其不让小孩子骂人说脏话。[3] 大年三十，送天帝上界，迎新灶君下界。人们把新“请”来的灶马贴在原来的地方。神码中司命之神两旁的侍女分别是丁香和海棠。据说丁香和海棠不能同插一个花瓶，“实则是因为花卉间的天性相克所致”，海棠娇艳却无香，丁香则有大量的芳香物质。[4]

---

1. [清]潘荣陛：《帝京岁时纪胜》，北京古籍出版社，1981年，第40页。
2. 李家瑞编：《北平风俗类征》（上），北京出版社，2017年，第182页。
3. [清]潘荣陛：《帝京岁时纪胜》，第40页。
4. 兰玲：《乡音不改：胶东乡言村语笔记》，商务印书馆，2019年，第40页。

水草马明王

水草马明王是马王的全名，民间称为马王爷。

关于马王爷的来历，有五种说法。一说马王爷是二十八星宿中的房星[1]，房为龙马，马之生者，故马祖为天驷星；二说马王爷的原型是匈奴王子金日磾，他生前曾任汉武帝的马监，死后奉为马王；[2]三说马王爷是商纣王的儿子殷郊，“形象是三头六臂，青面獠牙，三只眼，手执方天画戟”；[3]四说水草马明王姓马名胜，字德之，在道教典籍中说他是火神，隶属雷神部将灵官之一，称“斗口魁神码元帅”或“灵官马元帅”；五说马明王姓马名灵耀，本为西方如来身边的妙吉祥菩萨，后成为道教护法四元帅之一，拥有金砖、火丹、火龙等法宝。[4]

神码的马王像红而多须，三目，一目竖立额际，六臂交叉，各执刀枪剑戟，身披铠甲，狰狞可怖，神码上书“水草马明王神位”字样。神像之下，绘一供桌，桌前绘一小马，并供清水一碗，净草一小斗，以示专诚供此马也。从神码上看，水草马明王最显眼的标志莫过于他生有三只眼睛，印证了“马王爷三只眼”的民谚。传说鲁班修好赵州桥后，张果老、柴王爷众神乔装改扮去看热闹。正如京剧《小放牛》中所唱：“张果老骑驴桥上走，柴王爷推车轧了一道沟。”原来张果老使法术调来日月星辰压在驴背上，柴王爷调来泰山压到车上。眼看赵州桥有点撑不住，鲁班忙跳下河托住桥身，才保住了赵州桥，桥洞上也留下了他的掌印。鲁班觉得自己有眼不识泰山，当即挖出自己的一只眼睛扔在地上，正好马王爷路过，顺手捡起来安在了自己的额头上。从此马王爷有了三只眼，鲁班却成了“独眼龙”。后世的木匠用墨斗画线时，也习惯睁一只眼闭一只眼，来纪念他们的祖师爷。[5]

---

1. [清]富察敦崇：《燕京岁时记》，北京古籍出版社，1981年，第71页。
2. 中国武当文化丛书编纂委员会：《武当神仙大观》，武汉出版社，2000年，第311页。
3. 施立学：《关东岁时风俗论》，吉林文史出版社，1998年，第229页。
4. 王琦：《中国马文化：图腾卷》，读者出版社，2019年，第233—234页。
5. 王中力、王晨编：《山西俗语典故故事》，北岳文艺出版社，2020年，第27页。

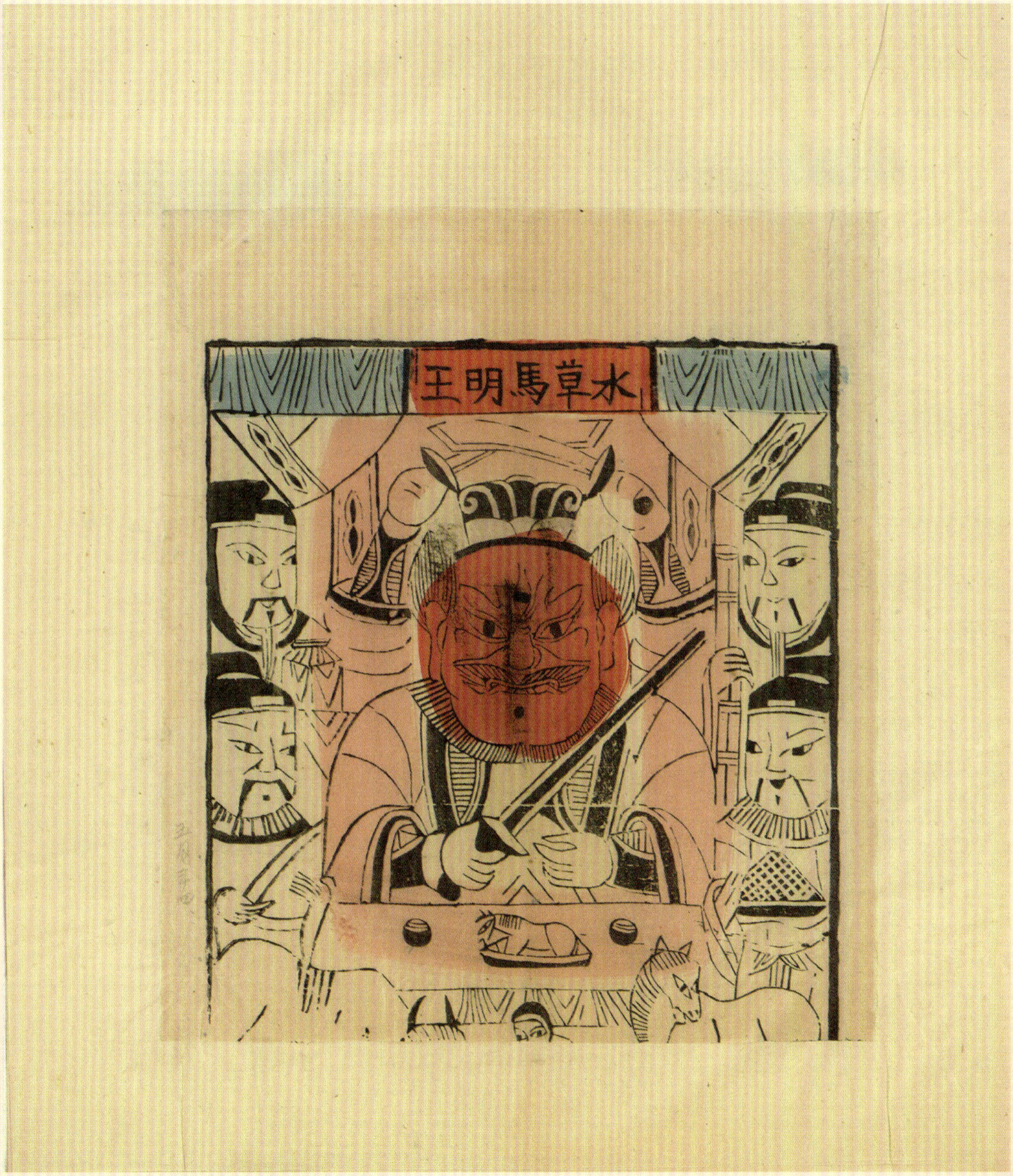

31cm × 28cm

马在古代社会中的地位非常重要，俗话说“天用莫如龙，地用莫如马，人用莫如龟”，因此对马神的祭祀也格外隆重。《周礼》载，“春祭马祖，夏祭先牧，秋祭马社，冬祭马步”，四时各有所祭之神，顺其时，各有蕃马之法。隋唐时期，以四时祭马神成为定制。明代洪武年间筑坛于后湖祀马祖诸神。清代上驷院、太仆寺营伍中以及蓄养车马人家，均于六月二十三日祭之。[1] 民国“都城内外骡车夫，皆醵钱以祭马王。是日车价昂至数倍，向客婪索，名曰‘乞福钱’”。[2]

六月二十三日祭马王。马王纸像纸店皆有售者，名曰请。请至则供于桌台，前列钱粮（即元宝、黄阡张）、蜡烛、香炉、水果、鸡鱼、羊头之类。官家祭祀，均在马号，不在正宅，与祭者皆为仆役牧卒。“盖每届此期，不仅为仆役等醉餍酒肉，照例要求主人发给银钱，以为置备祭品之需。至下午祀毕，所有供献酒肉果品，即由仆役享受，是名为供马王，实则赐宴仆御也。”民间养畜运货与有轿车之家，以及专倚车马为生者，几莫不视此祭祀为特要。磨面磨油的店铺也很重视马王的祭祀，只是典礼比较简单，“由各仆御等在供桌前烧香叩头后，即移请神码于庭，而焚诸门外，无论祭者或未与祭者，团团围坐，大享祭余”。[3]

1. [清]富察敦崇：《燕京岁时记》，北京古籍出版社，1981年，第71页。

2. 李家瑞：《北平风俗类征》（上），北京出版社，2017年，第136页。

3. 吕宗力、栾保群：《中国民间诸神》（上），河北教育出版社，2000年，第357页。

土地正神

土地正神又称福德正神、土地爷、土地公，
是民间信仰中的地方保护神，也是家宅六神之一。

土地神源于古代的“社神”。《公羊传注疏》曰：“社者，土地之主也。”[1] 古代帝王“为天下求福报功”而祭社，“人非土不立，非谷不食，土地广博，不可遍敬也；五谷众多，不可一一祭也。故封土立社，示有土也”。[2] 社神后来称为土地神，相传“土地日夜巡视其社，将民间善恶分别载入生死簿，以期报应”。[3]

晋代《搜神记》出现了具象的土地神人化原型：汉朝末年，秣陵尉蒋子文在钟山脚下追逐强盗战死。到了东吴初年，蒋子文的旧部看到他在路上“乘白马，执白羽，侍从如平生”，惊骇不已。蒋子文说道：“我当为此土地神，以福尔下民。尔可宣告百姓，为我立祠。不尔，将有大咎。”[4]

1. [汉]何休注，[唐]徐彦疏：《春秋公羊传注疏》，中华书局，1936年，第245页。
2. 冯克诚、田晓娜主编：《四库全书精编·子部》，青海人民出版社，1998年，第824页。
3. 岳庆林主编：《朱家峪》，齐鲁书社，2009年，第60页。
4. [东晋]干宝：《搜神记》，辽宁教育出版社，1997年，第31页。

31cm × 28cm

土地神的人物原型很多，也有很强的地方性，如周朝的张福德、唐朝的韩愈、宋朝的岳飞等等。洪迈的《夷坚志》记载了这样一则故事。江西都昌县人陈彦忠，为人乐善好施，仗义疏财。有河北来的调任官员路经此地，“无资财可行”，陈彦忠给钱百千作为川资，并让他一家老小住在家中，“待之如骨肉”。南宋乾道三年十月，陈彦忠得病而终。临死前一天，他托梦告诉父亲，“彦忠不得终养，兹受命为简寂观土地矣”。老父亲不以为然。但陈彦忠的儿子也梦到同样的话。一年以后，他的父亲和儿子再次被他托梦，说自己当土地爷一年了，土地庙仍无人修缮，下雨时自己“面目淋漓”，住得一点都不踏实，“四体无全肤”，请尽快修缮土地庙。第二天，陈彦忠的父亲和儿子立即前往土地庙，一看果然如此，才相信了托梦。祖孙二人将土地庙修缮一新。[1] 俗语有云：“土地爷，本姓张，有钱住瓦屋，没钱顶破缸。”

清代赵懿的《名山县志》中写道：“土地，乡神也，村巷处处奉之，或石室，或木房。有不塑像者，以木板长尺许，宽二寸，题其主曰某土地（也有用黄表纸写某某土地之神位）；塑像者，其须发皓然，曰土地公，妆髻者，曰土地婆，祀之纸烛、淆酒、雄鸡一。”[2] 土地神的形象通常是慈眉善目的男性老者，“白须、白发，笑容可掬、福态吉祥”，“官帽则是丞相帽或员外帽为主，帽檐两条布垂抵肩，一般穿着便服，面庞圆而丰盈，两眼微眯，露出慈祥的笑容”。[3] 土地婆则又称地母、后土娘娘，传说三月十八日是后土娘娘的诞辰日。

家庭对土地正神的祭祀至少在宋代已流行。杭州“至除夕，则比屋以五色钱纸酒果，以迎送六神于门”。[4] 相传二月二日为土地真君生辰，北京“城内外土地神庙，香火不绝，游人亦众，又有放花盒灯香供献以酬神者”。[5]

---

1. [宋]洪迈：《夷坚志》，卷五，“简寂观土地”，进步书局，1933年，第1页。
2. 转引自周作明：《中国起居图说2000例》，漓江出版社，1999年，第460页。
3. 朱艳丽：《从馆藏木雕土地神造像看民间土地神信仰习俗》，《文物天地》2016年第5期，第30页。
4. [宋]四水潜夫辑：《武林旧事》，浙江人民出版社，1984年，第47页。
5. 李家瑞编：《北平风俗类征》（上），北京出版社，2017年，第70页。

四直功曹

四直功曹是道教仙官，又称“直年直月直日直时四直功曹”，如神码所示，包括年直、月直、日直、时直四功曹。

四直功曹本名在道教文献中有不同说法。一说认为，“年直功曹飞天将李焕，月直功曹震天将郭炬，日直功曹驱雷将赵蒙，时直功曹炎将张炳”，四直功曹的咒符写道：“炎帝敕行，玄君禀令。急降圣力，合炁四正，李焕、郭炬、赵蒙、张炳。允契真符，翕然奉令。急急如律令。”[1] 还有一种说法认为，四直功曹有四大使者，分别为陈安、刘吉、孙德、张京，“四直功曹符”曰：“敕召玄天四直功曹陈安、刘吉、孙德、张京四大使者，准令急至。”[2] 关于四直功曹的装束，正如神码所示，四人基本一致，均有“弁冠、大袖、佩符”等特征。功曹在汉朝是州郡长官的助手，掌管功劳簿册，南北朝时改称为“功曹参军”或“司功参军”。

1. 《灵宝玉鉴》，卷八《道藏》（第10册），文物出版社，1988年，第195—196页。
2. 《法海遗珠》，卷四十六《道藏》（第26册），文物出版社，1988年，第1011页。

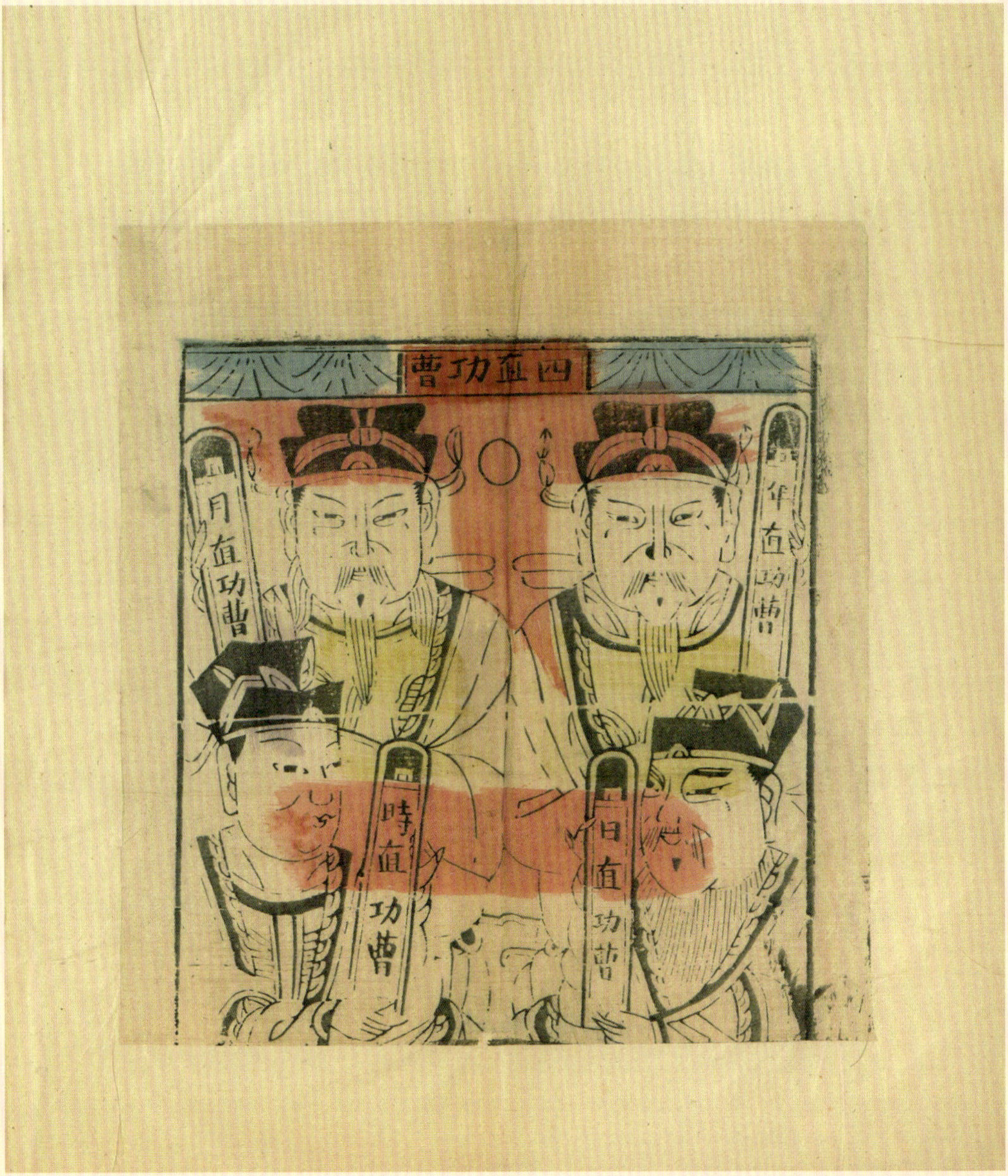

31cm×28cm

从功能上看，四直功曹也符合道教神祇法力多元的特点，有时承担传递文书的职责，[1] 有时又是监督降雨的仙官。北宋和明代道教文献中都记载了四直功曹传递文书的职能："四直功曹，上奏灵官。"[2] 又如，道符曰："今日今时，四直功曹使者，有功传此炉内心香。"奉请历代祖师、前代仙师等。[3] 至于后者，在民间的祈雨仪式中有四直功曹的身影。如山西朔州肖西河底村龙王庙的彩绘壁画《龙王出巡布雨图》中，在布雨五龙周围有风伯、雨师、雷公、电母以及督雨的四直功曹，在兴云布雨行为的监督层面，包括监管布雨时间的四直功曹、玉皇大帝的书判雨官，以及监管布雨范围的四眼天师。[4] 又如，清代广西《求雨表脚引》曰："启建祈求云雨道场祠堂，给出黄表脚引一纸，仰差当日四直功曹，各府天堂，水眼关出十分……急救五谷，赈济凡民。"[5]

小说《西游记》中也有关于四直功曹的记载。唐僧师徒四人来到比丘国，比丘国国王无道，任凭国丈妖言惑众，要拿小孩的心肝做药引子，以求长生不老。孙悟空一怒之下，"打个唿哨，起在空中，捻了诀，念动真言"，瞬间城隍、土地、真官、四直功曹、六丁六甲等神纷纷现身。[6] 这也应了四直功曹不是主神的身份。明代的劝耕礼中，有人穿着花绣衣帽，扮演四直功曹。[7] 北京有正月初一祭四直功曹的民俗。初一四更鸡叫后，"一家老小跪在佛爷面前，本家主人端着茶盘，上面放着盛茶水碗，上面放着一双筷子，把神疏放在上面，四直功曹，神码捧疏，用值符点着神疏叫值符引路，最后焚化神像，鞭炮齐鸣，叫发送天地纸"，[8] 意思还是让四直功曹发送公文，传递信息。

---

1. 姜守诚：《宋元道教科仪中的"直符"神》，汪桂平主编：《中国本土宗教研究》2022年第1辑，社会科学文献出版社，2022年，第168页。
2. 参见北宋的《玉音法事·请符使》和明代的《道门通教必用集》，转引自任宗权：《全真正韵导读》，宗教文化出版社，2020年，第144页。
3. 王振铎：《科技考古论丛》，文物出版社，1989年，第187页。
4. 苑礼：《华北地区龙王庙壁画中神灵世界的组织结构》，《西北民族大学学报》，2004年第5期，第146页。
5. 《广西瑶族社会历史调查》（第9册），《中国少数民族社会历史调查资料丛刊》，民族出版社，2009年，第443页。
6. [明]吴承恩：《西游记》，岳麓书社，1987年，第602页。
7. [明]刘侗、于奕正：《帝京景物略》，上海古籍出版社，2001年，第100页。
8. 《北京市非物质文化遗产普查项目汇编·平谷卷》（下），2007年4月，第425页。

天仙娘娘

天仙娘娘是娘娘码的主神，
又称天仙圣母碧霞元君、泰山玉女等。

道教将“东岳大帝”奉为泰山之神，掌管人间生死，而碧霞元君主宰人间生育，又是儿童的保护神。关于天仙娘娘的来历，有多种不同说法。其一，她本是汉明帝时期孙宁府奉符县石守道之女，天生早慧，七岁闻道法，十四岁入泰山黄花洞修炼，“元精发而光显”，成为碧霞元君。其二，她的前身为玉女，宋真宗到泰山封禅，池边洗手时池中忽然出现一石人，捞出后乃玉女石像。于是真宗在泰山建祠祭祀，封为“天仙玉女碧霞元君”。其三，天仙娘娘是黄帝手下的仙女，后追随西昆仑真人修行得道，成为碧霞元君。其四，天仙娘娘为石敢当的三女儿，玉皇大帝将其封为碧霞元君。其五，碧霞元君本为东岳大帝之女。不难看出，大多数天仙娘娘的传说都与泰山有关。后来人们又从碧霞元君的形象中演化出子孙娘娘、送生娘娘、瘢疹娘娘、眼光娘娘等。老北京供奉碧霞元君的庙宇有三十多处，七种称呼，分别是：娘娘庙、天仙庵、天仙庙、娘娘行宫庙、天仙娘娘庙、天仙宫，甚至还有天仙娘娘和关帝合祀的天仙关帝庙。[1]

1. 隋少甫、王作楫：《京都香会话春秋》，北京燕山出版社，2004年，第185—186页。

40cm × 36cm

供奉碧霞元君的金顶妙峰山娘娘庙，是北京、天津以及邻近地区广大信徒的圣地，其地位堪比山东泰山，只不过自然风光稍逊一筹。妙峰山娘娘的神迹很多，规模最大的庙宇是灵感宫，据说天仙娘娘的灵验神力归结为两个字——灵感，“大家说她是各路神仙之中最灵的”。如“有传言说，身体虚弱的病人来进香，上山时还得借助于手杖或双拐，到下山时，拐杖等助步工具全都不需要了”。“娘娘的神迹不仅仅表现在治愈疾病上，她还通过抽签把神谕印在纸上，告诉许多迟疑不决的信众怎样行动。人们都说娘娘的确有预示未来的神通，能指引每一个人如何掌握自己的命运。娘娘对广大信众的福佑还包括生意人如何赚取更多利润、夫妻如何避免琴瑟不调、不孕不育的男女如何喜得贵子。”[1]

除了寺庙供奉天仙娘娘外，民间还举行祭祀天仙娘娘的仪式。位于北京西部门头沟大山深处的三个村落——板桥、庄户和千军台，至今还保留着京西幡会的传统。京西幡会原名“天人吉祥圣会”，又名“天仙会”，所供奉的神灵以天仙娘娘为主，传承了十七代，至今已有四百多年的历史。“该幡会原由三村联办，会期为每年正月十四至十六三天，但现在我们能看到的是庄户、千军台两村在正月十五、十六主客轮流走会的形式。”幡会的组织者、表演者都是义务参加，分文不取。幡会仪式分为接神仪式、挂幡走会和送神归位。接神仪式有“供大表”、放鞭炮、演奏乐器等。大表是“在除夕这天写给祖灵与众神、邀其下界与凡人共度年节的‘邀请函’，在祖灵与众神降临后又成为供其附着的载体”，从除夕夜到正月初三凌晨供奉“大表”。挂幡走会包括挂幡起会、村内走会和联村表演等。初三早晨焚烧“大表”，称为“送大表”，意味着送神归位。[2]这样幡会就结束了。

1. 罗信耀著，罗进德译写：《旗人风华——一个老北京人的生命周期》，文津出版社，2020年，第91—92页。

2. 张士闪：《京西幡会：一个追求“天人吉祥”的联村仪式》，《民族艺术》2007年第3期，第44页。

子孙娘娘

子孙娘娘，又称“子孙圣母育德广嗣元君”[1]，“子孙保生元君”[2]，顾名思义，她既是送子的生育神，也是儿童的保护神。

古人有多子多福的传统观念，对子嗣繁衍极为重视，因此各地普遍流行子孙娘娘的信仰。如云南府城东岳庙内有子孙圣殿，正中供女神，次列女神十人，又次列男神八人；漳州子孙娘娘的神数为十二；广东东莞县城隍庙后殿内有十二奶娘神像，疑与漳州的子孙娘娘相同；福州东岳庙亦有十二女神的子孙娘娘。[3]

在广州的金花庙里，除了主神金花夫人之外，还供奉着多达二十位的子孙娘娘。她们分别是：保痘夫人胡氏、梳洗夫人张氏、教食夫人刘氏、白花夫人曹氏、养育夫人邓氏、血刃夫人周氏、转花夫人宁氏、送子夫人谢氏、大笑姑婆祝氏、剪花夫人吴氏、红花夫人叶氏、小笑姑婆黄氏、羊刃夫人苏氏、濑花夫人林氏、保胎夫人陈氏、教饮夫人梁氏、教行夫人黄氏、腰抱夫人万氏、栽花夫人杜氏以及送花夫人蒋氏等。这里的“花”指的是胎儿和婴儿。“白花”则指男孩，“红花”指女孩，“转花”指女转男。不难看出，众多的子孙娘娘分工细致，从投胎、怀胎、定胎、保胎，直到分娩、养育、吃喝、梳洗、行走、去病等生育情况无所不包。

---

1. 见于北京崇文门外药王庙娘娘殿子孙娘娘的牌位。
2. 见于天津天后宫子孙娘娘的牌位。
3. 徐杰舜主编：《汉族民间风俗》，中央民族大学出版社，1998年，第611页。

40cm × 36cm

天津天后宫凤尾殿中供奉的子孙娘娘中有两尊是双面神，一面慈眉善目，一面凶神恶煞。当送孩子投生时，这两位子孙娘娘笑脸相迎；等孩子降生时，子孙娘娘怕孩子不听话就恶脸相对，这样孩子由于害怕就能顺利降生。在天后宫，还有“拴娃娃”的民俗。天后宫道士们为前来求子的人们准备很多用泥捏成的娃娃。前来求子的妇女心照不宣地在祭拜后用红绳拴一个娃娃，偷偷带回家。如果真的事遂人愿，就会让新出生的孩子认泥娃娃为大哥。随着孩子年龄的增长，人们还会把这个泥娃娃送到手艺人那里，为“大哥”换上适龄的装扮。中原地区“拴娃娃”时，还有一路不许回头、心中默念提前给孩子取的名字等讲究。如果灵验，还愿时除了进献红布、幔帐等供品外，还要供奉100个泥娃娃，以便其他人“拴娃娃”。

相传三月二十日是子孙娘娘的生日，各地都有祭祀活动。如山西太原，三月“二十日，土人致祭子孙圣母等神于苗裔堂，演剧、赛会凡三日，远近丐子者献膳、献羊、献花烛匾额”。[1] 又如东北地区，“庙祝多买泥孩置佛座上，供人抢取，香火道人见有人抱泥孩，必向其索钱，谓之喜钱，抱泥孩者，谓之偷子。若偷子之人果因神助而得子，则需买泥孩为之披红挂彩，鼓乐送子原处，叫做还子。在东北吉林地区还有纸糊的娃娃，供求嗣者‘窃取’”。[2]

1. 文可仁：《中国民间传统文化宝典》，延边人民出版社，1999年，第147页。

2. 施立学：《关东岁时风俗论》，吉林文史出版社，1998年，第151页。

眼光娘娘

眼光娘娘，道教称为“眼光圣母惠照明目元君”，
是民间传说中能治愈一切眼疾的神祇，
过去的眼药铺多以眼光娘娘作为招牌。

眼光娘娘“手捧眼睛一只，患眼疾者，求之可早愈”。关于眼光娘娘的来历，有人认为她与泰山娘娘、送子娘娘是一神三身，“眼光娘娘和送子娘娘均是由泰山娘娘基本职司所衍化出来的形象”，山东金山建有西眼光殿，殿西有眼光泉，虎山则建有东眼光殿。[1] 也有观点则认为，《封神演义》中有云霄娘娘，是赵公明的妹妹，其法器中有“戳目珠”等，专伤敌人眼睛。[2] 还有观点认为眼光娘娘的原型是《封神演义》中的彩云仙子。赵公明被姜子牙射死后，三霄姐妹前往西岐替兄报仇。彩云仙子随三霄前往。彩云仙子的葫芦中装有宝物“戳目珠”，她摔珠先后打伤黄天化和姜子牙，最终被哪吒刺死。姜子牙对她十分忌惮，并没有给她封神。但民间害怕彩云仙子伤人眼睛，奉其为眼光娘娘。“这与供奉行瘟的五瘟使者为瘟神的道理是一样的。”[3] 眼光娘娘的神职范围包括：消眼疾，察民情，明是非，辨善恶。[4]

1. 刘慧主编：《泰山岱庙文化》，山东人民出版社，2019年，第212页。
2. 王树村：《塑神秘谱》，北京工艺美术出版社，2008年，第138页。
3. 申飞雪：《白云山诸神》，陕西旅游出版社，2014年，第329—330页。
4. 高惠军、陈克整理：《天后宫行会图校注》（下），天津古籍出版社，2017年，第449页。

40cm × 36cm

道教和佛教中的眼光娘娘，都作为碧霞元君第一助手，是除天仙娘娘之外地位最高的娘娘神。“而事实上，从一些寺庙所供奉的神牌来看，眼光娘娘的神位，常被安放在主神的左边。”作为治疗眼病的女神，眼光娘娘是供奉在庙里的医神。眼光娘娘的驱病符箓来自《轩辕黄帝祝由科》一书。书中搜罗了治疗眼疾的处方，包括眼中重影、眼睛疼痛、眼结膜炎、眼睑炎等。[1]

天津的“娘娘会”祭典中，眼光娘娘的祭祀人气很旺，“眼光娘娘出巡驾到，街市巷口一路上面，无数男女，老老少少，大大小小，都来捧香接驾，祝告眼光娘娘”，“眼光娘娘宝辇驾前，香烟缭绕，烟气冲空多高，香火霞照多远。临起人等迷眼，神圣感应有多大”。为何民众在众娘娘神中这么重视眼光娘娘呢？《祭典祝词》中道出了原因，“世上为人，谁不发眼灾难，几日为人，谁不用眼睄看，眼是头行”，“人无二目，从人算瞎了”，“为人谁不怕瞎眼”。因此烧香奉敬眼光娘娘，“这些人们又怕发眼，又怕害眼，害怕瞎眼”，都来接驾，人等多多，来还心愿跪接。于是在眼光娘娘宝辇驾前，香烟缭绕，“烟气冲空多高，香火霞照多远”，当娘娘宝辇上肩起驾前行时，此时烧香的人们被香烟、香灰迷眼，民间讲究这是神灵感应，“预示着眼疾得以康复，乃是幸事”。[2]

山东泰山碧霞祠东配殿面阔三间，铁瓦覆顶，殿内供奉有眼光娘娘，“朝拜眼光娘娘，可求耳聪目明，心明眼亮”。[3] 无独有偶，北京丫髻山亦存眼光娘娘殿，该殿面阔三间，坐西朝东，“相传为戏楼式建筑”。[4]

---

1. 禄是遒：《中国民间崇拜》第10卷，《道教仙话》，上海科学技术文献出版社，2014年，第44—45页。
2. 高惠军、陈克整理：《天后宫行会图校注》（下），第447—449页。
3. 丁本强编：《全泰山楹联》，中国国际广播出版社，2021年，第151页。
4. 北京市平谷区文化委员会编：《畿东泰岱——丫髻山》，北京燕山出版社，2008年，第6页。

催生娘娘

催生娘娘，顾名思义，
是催生婆的行业神，属于掌管女性生育的神祇。

“那些处于临产期的妇女，点着蜡烛，烧着高香，去祭拜她们心目中的催生娘娘。”在民间庙宇的公共祭祀活动中，催生娘娘与观音菩萨或眼光菩萨时常放在一起祭祀，这一习俗已变得越来越广泛。本图的催生娘娘神码与前述娘娘码在构图上无太大差别。然而，民间流传的一幅催生娘娘像中（见左图）[1]，她的形象却充满寓意，逼真生动。催生娘娘左手抱着孩童，右手持桂花。怀中的孩子右手握笙，左手握莲花，有“连生贵子”的寓意。“催生娘娘的禀赋和神性，常在人间或以各种显要妇人的面目显现”，如催生娘娘的原型据说是财神赵公明的妹妹等。[2]

1. 禄是遒：《中国民间崇拜》第10卷，《道教仙话》，上海科学技术文献出版社，2014年，第17页。

2. 禄是遒：《中国民间崇拜》第10卷，第46页。

40cm × 36cm

山东枣庄、重庆丰都等地都流传有催生娘娘的故事。年轻媳妇桂英在生头胎时难产而死，在地府成了难产鬼。时间久了，她思念人间，希望重返人世。她和一位老鬼卒讲了自己的心愿。老鬼卒说："你生前并无多少罪孽，投生可以，但必须自找出路。"桂英问道："出路如何找法？"老鬼卒说："每到天黑你就出去看哪家妇人生孩子，只要不让她生下来，你就可以取替身超生人间了。"桂英晚上四处游荡，发现一个年轻孕妇果然在生孩子。只见孕妇在床上痛苦挣扎，满头是汗，怎么使劲也生不下来，没多久就昏迷过去了。桂英来到床边，只要她卡住产妇脖子，超生的心愿马上就能实现。不料孕妇突然睁开双眼，向她投来哀求的目光。桂英心中不忍，想到自己遭遇的不幸，于是帮助孕妇顺利生产。桂英回到地府，把情况如实告诉了老鬼卒。老鬼卒笑道："你不害别人，自己怎么能超生呢？"桂英决心下次不再手软了。过了几天，桂英再次遇到一个难产的孕妇。妇人怀的是个倒胎，生了两天两夜还没生出来。接生婆对产妇的婆婆说："大人和孩子只能保一个。"窗外的一个男子哭求道："婆婆，我求求您，大人也要，娃娃也要呀！"桂英见到这一家人的惨状，心又软了。她帮着接生婆把孩子顺利生了下来。接生婆感到非常奇怪，忙让这家人烧了三根香，化了两串钱，泼了一碗水饭。桂英正在高兴之际，忽然发现天已经亮了，来不及回鬼门关，于是变成了游魂野鬼。从此，桂英整夜四处游荡，帮助那些难产的孕妇。阎罗王知道她的事迹后，晋封她为"催生娘娘"。[1]

孕妇临产的月份叫达月，娘家必须在达月送礼物以示催生。催生礼一般包括衣服和食物。衣服是婴儿出生后所穿的衣服、鞋帽、包被甚至尿布等。食物包括鸡蛋、红糖、桂圆、核桃等。由于催生礼物很多，需要用担来挑，所以有的地方直接称为"催生担"。如果遇到孕妇难产的情况，婆家要行催生礼，为孕妇解六甲，用鸭蛋十二枚，焚化元宝、冥襁，以求神明庇佑母子平安。[2]

1. 姜彬主编：《中国民间文学大辞典》，上海文艺出版社，1992年，第348页；肖岚：《鬼城传说》，内蒙古文化出版社，1994年，第78—80页。
2. 徐杰舜主编：《汉族民间风俗》，中央民族大学出版社，1998年，第633页。

送生娘娘

送生娘娘，顾名思义，
是福佑民间求子的神祇。

学者指出，中国社会的送子神是一个多元而不确定的神灵，由于中国信仰的模糊性和实用功利性，只要能满足人们得子的愿望，“任何一位神灵都可被奉为送生娘娘或送生爷爷，都能得到求子的香火”。[1] 可见，送生娘娘是庇佑求子的女性神灵的统称。高禖被认为是最早的送生娘娘。每逢仲春时节，两汉、晋、北齐、隋、唐等朝帝后都设坛庙祭祀高禖。如汉武帝二十九岁才得太子，“甚喜，始立高禖之祠于城南，祭以特牲。后汉因之，祀于仲春之月”。高禖是上古时期五帝之一高辛氏的媒官嘉祥，她化身为玄鸟，遗卵后商的始祖简狄受孕生子，“变媒言禖，神之也”。北齐时期，皇帝亲率后宫“以太昊配而祀高禖之神，以祈子”。民国山东《莱阳县志》载，“凡子女初生……设祭于房，由产婆奠酒焚楮，谓之谢送生神，即高禖也”。[2]

1. 秦永洲：《山东社会风俗史》，山东人民出版社，2011年，第543页。
2. 秦永洲：《山东社会风俗史》，第544页。

40cm × 36cm

图1

云南省陆良县存有《送生娘娘》的纸码（参见图1、图2）。如图1所示，送生娘娘的肩上、怀中以及身边有六个婴儿，“颇像现今托儿所的保育员”。这些孩子是娘娘送去投胎的，送给那些渴望拥有孩子的妇女。图2则是云南白族地区的神码。图中可见，本主娘娘是本村的保护神，在神码中送生娘娘与本主娘娘合二为一，将送生娘娘视为本主，反映出对村落人丁兴旺的重视。[1]

图2

天津天后宫的行会仪式中，送子娘娘是人们热衷祭祀的神灵。当送生娘娘的宝辇经过时，“有本身求儿的著香接驾跪门口的，有替儿媳妇求孙男弟女的，著香接驾跪墙根祝告娘娘。有老娘她闺女出门子，闺女早晚坐月子，临盆的日期求送生娘娘保护”。她们嘴里念叨着：“送个小小子来，分娩好，快当当的吧。”送生娘娘一路之上每逢驾到，瞧吧瞧吧，净是这些老少奶奶，都是高声祝告，念诵多多。会中人们只管听见，都也不笑，都也不说话，耳朵内都听腻了。[2] 俗话说，属送子奶奶的——两个脸。[3] 此言不虚，送生娘娘前后两张面孔，前为善相，后为恶相。据说她在送胎儿投生后，转身回宫便露出恶的面相，怕的是婴儿舍不得离开她，要闹着跟她回宫。当婴儿看到了这副恶面孔后，只好去投胎。送子娘娘转身走时还要拍打婴儿的屁股，也是为了吓唬孩子赶快投胎。所以孩子出生时哇哇大哭，有的屁股上还留下一块被送生娘娘打的胎记。[4]

四月初八是浴佛节，同时也是祭拜送生娘娘的日子。求子的家庭会在这一天祭祀送生娘娘，不少地方都有“拴娃娃”的风俗。山东泰山地区还有押子的习俗。人们在树上放一块石头，拴上红线，以求吉利得子。[5]

1. 张道一：《纸码：心灵的慰藉》，山东教育出版社，2018年，第290页。
2. 高惠军、陈克整理：《天后宫行会图校注》（下），天津古籍出版社，2017年，第402—403页。
3. 戴其晓编著：《古今中外人物歇后语大全》，上海大学出版社，2007年，第351页。
4. 高惠军、陈克整理：《天后宫行会图校注》（下），第404—405页。
5. 白虹编著：《二十四节气知识》，百花文艺出版社，2019年，第218页。

奶母娘娘

奶母娘娘是民间信奉的保佑妇女妊娠期奶水充足的神祇，“妇人奶少必求于奶母娘娘前，此为妇人生产后，多不能免之一事例也”。[1] 而与奶母娘娘相近的乳母娘娘则是专管雇用奶母奶水质量的神祇。在天津的天后宫，娘娘神像从一尊演变为九尊，这反映出“中国民间的造神心理全从切身需要出发，有一种需要，就造出一种神来”。[2]

云南大理本主庙子孙殿塑像

（从左至右分别是送子娘娘、王母娘娘、奶母娘娘）

奶母娘娘也与“拴娃娃”的民俗有关。天津、安徽、东北等地想生孩子的妇女到庙中“请”回一个泥娃娃，称为“娃娃大哥”，生下来的孩子则排行第二。“从前天津小孩称‘二哥’，老人称‘二爷’的最多。”娃娃大哥每年到庙里换一次，其造型看起来要比上一次请回来的大一些，表明娃娃大哥也在逐渐长大。东北地区的“拴娃娃”则是纸糊的。[3]

1. 罗养儒撰，李春龙整理：《纪我所知集：云南掌故全本》，云南人民出版社，2015年，第195页。
2. 冯骥才：《摸书》，陕西人民出版社，1993年，第391—392页。
3. 王兆祥等：《中国神仙传》，山西古籍出版社，1995年，第364页。

40cm × 36cm

云南大理“莲池会”会在孩子周岁的时候祭祀奶母娘娘。祭祀仪式如下：孩子母亲把全猪、全鸡、鱼以及素菜祭品敬放在本主庙正殿的正坛前，孩子姥姥将三道表文分别放在各位神灵塑像坛前，点好蜡烛，添好香油，开始祭祀活动。在姥姥的指导下，孩子母亲在正坛前磕三个头后，把本主表文拿到手中，将表文直立，写有本主名讳的正面向外，然后把点燃的金银纸放在表文的上方，表文也随之燃烧起来。孩子姥姥喊道“点火升炮”，“震耳欲聋的炮仗就在本主庙里的院子里响起”。表文烧着，孩子姥姥口念经文，不停地祝告。孩子母亲“上表”时，表文时不时地会来一个“火炸”，那是村里人认为的灵验。每次“火炸”，孩子姥姥都会念念有词“再给一次，再给一次”，表文上完，姥姥说：“本主的这道表文上得好，有三次‘火炸’呢！”正坛祭完，再来子孙殿祭娘娘。子孙殿的三位娘娘都是吃素的，不得沾荤腥。孩子姥姥跪在台槛上，念道：“王母娘娘、子孙娘娘、奶母娘娘，今天是何氏门宗的‘小花童’满一岁，过来感谢您们，还是一直打着您们的金伞，喝着您们的蜜水，自从今天感谢您们之后，还是请您们继续看顾他，让他顺顺利利越长越大，一年有了十二月，月月保平安！”[1]

奶母娘娘有时也的确是对奶母本人的祭祀。在吉林白城，一户陈姓人家供奉的祖宗牌位上写着“奶母娘娘芮氏之位”。“破四旧”时期，陈家儿子带领同学砸毁了奶母娘娘的牌位。父亲见状，“脸都气白了，眉毛也竖立起来，气急败坏地朝我挥起手”，愤怒的眼神瞬间含满了泪水。据《陈氏家谱》记载，始祖陈迪曾是建文帝时期的礼部尚书。朱棣发动靖难之役，陈迪坚决抵抗，全家老小遇难。当时陈迪有一个刚生下五个月的儿子叫陈珠，奶妈芮氏冒着危险把他从花园的猫道中传递出去。芮氏带着陈珠隐姓埋名，从南京逃到蓬莱，终身未嫁，将其抚养成人。芮氏后来被陈家奉为“奶母娘娘”。[2]

1. 张翠霞：《神坛女人：大理白族“莲池会”女性研究》，中央民族大学出版社，2015年，第219—221页。

2. 《白城文史资料》（第12辑），2015年，第291—295页。

瘢疹娘娘

瘢疹娘娘，又称斑疹娘娘，亦称“斑疹圣母保佑和慈元君”，是民间掌管小儿疾病的神祇。

古代最致命的疾病之一是天花，又称痘疹，因此在瘢疹娘娘的基础上又发展出专门的痘疹娘娘。由于瘢疹娘娘掌管小儿疾病，儿童患病痊愈后很多家庭会去娘娘庙焚香酬神。

关于瘢疹娘娘的形象，在年画中均为年长女性，“头戴冠饰，身着华服，手持朝圭或手捧豆子，也有手拿治病药草的，有时在娘娘额头正中有一粒圆如豆子、象征痘疹的饰物；娘娘身旁跟随两名或四名侍从，或垂手站立，或手持豆子、葫芦等物”，这些侍从都是帮助祛痘的神仙，如“散花郎君”“痘疹使姐”等。[1] 天津天后宫的瘢疹娘娘左手持一莲蓬，上面有许多斑点，代表天花。身旁立有散行痘疹童子和散行天花仙子。[2] 本幅瘢疹娘娘神码的构图与其他娘娘基本相同，并未反映出其自身的特点。

---

1. 陈红彦主编：《年画故事》，上海远东出版社，2017年，第79—80页。
2. 高惠军、陈克整理：《天后宫行会图校注》（下），天津古籍出版社，2017年，第438页。

40cm × 36cm

在古代，天花是致命性的传染病，也是威胁儿童生命的主要疾病之一。据统计，“仅仅18世纪的100年间，欧洲死于天花的人高达1.5亿”；在美洲，2000多万的原住民经过100年之后仅存100多万。[1] 而在我国清朝时期，顺治皇帝、豫亲王多铎、同治皇帝都死于天花。著名的千古一帝——康熙帝年少时染上天花，却能从疾病中逃生，对他继承皇位有很大的影响。古人在与天花做斗争的过程中，也总结发展出如《痘疹精言》《痘疹类编释意》等医学书籍。尽管如此，人们对天花等传染病还是充满恐惧，对痘疹神祇诸如痘神、瘢疹娘娘、痘疹娘娘的信仰崇拜表现出极大的热情，香火极盛。小说《红楼梦》中巧姐得了痘疹，王熙凤让人“打扫房屋，供奉‘痘疹娘娘’”。据《三教九流搜神大全》记载，痘神名张健，唐武则天时期人氏。传说武则天强征民间美少年入宫，张健以痘疫流行无人中选为借口抗命。后来人们为了纪念他，立祠祭祀，“玉帝也封他为司命之官，让他兼理痘疫”。[2] 当然，后世流传的民间保护神主要还是瘢疹娘娘和痘疹娘娘，北方各地的奶奶庙和娘娘庙中都供有她们的塑像。

每年的八月初二是道教祭祀瘢疹娘娘的日子。[3] 在天津的天后宫，过去每年都举行隆重的瘢疹娘娘行会活动。“三驾宝辇圣位，斑疹娘娘驾到，街上檀香烟气缭绕，灯光交辉。那些接驾的奶奶，谁不亲近感念斑疹娘娘。”祷文唱道：“谁家无有婴儿孩娃男女，托递过去，当差出花。生疹之关口，瘟疫谁不多多的请香烧……大家都怕斑疹娘娘于小孩他送不好花，谁不多烧香来，全为的是赏把好花，轻熟差事，娘们的勾当，都还拦不住他。”在《天后宫行会图》中，十道还愿会中有七道与“小孩娃当差”出天花有关，[4] 可见民间对瘢疹娘娘信仰的重视。

1. 张惠：《毫端蕴秀——读懂红楼不是梦》，海峡文艺出版社，2020年，第192页。
2. 段振离：《医说红楼》，新世界出版社，2003年，第198页。
3. 赵益、王楚：《抱朴归真：道教的修炼》，江苏人民出版社，2017年，第200页。
4. 高惠军、陈克整理：《天后宫行会图校注》（下），第436、438页。

卷四 祭礼纸样

挂千者，用吉祥语镌于红纸之上，长尺有咫，粘之门前，与桃符相辉映。

祭礼纸样

“祭礼纸样”，青木正儿题注“大正十五年二月辑”，即1926年2月，
该画册收录挂钱、门神、佛界神码、升官图等二十一幅，
落款为青木正儿的私人藏章“守拙庐藏书印”。
这一画册是青木正儿在北京留学期间购买或收藏的。

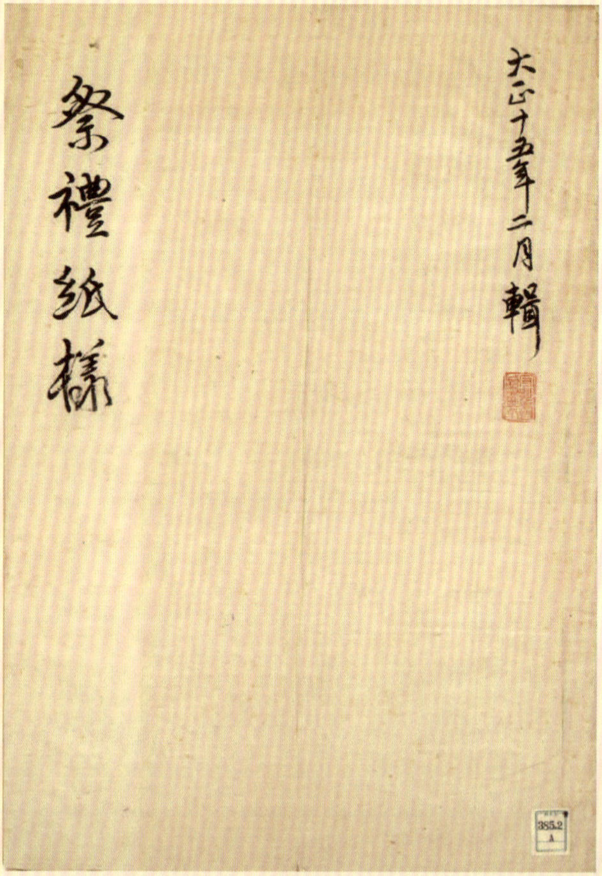

挂钱“福”

挂钱是北方民间的一种剪纸艺术，
也称“挂签”“门笺”“门钱”“吊笺”“吊千儿”等。

所谓挂钱，顾名思义，剪纸图案多为古钱的形状。过春节时，各家用五色彩纸，剪成长约40厘米、宽约25厘米不等的纸块，中间镂刻云纹字画，如“福”“寿”“四季平安”等字样，下端剪成犬牙穗头，悬挂于门窗横额、室内大梁等处。《燕京岁时记》载，“挂千者，用吉祥语镌于红纸之上，长尺有咫，粘之门前，与桃符相辉映”。挂钱除春节所用外，寺庙也将其作为装饰品，“其上有八仙人物者，乃佛前所悬也”。挂钱民户多用之，世家大族鲜用之者。商铺所用挂钱称“小挂钱”，“其黄纸长三寸，红纸长寸余者，曰小挂千，乃市肆所用也”。[1] 北京旧俗，腊月初十以后街市开始卖“卫画、门神、挂钱、金银箔、锞子黄钱、销金倒酉、马子烧纸、玻璃镜、窗户眼”等年节用品。[2] 青木正儿在北京留学时恰逢春节，看到家家户户大门上挂钱数枚，“用红、绿、紫各种色纸刻上‘福’‘四季平安’‘五福临门’‘天官赐福’等吉祥文字”。[3]

---

1. [清]富察敦崇：《燕京岁时记》，北京古籍出版社，1981年，第98页。
2. [清]潘荣陛：《帝京岁时纪胜》，北京古籍出版社，1981年，第38页。
3. [日]青木正儿：《竹头木屑》，[日]内藤湖南、[日]青木正儿著，王青译：《两个日本汉学家的中国纪行》，光明日报出版社，1999年，第126页。

51.5cm × 31cm

挂钱的历史久远，据说最初与驱赶年兽的习俗有关。挂钱颜色鲜艳，在空中飘动可以刺痛年兽的双目。民间还流传着姜太公妻子与挂钱的故事。姜太公分封诸神完毕，他的妻子也要封赏，太公遂封她为“穷神”，无论到谁家，都让他们破财败家。姜太公怕妻子不分青红皂白，误入穷苦人家，告诉她只能光顾门第豪华的宅院，如果门脸儿破败，便不准进入，此谓“见破不入”。太公封妻子为“穷神”的事情传出后，富豪之家纷纷把破布烂麻挂在门上。这就是“吊千儿”习俗的由来。后来人们觉得破布不雅观，就用帛、纸剪成穗子取代。后来人们在除夕贴挂钱，并不怕夜风把挂钱吹烂，而是任其大呈破败之象，也是应“穷神”拒穷迎富的古意。[1] 有学者认为，挂钱习俗源于唐宋时期的“幡胜”。每逢立春，人们用银箔和罗彩剪成饰物或小幡，戴在头上或系在花下，互相赠送，用以迎春。[2] 南宋都城临安自十月以来，朝天门内外竞售春贴、幡胜之类，为市甚盛。[3] 后世的挂钱由中心花纹（亦称“膛子”）、边框和穗子三部分组成，“有的直接用金银纸或剪或凿出方孔铜钱的样子贴在门楣上”，也有的贴在影壁墙上或是鸡舍、猪舍等处。喜事贴的挂钱都是红色，丧事贴的都是蓝色。[4]

门上张贴的挂钱一般是一排五张，也有些地方每门贴两到三层。其色彩“华而不侈，颜色各异，由左至右次第为头红、二绿、三黄、四水（小红）、五蓝（或紫）”，形状“呈长方形，长约一尺，宽约七寸，四周镌有图案，镂空的背饰有方孔钱纹、万字纹、水波纹等”。上额为小字吉语横幅，中为“迎春接福”“大吉大利”之类的大字吉祥语或吉祥图案，下额为各种穗状纹饰。[5]

1. 李江：《中国传统福文化研究》，中国轻工业出版社，2019年，第115页。
2. 郝铭鉴、孙欢主编：《中华探名典》，上海锦绣文章出版社，2014年，第857页。
3. [宋]四水潜夫辑：《武林旧事》，浙江人民出版社，1984年，第47页。
4. 柳建明：《收藏的意趣》，青岛出版社，2021年，第134页。
5. 李江：《中国传统福文化研究》，第116页。

挂钱“四季平安”

43cm×28cm，水色（小红）挂钱，两侧有“位列上中下，才分天地人”字样，上额“平安”，中为“四季平安”

42cm×29.5cm，水色（小红）挂钱，两侧有“位列上中下，才分天地人”字样，上额“平安”，中为“五福临门”

挂钱“天官赐福”

42cm×28cm，绿色挂钱，中有“天官赐福”字样

43cm×28cm，绿色挂钱，两侧有“位列上中下，才分天地人”字样，上额“平安”，中为“四季平安”

挂钱“寿星”

52cm × 30cm

52cm × 30cm，吕洞宾（右）与韩湘子（左）

挂钱“八仙人物”

52cm×30cm，张果老（右）与汉钟离（左）

52cm×30cm，铁拐李（右）与曹国舅（左）

挂钱“八仙人物”

52cm×30cm，何仙姑（右）与蓝采和（左）

门神

门神最早的雏形是“桃符”，
“爆竹一声除旧，桃符万户更新”。

桃符是什么呢？原本是画着或者刻着神荼、郁垒二神像的桃木板，或者写着两个神名字的桃木板。后来神荼、郁垒所表示的门神图像演变为绘画其他武将。“门神被印刷在漂亮的纸上，贴在门的两边，暗含出将入相的吉祥之意，画上气势威武的将军、气度非凡的文官的模样，将武神（黑脸）和文神（白脸）饰在门口。”[1] 宋代作为门神的两位将军是唐太宗的功臣秦琼和尉迟敬德，历史上的名将，比如众所周知的关羽、岳飞、投笔从戎的班超、抗击倭寇的戚继光、收复台湾的郑成功，还有女中豪杰花木兰、梁红玉，都是常见的门神形象。武将门神之外，常见门神还有捉鬼的钟馗。《逸史》记载，唐高祖时，钟馗应举不第，触阶而死。后来唐玄宗梦到小鬼盗玉笛，一大鬼破帽蓝袍捉鬼啖之。玄宗问之，对曰：臣终南山进士钟馗也。蒙赐袍带之葬，誓除天下虚耗之鬼。乃命吴道子图象，传之天下。明代的李时珍对这个故事不以为然，认为因画中“神执一椎击鬼，故亦名钟馗。好事者因作钟馗传，言是未第进士，能啖鬼，遂成故事，不知其讹矣”。[2] 除了“驱鬼辟邪”的门神，还有“祈福迎祥”的门神，常见的形象有文官五子门神、财神门神等。

---

1. [日]青木正儿编图、[日]内田道夫解说，张小钢译注：《北京风俗图谱》，东方出版社，2019年，第7—8页。
2. [明]李时珍：《本草纲目》（金陵本），第16册，中国医药科技出版社，2016年，第4166页。

57cm × 34cm

在门前置桃符的风俗，可以追溯到两千年以前的汉代。东汉王充的《论衡》中有云：“上古之人，有神荼、郁垒者，昆弟二人，性能执鬼，居东海度朔山上，立桃树下，简阅百鬼。鬼无道理，妄为人祸，荼与郁垒缚以卢索，执以食虎。故今县官斩桃为人，立之户侧；画虎之形，著之门阑。夫桃人，非荼、郁垒也；画虎，非食鬼之虎也，刻画效象，冀以御凶。”这段话是说上古时候的神荼、郁垒两人亲如兄弟，有能捉鬼的神通，住在东海的度朔仙山之上，山上有巨大的桃树，这两人就站在桃树下观察百鬼。如果有鬼作恶，对人不利，两人就用芦苇做的绳子将其绑起来喂虎。所以县官把桃木做的人形立在门边，在门框上画上老虎图案，希望借用这样的方式来御凶。那时的民众，除了贴桃符，还有挂苇索（苇草编成的绳索）、画虎的习俗，到南北朝时，又增加了画鸡。（在中国的传统文化中，鸡被视为灵物。鸡鸣报晓，鬼怪避之，鸡吃毒虫，剪除五毒，古人将农历正月初一这个最大的日子定为鸡日。而且“鸡”又与“吉”谐音。）青木正儿认为：“到近世桃符完全发展为春联，二神像用纸印刷，成为门神，贴在门扉。现在门上的吊钱就是苇索的变形，将纸剪成网状，还残留着几分昔日绳子的影子。”[1]

---

1. [日]青木正儿：《竹头木屑》，[日]内藤湖南、青木正儿著，王青译：《两个日本汉学家的中国纪行》，光明日报出版社，1999年，第128页。

门神（左）

57cm × 34cm

门神（右）

57cm × 34cm

钟馗门神（左）

52cm × 29.5cm

钟馗门神（右）

52cm × 29.5cm

神码·天地三界十八佛诸神

"天地三界十八佛诸神"是传统春节祭祀的常用神码。所谓三界，指的是天界、地界、水界。

除夕之夜，家家户户接神下界，祭祀过程中，必不可少的神码之一就是"天地三界十八佛诸神"，这是"一张用大幅黄毛边纸木刻水彩印的全神码"。[1] 在东北，店铺也有祭祀"天地三界十八佛诸神"神码的风俗。正月初一到初五大多不营业，"街上的铺户都上起护窗板，只有一些油盐米粮店在门板上留一小洞对外营业"。正月初六，一些店铺开始营业，谓之"开市"。掌柜的带领众伙计要向神码"天地三界十八佛诸神"上香叩头，然后将神码、"钱粮"和香根请到当街，放在芝麻秸、松木枝架上焚烧，谓之"送神"。[2]

1. 马汉臣编著：《农村节日礼俗》，山西经济出版社，2009年，第10页。

2. 施立学主编：《东北年节》，吉林文史出版社，2014年，第30页。

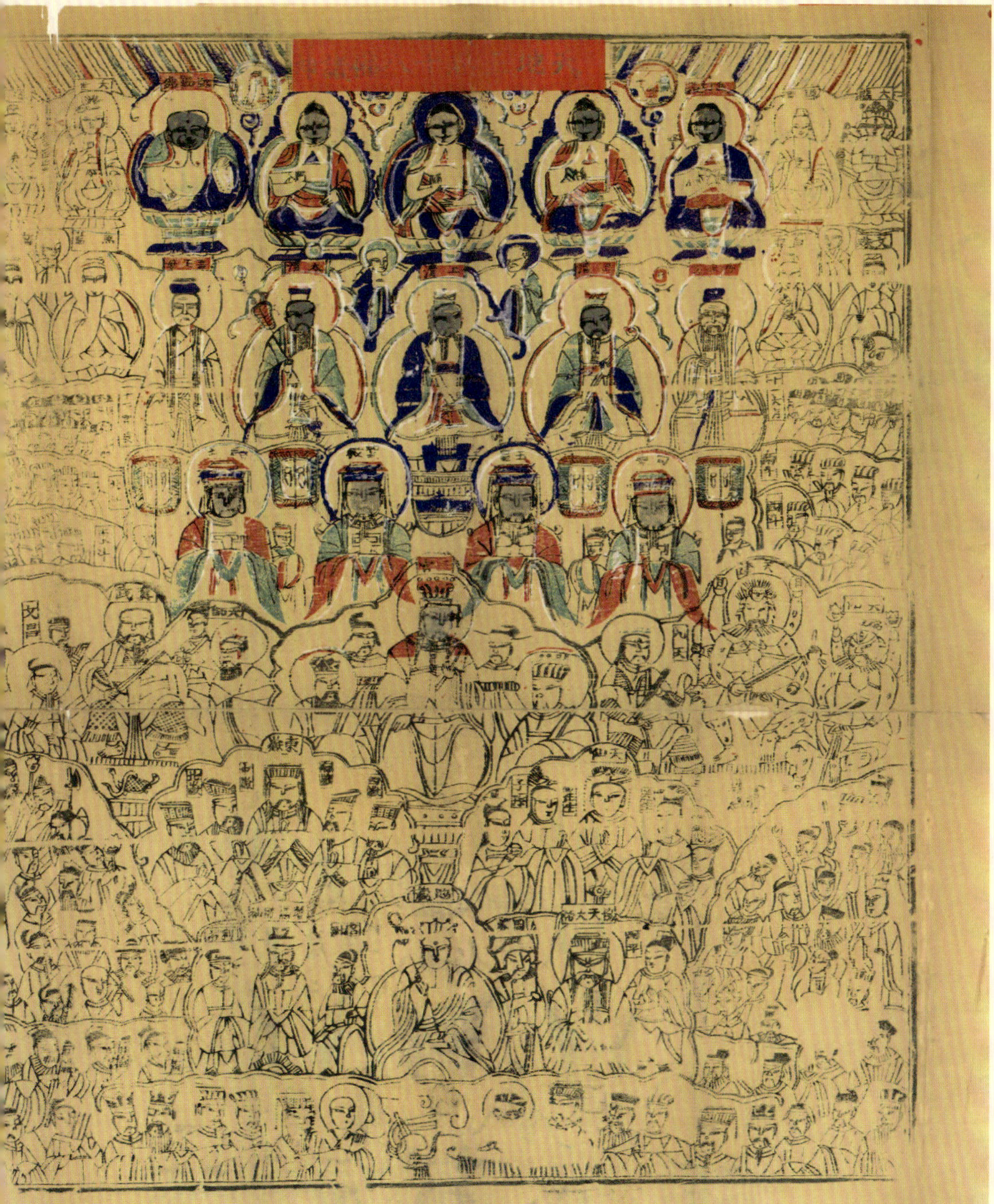

87cm × 73cm

关于天地全神的另一幅神码是“天地三界十方万灵真宰”，也称为“天地码”或“天地神”。所谓十方，指的是东方、西方、南方、北方、东南方、东北方、西南方、西北方、上方和下方。万灵真宰，指的是数以万计的各路神仙和主宰之神。这张神码是“纸码神仙最全也是最空的，因为主要用牌位概括了”。[1] 北方春节祭神，“各家多在天井中摆一张方桌，用秫秸箔围三面，扎牢；在顶上盖一张竹帘或芦苇帘子，便成为一个朴素简洁的临时神龛”。[2]“秫秸箔”是用高粱秸秆做的。在这个临时神龛里面贴上“全神纸码”，摆上香炉供品祭祀。除夕请神，初一祭神，初三或初五送神，都会焚烧“天地三界十方万灵真宰”神码。“焚化‘全神’是一年中敬神烧纸码的开始”。[3]

上述的两张神码各地需求广泛，因此南北方的年画中都有刊印。有些地方的“天地三界十方万灵真宰”神码中有神仙画像。如河南朱仙镇年画中，神码有四层画像，每层都有不同的佛道神像。第一层为释迦牟尼、药师佛和阿弥陀佛；第二层是道教元始天尊、太上老君；第三层是玉皇大帝，左右为天宫将帅；第四层是关帝圣君，周仓、关平分立左右。在山东潍坊年画中，神码有五层画像，正中间是玉皇大帝，下面两层为他的部下，在他之上的两层则是佛道诸神。[4]

---

1. 张道一：《纸码：心灵的慰藉》，山东教育出版社，2018年，第142页。
2. 张道一：《纸码：心灵的慰藉》，第144页。
3. 张道一：《纸码：心灵的慰藉》，第145页。
4. 王辉编著：《中国古代年画》，中国商业出版社，2015年，第99—100页。

57cm × 34cm

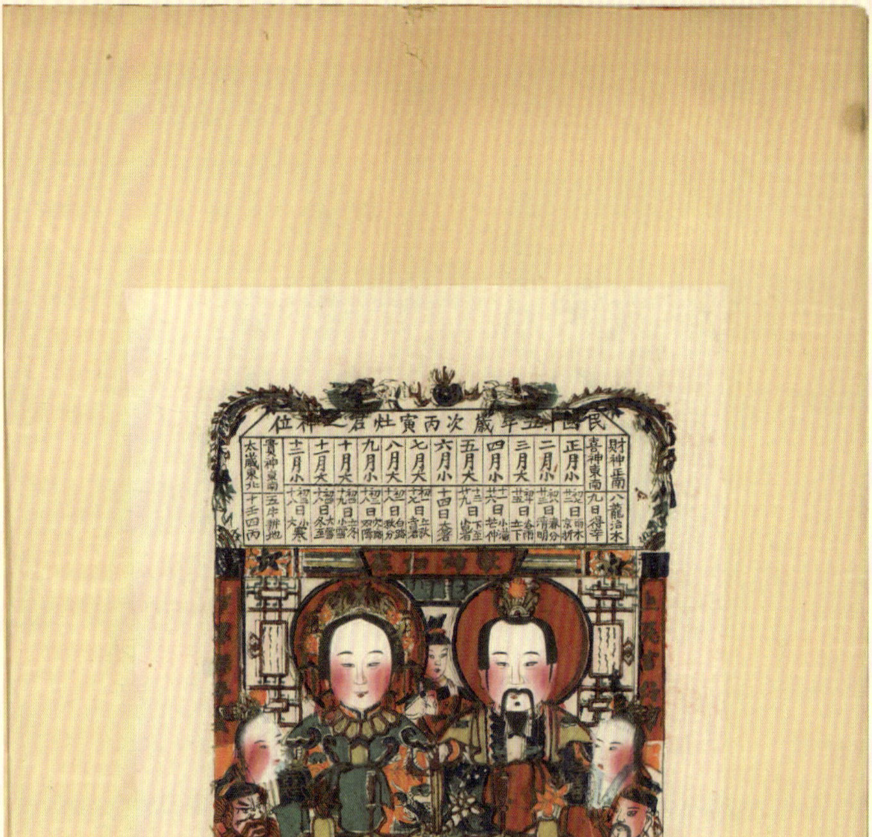

民國十五年歲次丙寅灶君之神位
財神正南 八龍治水
喜神東南 九日得辛
正月小
二月小
三月大
四月小
五月大
六月小
七月大
八月大
九月小
十月大
十一月大
十二月小
貴神東南 五牛耕地
太歲東北 十壬四丙

35cm × 27cm

35cm × 27cm

升官图

“升官图”是中国古代的一种游戏，类似于西方的“大富翁”游戏。
游戏顾名思义，反映了人们在古代社会的人生愿望。
清代学者赵翼在《陔余丛考》一书中详细介绍了该游戏。

游戏的规则是，“开列大小官位于纸上”，即“升官图”，游戏者投掷骰子，“计点数之多寡，以定升降”。唐代的房千里曾在《骰子选格序》中写道，该游戏“以穴骰双双为戏，更投局上，以数多少为进身职官之差，丰贵而约贱，有为尉掾而止者，有贵为将相者，有连得美名而后不振者，有始甚微而倏然于上位者；大凡得失不系贤不肖，但卜其偶不偶耳”。可见唐代已经有类似“升官图”的掷骰游戏了。

到了宋代，投骰类游戏更为流行。苏东坡评价道：“流俗经营，倘来惴惴，惟恐后于他人，何异掷骰者心动于中而色形于外也。”当时流行的掷骰游戏并不叫“升官图”，而叫“彩选”。宋人王逢原专门写有题为《彩选》的诗篇：“卒无及第效，徒有高人气。昏昏忘其大，扰扰争其细。”诗中描述了“彩选”游戏的流行和玩游戏时的专注场面。宋代流行的另一种掷骰游戏是“选仙图”，“用骰子比色，先为散仙，次为上洞，以渐至蓬莱、大罗等列仙。其比色之法，首重绯四，次六与三，最下者幺。凡有过者，谪作采樵、思凡之人，遇胜色仍复位”。北宋宰相王珪曾写有关于游戏“选仙图”的绝句：“尽日窗间赌选仙，小娃争觅列盆钱。上筹须占蓬莱岛，一掷乘鸾出洞天。”

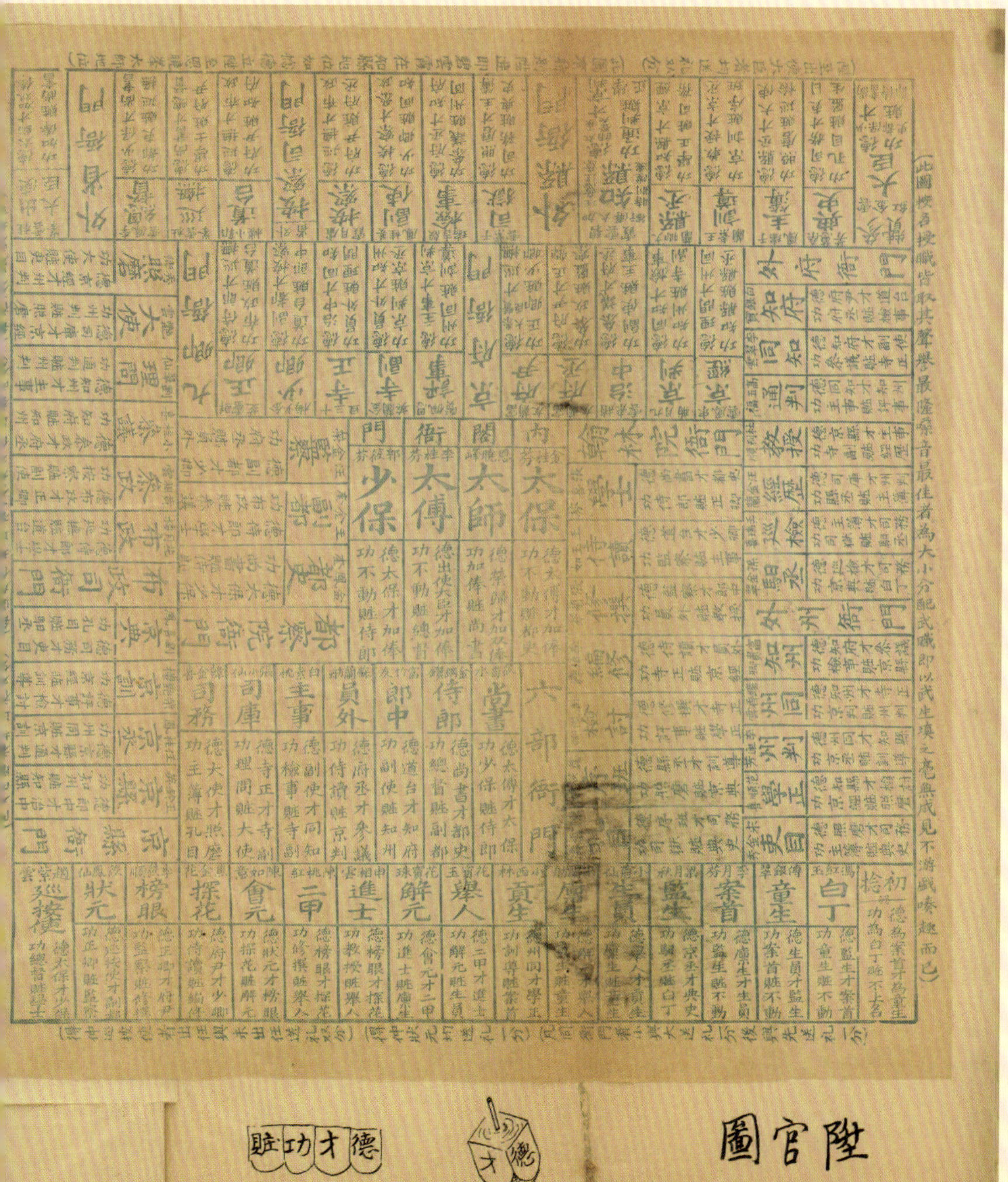

47cm × 41cm

明清易代时期大学者王士祯考证了从“彩选”到“升官图”的变迁：“彩选始唐李郃，宋尹师鲁踵而为之。元丰官制行，有宋保国老又更定之。刘贡父则取西汉官秩为之，又取本传所以升黜之语注其下，其兄原父喜而序之。”游戏“升官图”，又名“百官铎”，相传为明代的倪鸿宝所创。赵翼认为，“升官图”游戏之所以出现在明朝，是因为“有明一代官制略备”，游戏规则也符合“以明琼[1]掷之定迁擢，有赃则降罚”的官场沉浮之道。投骰选官的典型莫过于辽兴宗。《辽史》记载，“兴宗晚年倦勤，用人不能自择，令各掷骰子，以采胜者官之”。此外，还有“忠佞升官图”的游戏，“有严嵩、杨椒山诸人，则以人品优劣定胜负矣”。[2]

从图中可见，在《升官图》的正下方有骰子图示，骰子为四面体，分别写有“德、才、功、赃”字样。图上注明：此图毫无成见，游戏凑趣而已。游戏规则主要有：按各授职皆取其声誉最隆、嗓音最佳者为大小分配，武职即以武生填之。升入内阁者均送礼双分。每遇加俸均送礼一分，加双俸送礼两分，每礼一分，枣栗均可。升至出使大臣者均送礼双分。得中巡案使者出任与未出任送礼双分。得中状元均送礼一分。凡同衙门者，小与大送礼一分，后与先送礼一分。图中也有如“碧云霞”等特殊的职位。

1. 明琼，即骰子的古称。
2. [清]赵翼：《陔余丛考》，河北教育出版社，2003年，第680页。

附录

在北京留学期间，青木正儿不仅留意搜求年画、神码等民俗实物，还注意留存在中国的各项生活记录。

戏游京师——青木正儿在北京的留学生活

在北京留学期间，青木正儿不仅留意搜求年画、神码等民俗实物，
还注意留存在中国的各项生活记录。
回到日本后，他把这些记录整理分类，
如搜罗及获赠的报纸题以“新闻拔萃”和“前台梁尘录”，
生活记录则分为“戏单”“门票”“鸡肋”等，
这些资料均藏于名古屋大学图书馆“青木文库”。

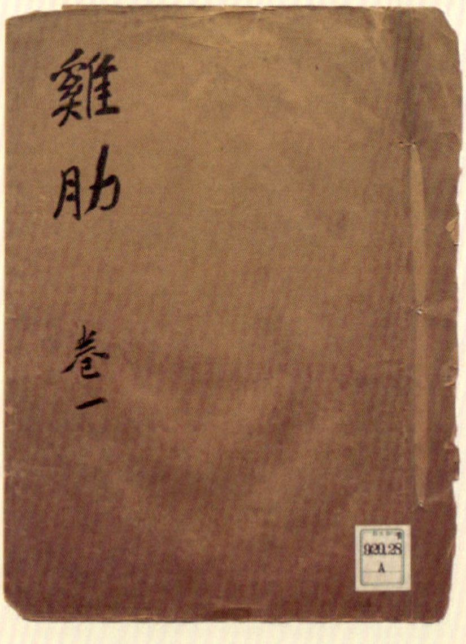

“戏单”计有二十九枚，其中十七枚是青木正儿在北京观赏京剧的戏票，九枚是在上海观看昆曲、京剧的戏票，另有一枚是杭州的，一枚是嘉兴的，还有一枚是在日本京都冈崎会堂观看韩世昌演出的戏票。[1]“门票”和“鸡肋”项内包括各种生活记录的票据，包括书费、笔、墨、茶、邮费、电费、水费、车费等。[2]

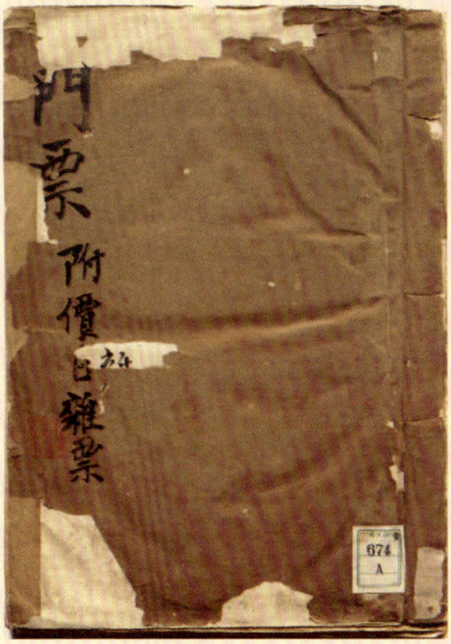

本书“附录”部分以“戏单”和“杂件”为题，选取青木正儿在北京留学期间的实物记录予以解说，反映青木留学生活的同时，读者亦可从中窥得民国北京的真实物价和社会风貌。

中国人民大学历史学院硕士研究生刘姗姗承担了“戏单”内容的初稿写作以及“杂件”部分中《青木正儿来华留学文件》的翻译工作，冯浩然承担了“杂件”部分的文字录入和初步校订工作。

---

1. [日]中塚亮：《青木文库藏戏单目录》，《名古屋大学中国语学文学论集》（第20辑），2008年，第1—27页。
2. [日]杉山宽行、张小钢：《青木正儿博士及其资料》（上），名古屋大学文学部：《名古屋大学文学部研究论集》（第46辑），2000年，第173—210页；[日]杉山宽行、张小钢：《青木正儿博士及其资料》（中），名古屋大学文学部：《名古屋大学文学部研究论集》（第48辑），2002年，第159—170页。

新明剧场戏票

新明剧场原为新明大戏院，位于前门外香厂路八号，于1919年所建。
创办后不过两年，便因为建筑问题被要求停业整改，
然而，由于反复修整仍不符合市政公所要求，
便交托给英商洋行改造戏院，并另寻人经营。[1]

1923年4月，新明剧场终于竣工，以设施“最进步最完备”作为宣传点：在建筑上讲究声光，设备方面优美且周到，座位上没有不相干的人来打搅，是顾客在时间和金钱上性价比最高的选择，且剧场的演剧选择不偏向任一方面，并不间断地求改良求进步。[2] 新式的新明剧场演有不少新剧，尤其是在蒲伯英接手后，与人艺戏专合作，为配合其出演的剧目，剧场还会特地赶制适合该剧本的花园、电光等布景。[3] 不过，新明剧场所出演的剧目中新剧并不算多，在很长一段时间里基本以京戏为主导。[4]

1943年唐云旌回忆在新明剧场看戏的场景，写道“某岁新年，赴香厂‘新民’[5]，听歌三夕。一夕似为叔岩与荀慧生之《戏凤》，其下为杨小楼、王长林、钱金福与余叔岩之《青石山》；一夕似为叔岩与荀慧生、杨小楼之《摘缨会》；又一夕，则为余、杨、荀之《宛城》”，这番回忆恰是道出新明剧场京戏中的诸位名角，杨小楼与余叔岩的合作更是一度使新明剧场名声大噪。

1. 《新明大戏院要改造了》，《晨报》，1922年9月20日，第7版。
2. 《最进步、最完备新明剧场在北京前门外香厂路》，《晨报》，1923年4月22日，第4版。
3. 《戏剧专门学生又在新明剧场开演》，《晨报》，1923年5月31日，第6版。
4. 李畅：《清代以来的北京剧场》，北京燕山出版社，1998年，第167页。
5. 香厂路无新民戏院，应为“新明”。

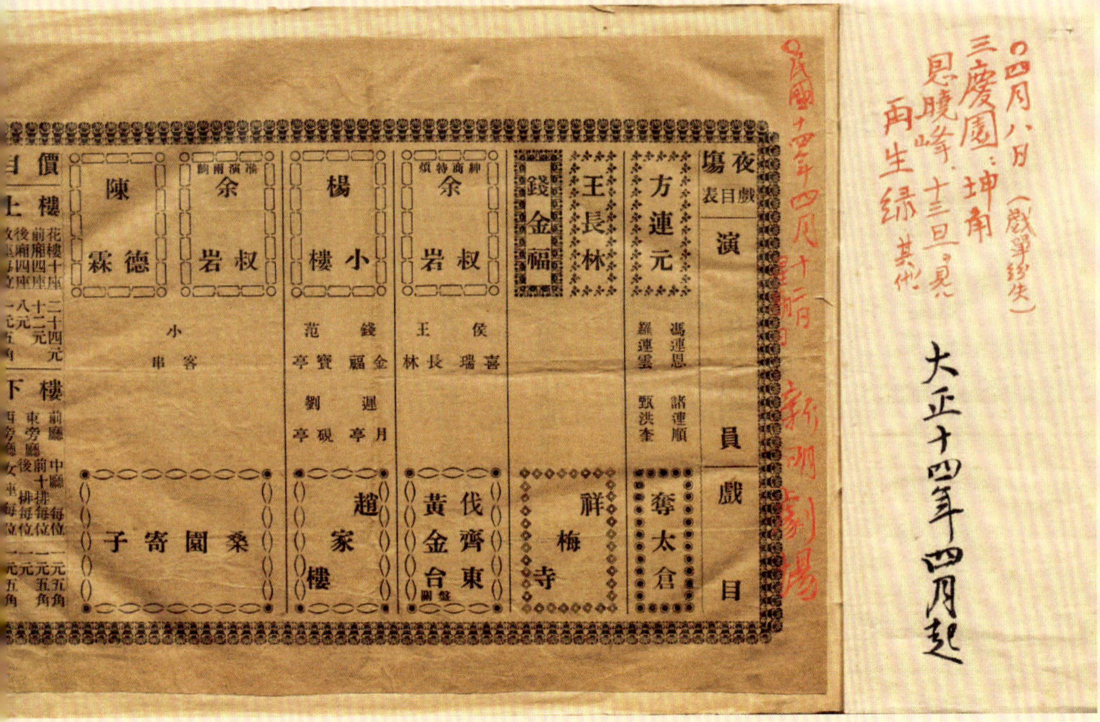
大正十四年四月起
○四月八日
三慶園：坤角
恩曉峰、十三旦
再生緣 其他
(戲單鈔失)
民國十四年四月十二日
新明劇場
夜場戲目表
演員
方連元
馮連恩 羅連雲
諸連順 甄洪奎
王長林
錢金福
紳商特煩
余叔岩
侯喜瑞 王長林
楊小樓
錢金福 范寶亭
遲月亭 劉硯亭
余叔岩
小客串
陳德霖
戲目
奪太倉
祥梅寺
伐東齊
黃金台
盤關
趙家樓
桑園寄子
價目
樓上
花樓十座 二十四元
前廂四座 十二元
後廂四座 八元
樓下
前廳 每位 一元五角
中廳 前十排 每位 一元五角
後十排 每位 一元五角

余叔岩和杨小楼于1925年初组建双胜社，正月初应新明剧场之约，与陈德霖、白牡丹（即荀慧生）同班共演，杨小楼为武生泰斗，而余叔岩之张生亦声容并茂，阵容之大为新明剧场带来门庭若市的场面。[1]

整改后的新明剧场

重建之后的新明剧场常被拿来与同为新式剧场的开明戏院做比较，而双胜社加入新明剧场后，双方更是暗自较量。余叔岩、杨小楼本于星期六、日在开明戏院开演，然而开明换约梅兰芳，二人因此改至新明。每逢周末梅兰芳、王凤卿等人在开明戏院演夜戏，同时余叔岩、杨小楼等则在新明剧场登场。新明剧场票价较开明更高，但角色却比梅兰芳的承华社更为齐整，有青衣陈德霖，花衫白牡丹，更有王长林、钱金福、裘桂仙等不可多得的好配角。[2] 时人将新明和开明之剧战称为“余梅之战”，认为开明诸角除梅兰芳以外，都没有拉座能力，而新明剧场除了余叔岩外，还有杨小楼、陈德霖等人。即便上座人数与艺术水平不一定成正比，但不论是剧院还是观众都常常将其作为吹捧、宣传的依据。[3]

1. 《都门梨园近况》，《申报》，1925年2月16日，第7版。
2. 《春明剧讯》，《申报》，1925年9月18日，第12版。
3. 《春明剧讯》，《申报》，1925年4月21日，第7版。

不过，杨小楼与余叔岩都是当时的名角，名角之间合作难免出现双方各有意见的传闻。据说开演时，杨小楼出台时舞台电灯发光，而余叔岩登场时则没有，于是为余叔岩而去的戏客则大为不满。除此之外，台侧的名牌次序也是问题之一，开演前本是杨小楼、余叔岩、陈德霖、白牡丹的顺序，在开演时突然将余叔岩改为第一位，杨小楼也因此而不快。[1] 双胜社开演不久便有人推测余、杨二人的合作不会长久，果然双胜社从年初组建成功到年底解散，只维持了不到一年。[2]

谈及杨小楼之出名，不可不提王长林、钱金福二人的帮助。杨小楼虽出身名门，拜于名师，但其练功打把子多与钱金福、王长林同练。杨小楼出名之后，每次演戏也从没离开过二人，王长林晚年甚至几乎靠杨小楼吃饭。[3]

王长林、钱金福二人的《祥梅寺》亦是一绝。《祥梅寺》写的是黄巢谋反与寺僧了空避难而致身亡之事，剧本虽然是丑角与净角对工，但实际演出时丑角重于净角许多，因为净角在剧中仅是念白架子与神气而已。然而，钱金福饰演的黄巢气势雄岸，身段架势整饬，有叱咤风云、不可一世的气概，将净角的威风展现得淋漓尽致。而王长林在表演时身轻如燕，即使年过六旬，上台后依然生龙活虎，身手敏捷灵活，堪称一流。[4] 早年《祥梅寺》并不闻名，王、钱二人合作的《祥梅寺》使其冠绝一时，但二人不常开演，在北京的剧院中并不多见，堂会中主人点演才可大饱眼福。[5]

1. 《北京剧界近讯种种》，《申报》，1925年2月22日，第7版。
2. 李伶伶：《荀慧生全传》，中国青年出版社，2010年，第309页。
3. 齐如山：《从谭鑫培到余叔岩》，黄山书社，2019年，第89—90页。
4. 《谈祥梅寺》，《申报》，1939年8月3日，第16版。
5. 《陶宅堂会（中）》，《申报》，1923年10月30日，第8版。

开明戏院戏票

戏单中列有京剧《御碑亭》，
“御碑亭，乃我国唯一警世大剧，在日本颇得舆论界之好评也。”

梅兰芳曾于1919年与1924年来日公演时表演了《御碑亭》。1919年是梅兰芳第一次赴日公演，在东京、大阪和神户出演了《天女散花》《御碑亭》《黛玉葬花》《贵妃醉酒》等剧目，演出受到日本各界群众的极大欢迎，座无虚席，观众中有各个阶层的男男女女，还有在日本的中国人，许多日本的报刊纷纷报道剧院盛况，发表剧评。[1]

这一次公演中除了梅兰芳新编的《天女散花》外，最受欢迎的，同时也是演出次数最多的，便是《御碑亭》。[2]《御碑亭》是由《今古奇观》中王有道休妻的故事改编的，内容为王有道试举回家后，听妹妹淑英挑拨，怀疑妻子孟月华在御碑亭避雨时同书生有失节行为，遂写休书遣其回娘家，误会解开后，二人重归于好。[3]

1. 傅谨编：《梅兰芳全集》，第8卷，中国戏剧出版社，2016年，第215—217页。
2. 中国戏剧协会编：《梅兰芳文集》，中国戏剧出版社，1962年，第392页。
3. 顾曲老人：《观梅兰芳的〈御碑亭〉》，青木正儿等：《品梅记》，文化艺术出版社，2015年，第29—32页。

北京前外西珠市口
開明戲院
電話南局
號
陽曆五月十六號(星期六)晚夜戲
梅蘭芳
姚玉芙
王鳳卿
姜妙香
羅福山
慈瑞泉
劉景然
扎金奎
全本
御碑亭
金榜樂
大團圓
尚和玉
裴廷玉
朱小義
英雄義
郝壽臣
審李七
諸茹香
羅文奎
沈三玉
朱桂芳
朱湘泉
程繼仙
黃潤卿
蕭長華
頂碑
蟠桃會
馬上緣
夜戲
價目
先期
售票
陽曆五月十七號(星期日)晚夜戲
梅蘭芳
慈瑞泉
王鳳卿
扎金奎
郭春山
福小田
霍仲三
羅文奎
打魚殺家
尚和玉
裴廷玉
朱小義
神亭嶺
梅蘭芳
姚玉芙
李壽山
春香鬧學
蕭長華
黃潤卿
程繼仙
諸茹香
沈三玉
朱桂芳
朱湘泉
郝壽臣
姜妙香
秦淮河
泗洲城
取洛陽

梅兰芳所扮演的孟月华用其细腻的表演、艳丽的姿容将观众带入戏曲的世界，将月华面对书生的局促不安、收到休书的悲痛，以及面对丈夫挽留的斥责表现得恰到好处，高庆奎、姜妙香等人生动地展示了各个角色，令不懂得中文的日本人也享受其中。[1]《大阪朝日新闻》的剧评写道："年轻妻子的表情虽很简单，但梅的眼睛、嘴角、两颊和步法，应该说他整个的身体都发挥出天才的本领。我眼中至今还留着他冒雨行路时可爱的步子。"[2]

这出戏在日本引起了不少女性观众的共鸣，台下"凝睇如醉默无语""锦掷缠头如山聚"。[3] 梅兰芳多年后回忆当时台下的情景，日本妇女与过去的中国妇女一样，长期受封建礼制下夫权的折磨，《御碑亭》中王有道仅仅因为一点误会，就差点造成孟月华的悲惨生活，这一点使得许多日本观众产生无限的共情。[4] 而这或许也是该剧被称为"我国唯一警世大剧"的原因。日本"京都学派"的学者狩野直喜也在剧评中感叹道：中国妇人的美德从古至今皆是贤德婉顺的，但此剧末尾的月华可真是不好对付！这与日本旧剧中的贞洁妇女形象很不一样，这完全描写出中国妇人的真实性情来了。[5]

1919年梅兰芳访日公演时，京都汇文堂书店老板赠票予诸位学者，并将学者们的观后感编辑成册，即《品梅记》。《品梅记》的开篇便是长尾雨山观《御碑亭》所作词句。不过，这张戏单的所有者——青木正儿却未能前往大阪观看演出。在此之前青木曾听内藤湖南向他讲述在北京看梅兰芳演戏的事情，本满心期待能够好好欣赏梅兰芳的技艺，不承想竟身染沉疴无法出门。[6]

正是由于《御碑亭》在日本广受好评，1925年在学界的特邀下，梅兰芳等人在开明戏院重演《御碑亭》，虽然在日本饰演王有道的高庆奎未能出演，但王凤卿与梅兰芳的配合亦是极佳。《御碑亭》的再度开演，圆了青木正儿的遗憾。

---

1. 如舟：《梅剧杂感》，[日]青木正儿等：《品梅记》，文化艺术出版社，2015年，第23页。
2. [日]吉田登志子、[日]细井尚子：《梅兰芳1919、1924年来日公演的报告（续）——纪念梅先生诞辰九十周年》，《戏曲艺术》，1987年第2期，第90页。
3. 玉篴仟侣：《观梅兰芳来浪华演〈御碑亭〉曲》，[日]青木正儿等：《品梅记》，第2页。
4. 中国戏剧协会编：《梅兰芳文集》，第392页。
5. 顾曲老人：《观梅兰芳的〈御碑亭〉》，[日]青木正儿等：《品梅记》，第33页。
6. [日]青木正儿：《梅郎与昆曲》，[日]青木正儿等：《品梅记》，第29—32页。

北京各校沪案后援会救济罢工工人游艺会

1925年5月15日，上海日商内外棉七厂工人顾正红遭日本资本家枪杀，这一事件引起上海众多工厂工人罢工，进而掀起全国范围的反帝爱国运动浪潮。全国各界纷纷组织沪案后援会为其声援，北京各校沪案后援会是其中之一。

北京各校沪案后援会关注罢工工人的生计问题，推举清华、北大、女师大等十所学校代表，通过请求政府拨款、公演募捐、举办展览会等方法筹款接济罢工工人。[1] 北京各校沪案后援会多次举办筹款游艺会，不少师生购票认捐表示支持。时任师大职工的鲁迅便购买了四张特等券。[2]

此外，北平民国大学还在新明剧场举办过几场游艺募捐活动，该校学生自演歌剧《卖马》《南天门》等，同时还自编自演与反帝爱国运动相关的话剧，如《洋官》《上海惨杀案》《救国仙梦》等。游艺会从下午一点演到凌晨十二点，新明剧场在场地和设备上都给予了支持。

---

1. 《昨日北京各校沪案后援会开会纪事》，《京报》，1925年6月20日，第7版。
2. 北京师范大学中文系编：《纪念鲁迅诞辰百年——文学论文集及鲁迅珍藏有关北师大史料》，北京师范大学出版社，1981年，第282页。

北京各校滬案後援會救濟罷工工人遊藝會

地址 西珠市口開明戲院

日期 七月廿八日晚六時

音樂 懷幼學校

武術 郭効仙君 王汝爲君 李思有君 胡月生君 李佩和君 馬子貞君門徒

跳舞 女師大 女附中 女一中 慕貞 燕大

舊劇

王華甫君 化子拾金

侯喜瑞君 青風寨

孫少成君 托兆碰碑

韓世昌君 喬玉林 馮德祿 春香鬧學

言菊朋君 于雲鵬君 擊鼓罵曹

馬連良君 茹富蕙 烏龍院 代殺惜

白牡丹君 羅福山

梅蘭芳君 姜妙香 羅福山 張春彥 蕭長華 朱桂芳 扎金奎 廉錦楓

價目

特種包廂 五十元 一百元

甲種包廂 三十五元

乙種包廂 二十五元

樓下前排 三元

樓下後排 二元

樓上散座 三元

与新明剧场主要表演新式话剧、歌剧不同，北京各校沪案后援会在开明剧场举办的游艺会以旧剧为主，票价方面也比其他游艺会要高。鲁迅所购的特等券每张二元，而开明戏院的票价最低便要二元，最高达到一百元，票价虽高，但开明戏院演出的阵容也足够豪华。

言菊朋是著名的老生，早期以谭派风格演出时，常演谭鑫培的经典剧目《击鼓骂曹》，可见其功力之高。同样师从谭鑫培的还有马连良。马连良初登舞台时，得到了荀慧生的提携，使其能在上海舞台立稳脚跟，唱出自己的招牌。马、荀二人有不少青衣和老生的合作剧目，戏单中的《乌龙院》便是其中之一。[1] 戏单中的《廉锦枫》，是梅兰芳于1923年12月首演的新剧。首次出演时，不仅剧院满座，还另外添座数百，该戏之精彩可想而知。[2]

韩世昌的《春香闹学》是戏单中唯一的昆曲剧目。《春香闹学》出自明代汤显祖的作品《牡丹亭》，讲的是杜丽娘侍女春香的故事。丽娘年满二八后开始读书，春香作为陪读侍女。春香古灵精怪，多次戏弄老师，还常常做一些恶作剧，如佯装上厕所，其实去花园游玩，还诱惑丽娘同去。春香最后被丽娘斥责，幡然醒悟，向老师谢罪。[3]

清末民初，北京、天津、上海等大城市是皮黄戏的天下，昆曲难占一席之地。韩世昌十一岁起入昆弋戏班学习，十三岁在“荣庆社”登台。1918年荣庆社入京演出，年仅二十岁的韩世昌一炮走红。[4]日本剧评家撰文赞赏其技艺，众人皆称其为复兴昆曲之兆。[5] 韩世昌南下上海后，上海观剧人士目光移向昆剧，垂败驽末之昆剧大盛于时。[6]

---

1. 李伶伶：《荀慧生全传》，中国青年出版社，2010年，第248—250页。
2. 《记梅兰芳之〈廉锦枫〉》，《小时报》，1923年12月4日，第4版。
3. [日]青木正儿：《中国近世戏曲史》，中华书局，2010年，第175页。
4. 胡明明、张蕾、韩景林：《韩世昌年谱》，北京燕山出版社，2016年，第189—190页。
5. 《昆弋复兴之兆》，《小时报》，1918年3月30日，第3版。
6. 《南部枝言》，《申报》，1920年7月27日，第4版。

时人将韩世昌与梅兰芳并列，认为韩世昌的昆曲姿韵不亚于梅兰芳。北京戏迷对他俩如痴如醉，时人戏谑这些戏迷仿佛得了“伤寒症”。《都门竹枝词》写道：

残山绿水夜漫漫，
歌舞升平兴未阑。
梅毒流行何日已，
满城风雨又伤寒。

韩世昌与青木正儿渊源颇深。青木正儿来中国观看昆曲前，就对昆曲赞不绝口：“昆曲最为基本的本质是其在文学、音乐上的宝贵价值。明嘉靖至清乾隆年间，昆腔稳踞戏剧界霸主地位，它是咸同以来新兴的皮黄、古旧残余的弋腔、俚俗的秦腔等其他诸腔不可同日而语的。”[1] 直到这场游艺会，青木正儿才通过韩世昌出演的《春香闹学》感受到昆曲的现场之美。[2]

昆曲在经历1918年的短暂复兴后，因市场、演员、剧目弱点等再次陷入困境。1928年，荣庆社的大部分演员陆续回到河北一带谋生，北京戏院中很少演出昆曲剧目。至于韩世昌，也很久不在北京登台了。[3]

1928年8月，日本南满洲铁道株式会社以寒河江坚吾、青木正儿的名义邀请韩世昌前往日本，展示昆曲之美。国内虽然有人因“五卅惨案”抨击韩的访日行程，但戏曲界人士却指出，“昆剧不能受欢迎于国内，乃能扬眉吐气于异域，亦昆剧前途之大幸”。[4]

1. [日]青木正儿：《梅郎与昆曲》，[日]青木正儿等：《品梅记》，文化艺术出版社，2015年，第16页。
2. 《青木正儿的世界：昆曲（上）》，《京都新闻》，2004年8月12日，第5版。
3. 胡明明、张蕾：《韩世昌年谱考略》，《戏曲艺术》（增刊），2013年，第34卷，第69—74页。
4. 《韩世昌将去日献艺》，《小日报》，1928年9月26日，第1版。

日本对韩世昌赴日之事十分重视。“满铁”下属的中日文化协会特地编写了韩世昌与昆曲的介绍材料，如石田贞藏的《昆曲与韩世昌》介绍了昆曲的历史、结构与演出剧目，其中引用了青木正儿的《昆曲与皮黄艺术之比较》。[1] 10月5日，韩世昌前往大连演出，而后赴京都、大阪、东京演出，所演剧目有《思凡》《闹学》《惊梦》《拷红》等，均引起轰动。观众纷沓而至，座无虚席，日本新闻媒体竞相报道宣传，称韩世昌远超梅兰芳，是昆曲最后的名伶。[2]

东京大学为韩世昌举办了欢迎会和讲演会。桑原骘藏、铃木虎雄、内藤湖南、小川琢治、青木正儿等汉学家悉数到场，盐谷温还特地赋诗一首：

相逢欢送眼青青，
酌酒劝君杯莫停；
幽梦觉来肠欲断，
清歌一曲牡丹亭。[3]

韩世昌赴日期间，青木正儿陪同左右。韩世昌回国后，写信给青木正儿表示感谢，“谬承瀛洲学士、邻国公卿宏奖风流……或蒙鱼里之欢迎，或随凤嬉而游宴，凡斯盛意莫不铭心。兹以观乐归来，分襟惆怅缅怀芝宇，无任葵倾，发俗乐而增惭感知音之幸遇”。[4]

1. 傅惜华：《昆曲与韩世昌（上）》，《北京画报》，1928年12月8日，第1版。
2. 胡明明、张蕾：《韩世昌年谱考略》，第78—83页。
3. 刘东生：《昆曲首次赴日演出——马祥麟先生往事回忆》，文史资料研究委员会编：《文史资料选编》（第四十六辑），北京出版社，1993年，第123页。
4. 名古屋大学附属图书馆编：《游心的祝福——中国文学者·青木正儿的世界》，名古屋大学附属图书馆，2007年10月，第28页。

中和园戏票

应节戏，也称节令戏，每逢良辰佳节，戏院都会演出应节戏。如元旦演《青石山》，端午演《混元盒》，中秋演《天香庆节》，等等。几乎每个节日都有相应的应节戏，七夕节演出的《天河配》也是其中之一。[1]

"七月里不看戏则已，看戏须看《天河配》，因为过了七月，就看不到《天河配》了。"[2] 每年七夕将近时，便可看到各戏院竞演《天河配》的盛况。这种盛景在北京尤其突出，中和园、三庆园、吉祥园等戏院均会邀请名角出演，如梅兰芳、王瑶卿、白牡丹等人。[3]

《天河配》脱胎于昆弋，早年出演此剧时，剧中多穿插昆曲《长生殿》为点染。梅兰芳第一次上台，是在《天河配》中串演昆曲《长生殿·鹊桥密誓》的织女。[4] 时人评价梅兰芳饰演的织女比其他演员增加了许多身段及昆曲演唱，可谓活色生香，足冠群芳。[5]

1. 《七夕谈剧》，《申报》，1940年8月10日，第4版。
2. 《看戏的三大原则》，《申报》，1926年8月16日，第2版。
3. 《天河配之比较》，《晶报》，1919年8月6日，第2版。
4. 傅谨编：《梅兰芳全集》（第6卷），中国戏剧出版社，2016年，第17页。
5. 《天河配之比较》，《晶报》，1919年8月6日，第2版。

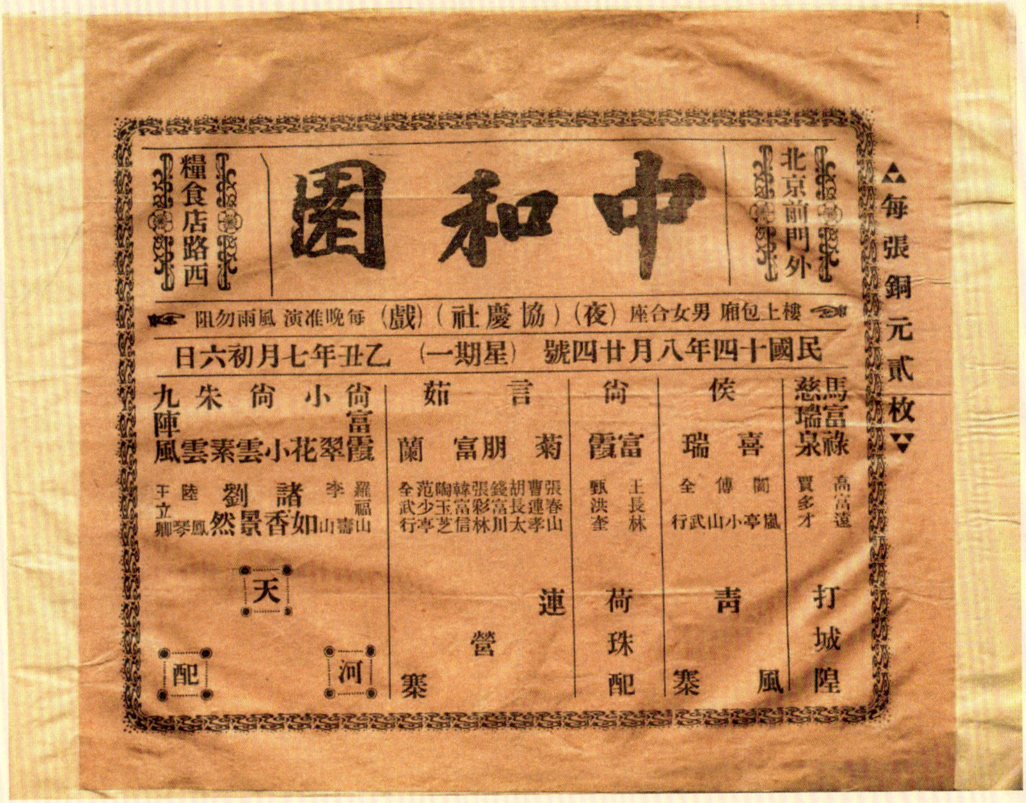
中和園
北京前門外
糧食店路西
每張銅元貳枚
樓上包廂男女合座
（夜）協慶社（戲）
每晚准演風雨勿阻
民國十四年八月廿四號（星期一）乙丑年七月初六日
馬富祿 慈瑞泉 高富遠 賈多才
打城隍
侯喜瑞 閻嵐亭 傅小山 全武行
青風寨
尚富霞 王長林 甄洪奎
荷珠配
言菊朋 富蘭 茹富蘭 張春山 曹連孝 胡長太 錢富川 張彩林 韓玉信 陶少芝 范武亭 全武行
連營寨
尚富霞 小翠花 尚小雲 朱素雲 九陣風 羅福山 李壽山 諸如香 劉景然 陸鳳琴 王立卿
天河配

1925年8月8日，言菊朋、尚小云、小翠花组成“协庆社”，每晚在中和园演出。创社不久，正好赶上七夕出演《天河配》。尚小云饰演织女，窈窕秀丽，风韵天然，其唱腔抑扬顿挫，而小翠花扮演仙女更是锦上添花，二人搭配可谓珠联璧合，使人心醉。[1] 1938年尚小云组建“荣春社”，七夕之际依旧在北京演出《天河配》，连演十八场，场场座无虚席，甚至溢出数百名观众，创造了七夕节演《天河配》的新纪录。[2] 尚小云为此犒劳荣春社学员，七夕节早晨在社中设烤羊全席。据说买了两只羊，一千五百个烧饼，还有一百斤大葱。[3]

1926年《牛郎织女鹊桥会》宣传图[5]

随着剧场舞台的改良，1926年首次出现了连环戏的《天河配》，将部分内容用电影方式表演，而电影主角亦为戏中主角。除了表演方式的改变，舞台布局也有创新，往年“鹊桥”布景舞台面多为黑色，改装后变得明亮华丽，数百只仙禽满台飞舞，令人震撼不已。[4]

解放初期，当时负责戏曲改革的杨绍萱在《天河配》剧情中增添了现代观念和语言，着重刻画了织女养的鸽子与鸱鸮之争，用来影射热爱和平的人们与帝国主义之间的斗争。[6] 著名经济学家厉以宁观后写下这样的诗词：“牛郎织女换戎装，料今后星光更亮。”[7] 不过，也有人对改编《天河配》提出了批评意见。如艾青指出，这样的改编是以简单幼稚的“政治热情”代替严肃认真的艺术创造。[8]

1. 《新天河配》，《申报》，1927年9月28日，第4版。
2. 《七夕谈剧》，《申报》，1940年8月10日，第4版。
3. 《可惊的数字》，《立言画刊》，1940年，第98期，第31页。
4. 《新天河配》，《申报》，1926年8月27日，第4版。
5. 《牛郎织女鹊桥会》，《申报》，1926年8月27日，第4版。
6. 张真：《戏曲人物散论》，艺术出版社，1956年，第53—55页。
7. 厉以宁：《鹊桥仙——观评剧〈新天河配〉》，《厉以宁诗词全集》，商务印书馆，2018年，第81页。
8. 艾青：《谈〈牛郎织女〉》，《人民日报》，1951年8月31日，第3版。

乐舞台戏票

民国初年，北京的戏院票价多以珠市口大街为界，街北的戏院布景豪华，名角多，票价也相对高一些。[1] 街南地区处于天桥附近，商贩林立、游人众多，大鼓、评戏、相声广集于此，观众三教九流，包罗万象，是近代北京市民社会的缩影。[2]

乐舞台搭建在天桥路东，是天桥地区三大舞台之一，多演出梆子戏。乐舞台虽然没有驰名中外的名角，但也凭借一批色艺俱佳的女演员与其他戏院分庭抗礼。[3]

当时戏曲界的女演员并不多，奎德社是少见的女演员科班，坤班均由女子扮演。戏票中的演员多为女性。奎德社在京津地区深受观众欢迎，筱兰芬是四大台柱之一。[4] 筱兰芬的义母是著名女须生筱兰英，她既能驾驭嗓音高亢的刘派风格，也唱得了汪派和谭派，在当时以戏路宽广名噪一时。[5] 筱兰芬最初在天津演唱老生，加入奎德社后唱须生，扮演男角，她的旁白流利动听，表情入木三分，与金桂芬的合作可谓是天造地设。[6]

---

1. 马芷庠编：《北平旅行指南》，北平经济新闻社，1937年，第257页。
2. 马芷庠编：《北平旅行指南》，第85页。
3. 刘嵩昆：《京师梨园轶事》，江西美术出版社，2007年，第46—47页。
4. 《谈奎德社四台柱》，《新天津》，1934年3月6日，第13版。
5. 《筱兰芬》，《康乐世界》，1940年第2卷第10期，第21页。
6. 《谈奎德社四台柱》，《新天津》，1934年3月6日，第13版。

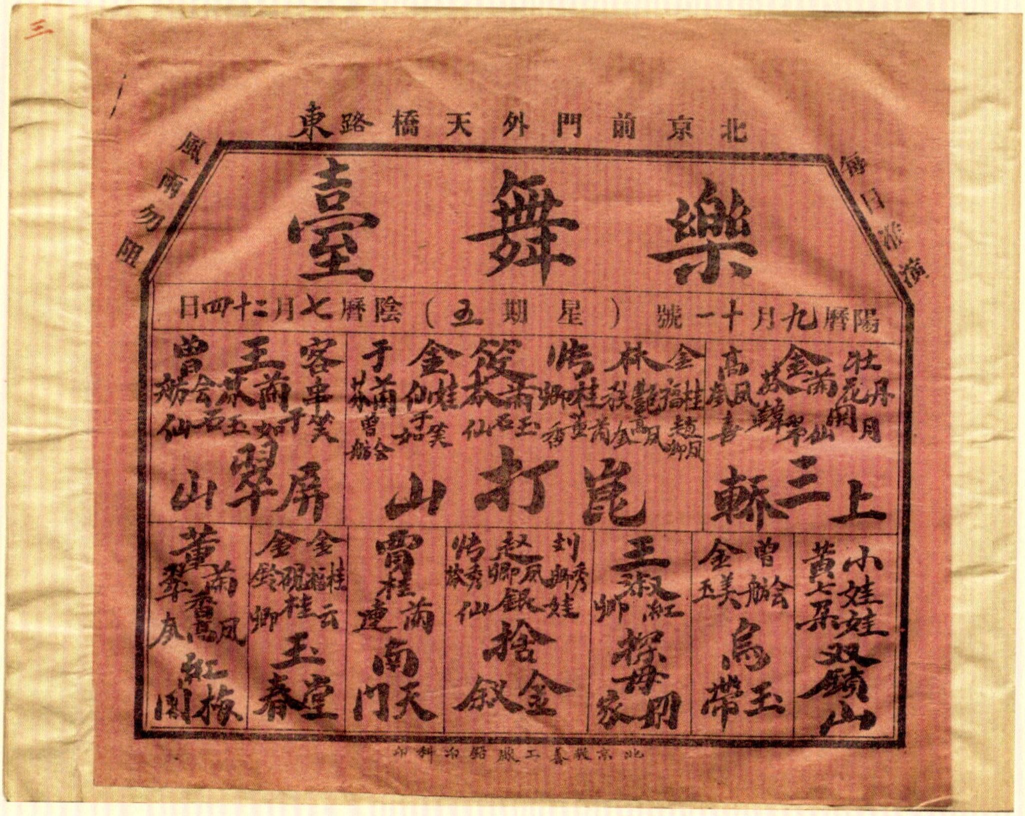
北京前門外天橋路東
樂舞臺
每日准演
風雨勿阻
陽曆九月十一號（星期五）陰曆七月二十四日

著名记者唐云旌曾一睹筱兰芬的男装英姿，只见兰芬身着男装，头发奇短，若不仔细审视，难辨雌雄。唐云旌将筱兰芬与孟小冬、秦凤云的男装相提并论，“艳不若以上三人之娜，而衣亦悃愊无华，惟其淡素，故予人之印象，得大方两字。世竞纤妍，求婉亮大方之女人不易得，在坤旦群中，见一兰芬，在舞国娇雌中，特一凄凉绝代之乔金红耳” 。[1]

筱兰芬平日虽多在京津地区演戏，但在上海也颇受欢迎。她曾在上海舞台出演《玉堂春》，虽然身材娇小，但嗓音嘹亮、姿势绝佳，演唱时吐字老到，丝丝入扣。[2]《玉堂春》风行一时，在京剧、评剧、河北梆子戏、湘剧等不同剧种中都是常演剧目。该剧讲述了玉堂春的名妓苏三与吏部尚书之子王景隆相恋，但被鸨母卖给富商做妾，后遭诬陷定为死罪。解押会审时，玉堂春偶遇王景隆，最终沉冤昭雪，二人破镜重圆，结为夫妇。[3] 由于玉堂春的角色需要在剧中披枷戴锁，扮演女囚犯，一些演员将此视为不祥，如著名青衣小兰芳初登扬州舞台时便拒绝出演《玉堂春》。[4]

1. 《此妙遇乃不可忘》，《唐大郎文集》（第1卷），上海大学出版社，2020年，第324—325页。
2. 《筱兰芬之玉堂春》，《琼报》，1928年4月10日，第3版。
3. 《玉堂春》，来新夏、马铁汉主编：《谈史说戏》，山东画报出版社，2016年，第293—294页。
4. 《广陵舞台新消息》，《时报》，1923年3月16日，第4版。

魁华舞台戏票

清代的戏园并非对所有观众开放。
由于担心戏园会成为寻衅滋事、秘密结社的危险场所，
清廷多次颁布限制商业戏园的命令。
戏园也因为多次发生诈骗和斗殴事件，
被贴上了滋生混乱、道德败坏的标签。

20世纪初，戏园的建筑和管理等方面都发生了重大变革，变得更加规范、安全。[1] 不过，北京天桥地区的戏园仍然是鱼龙混杂，难以安生。魁华舞台便是其中之一。时人曾调侃说，魁华舞台上演戏，台下客人互殴，也演起武剧来，即使巡警赶来也无法制止。[2]

同时，清代北京的戏园还禁止女子观剧。即便有些戏园出现了女性的身影，那也是男性客人所带的妓女。到了民国时期，女性虽然可以进入戏园，但仍然有座位的限制，不少戏园门口都贴着“男女分座”四个大字。[3] 如果戏园男女混杂，仍有可能因有伤风化而被警署勒令整改。[4] 1924年，北京警察厅废除了这一禁令，不少戏园纷纷添设男女同坐的包厢。包厢门票开售后天天爆满，男女混座逐渐成为剧院常态。[5] 不过，天桥戏园却落后于其他改良剧院，实行男女分座后，天桥戏园与茶棚不卖女座；等到男女混座蔚然成风时，天桥剧院仍固守男女分座制度。[6] 我们从戏单中可以看到，魁华舞台仍然实行“男女分座”。

---

1. 葛以嘉：《从茶园到剧场：作为社会文本的20世纪早期中国戏园》，董玥编：《走出区域研究：西方中国近代史论集粹》，社会科学文献出版社，2013年，第291—295页。
2. 《魁华舞台下之武剧》，《晨报》，1924年12月20日，第6版。
3. 辻听花：《菊谱翻新调：百年前日本人眼中的中国戏曲》，浙江古籍出版社，2011年，第125—126页。
4. 《戏园男女分座》，《新闻报》，1918年2月25日，第1版。
5. 《小专电》，《时报》，1924年4月10日，第4版。
6. 《统一》，《每周评论》，1919年1月26日，第3版。

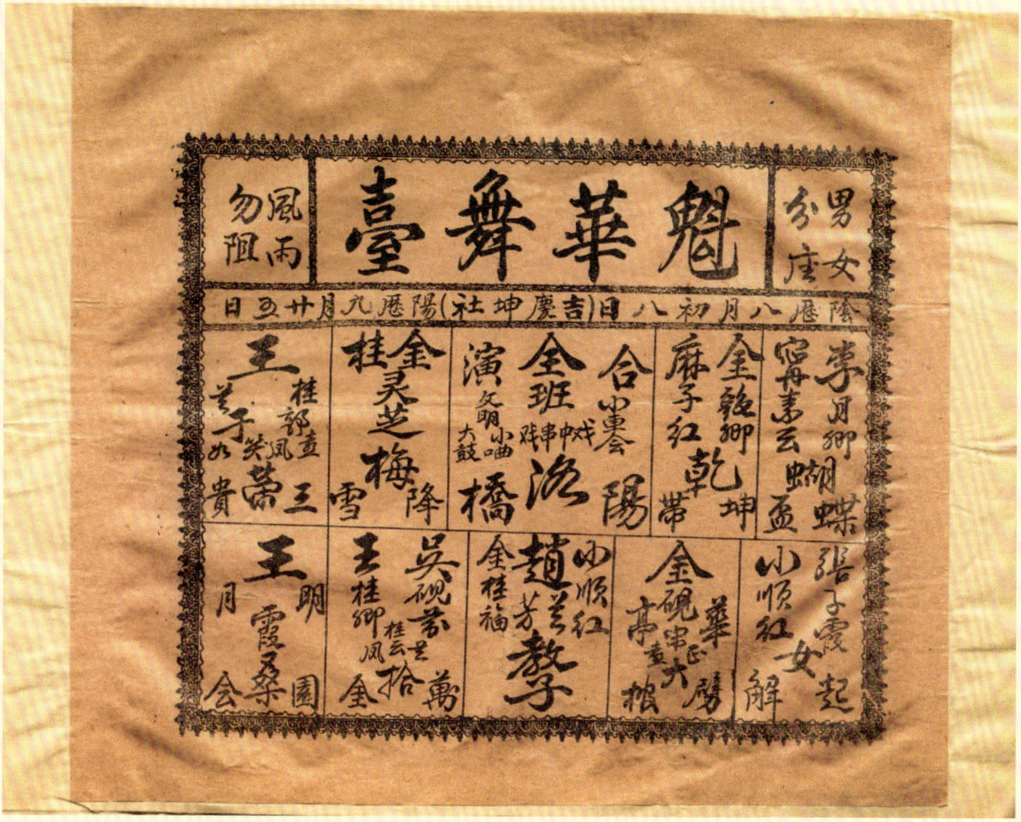
魁華舞臺
風雨勿阻
男女分座
陰歷八月初八日(吉慶坤社)陽歷九月廿五日

天桥地区时常上演“俗剧”。[1] 清朝乾隆时期就出现了戏曲的雅俗之分，当时是以花部和雅部来划分的。雅部指的是昆曲，花部则指二黄、西皮、梆子腔等。[2]

戏单中列举的剧目多为梆子戏。梆子戏源流复杂，吸收了很多其他剧种的元素，有些梆子戏的剧目甚至由昆曲移植而来。例如梆子戏《三娘教子》就出自昆曲剧目《双官诰》，讲的是丈夫外出经商，留妻妾在家教养孩子。不料，同乡贪图丈夫托付的银两，送空棺回乡，伪称她们的丈夫克死他乡。两位妻妾不愿守寡，改嫁他人。三娘王氏独自将孩子抚养成人。孩子后来考中新科状元，与父亲荣归故里。[3] 戏单中的《蝴蝶杯》是经典的传统梆子戏，故事情节与昆腔的《渔家乐》类似。不过昆腔的表演柔美，节奏舒缓，而梆子戏则以壮美为长，节奏快，动作幅度大。[4]

1. 董玥：《民国北京城》，生活·读书·新知 三联书店，2018年，第177页。
2. [日]青木正儿：《中国近世戏曲史》，中华书局，2010年，第325、347页。
3. [日]青木正儿：《中国近世戏曲史》，第261页。
4. 中华戏曲学会、山西师范大学戏曲文物研究所编：《中华戏曲》（总第9辑），山西人民出版社，1990年，第176—177页。

歌舞台戏票

歌舞台是天桥三大剧院之一。剧院的观众席分两层楼，上层女座，下层男座。歌舞台的招牌戏班之一是距剧院数十米远的群益社。[1] 群益社是天桥唯一的戏曲科班，由“梆子名旦”崔灵芝、“梆子老生”一千红等人组建，以歌舞台作为主要演出地。[2]

“群益社”取名“群众公益”之意，以教习京剧与梆子戏为主，绝大多数学员为贫困子弟，其艺名多以“益”字辈排名。本戏单上可以看到李益清、张益隆、裴益才等演员。[3] 群益社培养出不少戏曲界人才。有“天桥马连良”之称的梁益鸣是其中的佼佼者。他八岁时因家中窘困，为谋生计加入了群益社。[4] 群益社的训练非常严格，学生每天凌晨五点起床，喊嗓子，空腹练功，伙食仅有窝头或带沙的米饭。群益社常年资金不足，只得一边请人资助，一边频繁组织演出。除了在歌舞台的固定演出之外，演员们还要前往远郊农村演出，每日早、中、晚连演三场。[5]

1. 刘嵩昆：《崇文梨园史料》，群众艺术馆，2009年，第171页。
2. 成善卿：《天桥史话》，生活·读书·新知 三联书店，1990年，第302页。
3. 刘嵩昆：《崇文梨园史料》，第104—105页。
4. 方继孝：《撂地儿：40位天桥老艺人的沉浮命运》，生活·读书·新知 三联书店，2017年，第248页。
5. 成善卿：《天桥史话》，第303页。

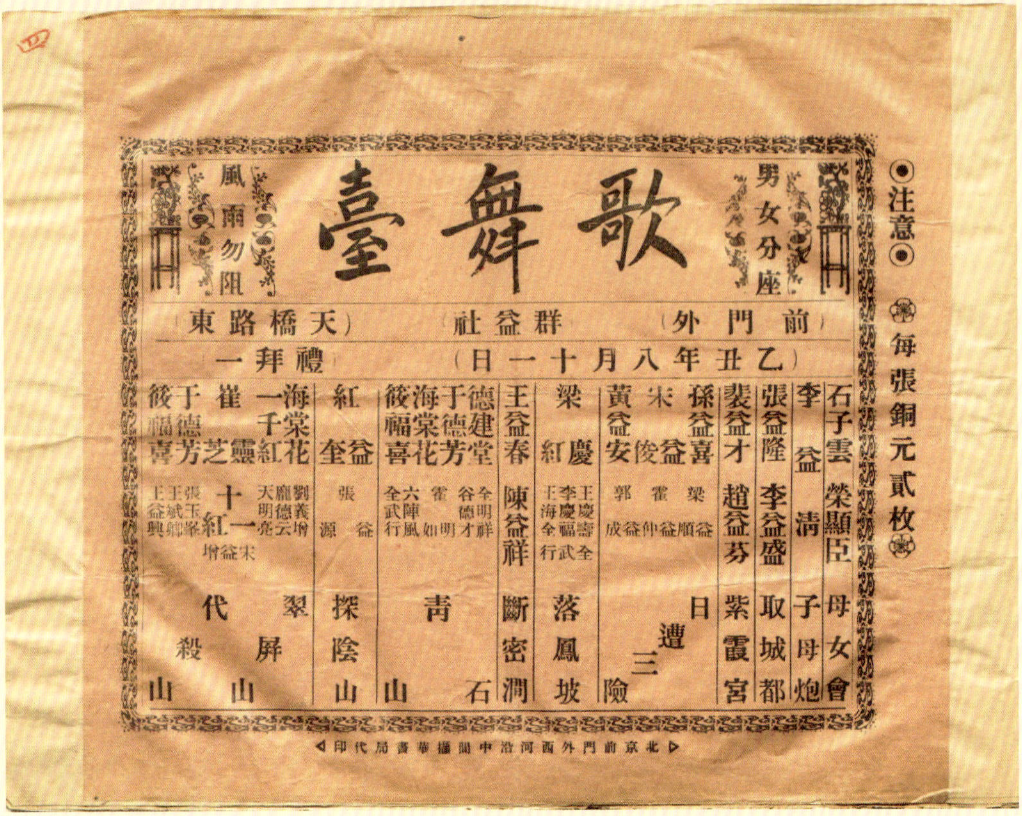

歌舞臺
男女分座
風雨勿阻
(前門外) 群益社 (天橋路東)
(乙丑年八月十一日) 禮拜一
◉注意◉
每張銅元貳枚
石子雲 榮顯臣 母女會
李益清 子母炮
張益隆 李益盛 取城都
裴益才 趙益芬 紫霞宮
孫益喜 朱益俊 黃益安 梁益順 霍益仲 郭益成 日遭三險
梁慶紅 王慶壽 李慶福 王海全 全武行 落鳳坡
王益春 陳益祥 斷密澗
德建堂 于德芳 海棠花 筱福喜 全明祥 谷德才 霍明如 六陣風 全武行 青石山
紅益奎 張益源 探陰山
海棠花 一千紅 崔靈芝 于德芳 筱福喜 劉義增 龐德云 天明亮 十一紅 張玉峯 王斌卿 王益興 宋益增 翠屏山 代殺山
北京前門外西河沿中間擷華書局代印

崔灵芝是群益社的创建者之一，他本名崔德荣，时人称为孝伶，从艺以来热心于捐金救国、博施济众，群益社即善举之一。[1] 民国肇建不久，崔灵芝号召艺伶剪辫，为人所称道。他还编排新戏，请政界、学界人士现身说法，以期唤醒世人，[2] 时人称赞“崔灵芝不愧国民”[3]。当时京内名伶有所谓“三大灵芝”，李灵芝不善歌，丁灵芝其貌不扬，唯独崔灵芝无美不备，令人见而神倾。不仅京内戏班为之相争，[4] 苏沪两地戏院争相聘请，在汉口、吉林、奉天等地也大受欢迎。[5] 崔灵芝本习花旦，后改工青衣，其特点在于声如裂帛，响遏行云，[6] 声调如鹤唳长空，令人闻之魂惊魄夺。[7] 崔灵芝生得秀美，双眸媚中有神，即便年过五十，也无衰老之相，歌喉依然如旧。[8]

《翠屏山》是崔灵芝的代表作之一，每每演至慷慨激烈处，台下不少人为之泣下。[9] 这一剧目过去误传为沈璟之作，青木正儿经考证后认为该剧是沈璟之侄沈自晋的作品。[10]

1. 《崔德荣》，《春柳》，1919年第4期，第321页。
2. 《崔灵芝创办新剧》，《浅说画报》，1912年第1287期，第4页。
3. 《崔灵芝不愧国民》，《浅说画报》，1912年第1272期，第5页。
4. 谏书稀庵主人：《清季野闻》，小说丛报社，1918年，第17页。
5. 《崔灵芝略传》，《天津商报画刊》，1935年第15卷第9期，第2页。
6. 《戏考》，《申报》，1911年10月1日，第3版。
7. 《坤伶小莲芬传》，《申报》，1916年5月20日，第4版。
8. [日]波多野乾一：《京剧二百年之历史》，鹿原学人编译，顺天时报馆，1926年，第247页。
9. 《论崔灵芝》，《亚细亚日报》，1913年1月11日，第7版。
10. [日]青木正儿：《中国近世戏曲史》，中华书局，2010年，第222—223页。

华乐园戏票

华乐园位于鲜鱼口，始建于嘉庆年间，早年名为天乐园。1924年，华乐园经过大整修后焕然一新，戏院顶部装设遮光玻璃，二楼配备食堂，[1] 中间舞台为半圆形，大幕上有“德寿堂牛黄解毒丸”的广告，与戏单上的广告一致。[2]

华乐园见证了程砚秋的成名史。程砚秋六岁起随荣蝶仙学艺，十一岁开始登台演出。1921年，年仅十七岁的程砚秋已挑起大梁。当时的戏院竞争激烈，但华乐园天天满座。[3] 1923年，华乐园再次装修，荣蝶仙组织的和声社加入戏院，开幕当天热评如潮。[4] 然而一年之后，程砚秋与荣蝶仙发生矛盾，宣布脱离关系，和声社改组为鸣盛社。鸣盛社成立不久，程砚秋因恩师罗瘿公离世一度停演，加之管理不当，不到一年鸣盛社难以为继。[5] 慎重考虑之后，程砚秋又成立了鸣和社，社员除了鸣盛社旧部之外加入了不少新人。戏单中的贯大元、郭仲衡、王又荃等人都是鸣和社的重要演员。[6] 贯大元为谭派须生，台风纯熟，他在《探母回令》中的表现尤为时人称赞。[7] 郭仲衡是著名的“票友下海者”，他毕业于协和医学校，本在北京医院工作，由于痴迷戏曲，客串登台，没想到大受欢迎，于是弃医从艺，与戏院签订长期合同。[8]

---

1. 《新落成之华乐园将开幕矣》，《京报》，1924年11月5日，第7版。
2. 刘嵩昆：《崇文梨园史料》，第165—166页。
3. 《国内无线电》，《时报》，1921年11月24日，第4版。
4. 《国内无线电》，《时报》，1923年1月24日，第4版。
5. 李伶伶：《程砚秋全传》，中国青年出版社，2007年，第280—281页。
6. 《程砚秋解散鸣和社》，《晶报》，1938年12月17日，第3版。
7. 《贯大元艺评》，《康乐世界》，1940年第2卷第10期，第21页。
8. 《郭仲衡弃医献技》，《时报》，1918年5月30日，第3版。

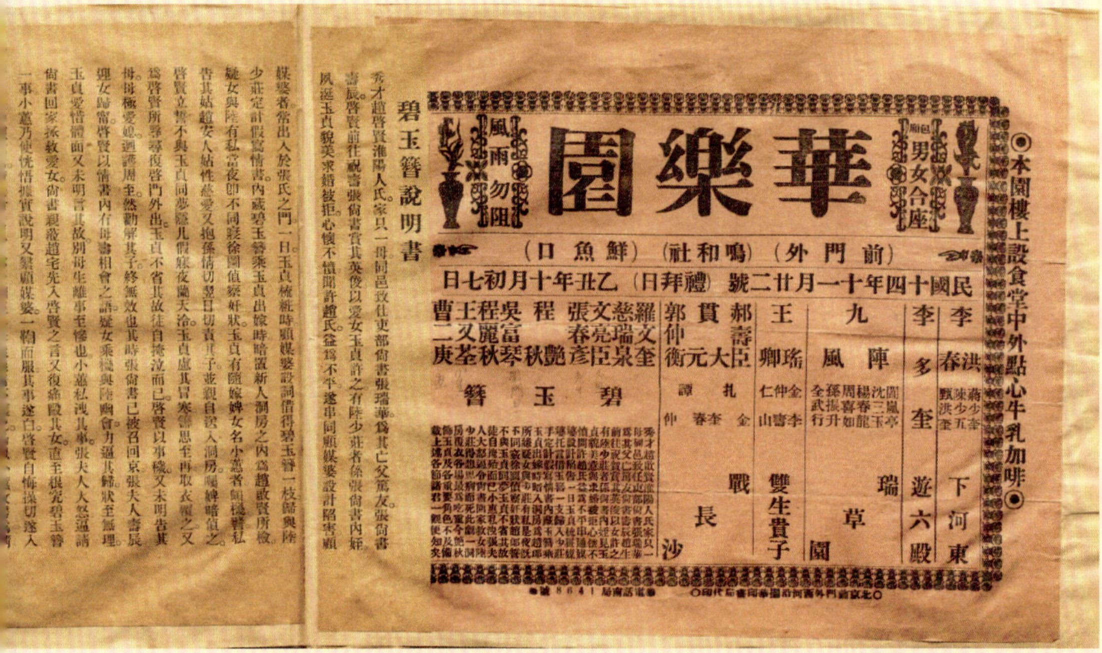
碧玉簪說明書
秀才趙啟賢淮陽人氏。家只一母。同邑致仕吏部尚書張瑞華。為其亡父篤友。張尚書壽辰。啟賢前往祝壽。張尚書賞其英俊。以愛女玉貞許之。有陸少莊者。係張尚書內姪。夙涎玉貞貌美。求婚被拒。心懷不憤。聞許趙氏。益為不平。遂串同顧媒婆設計陷害。顧媒婆者。常出入於張氏之門。一日玉貞梳粧時。顧媒婆設詞借得碧玉簪一枝。歸與陸少莊定計。假寫情書。內藏碧玉簪。乘玉貞出嫁時。暗置新人洞房之內。為趙啟賢所檢。疑女與陸有私。當夜即不同寢。徐圖偵察奸狀。玉貞有隨嫁婢女名小蕙者。頗機警。私告其姑趙安人。姑性慈愛。又抱孫情切。翌日切責其子。並親自送入洞房。囑婢暗偵之。啟賢立誓不與玉貞同夢。隱几假寐。夜闌天冷。玉貞慮其冒寒。思至再。取衣覆之。又為啟賢所擲。尋復啟門外出。玉貞不省其故。徒自掩泣而已。啟賢以事機。又未明告其母。母極愛媳。迴護周至。然勸解其子。終無效也。其時張尚書已被召回京。張夫人壽辰。迎女歸甯。啟賢以情書內有異書相會之語。疑女乘機與陸幽會。力逼其歸。狀至無理。玉貞愛惜體面。又未明言其故。別母生離。事至慘也。小蕙私洩其事。張夫人大怒。遍請尚書回家。拯救愛女。尚書親蒞趙宅。先入啟賢之言。又復絕毆其女。嗣至根究碧玉簪一事。小蕙乃使恍悟。據實說明。又繫顧媒婆。一鞫而服。其事遂白。啟賢自悔操切。遂入
華樂園
風雨勿阻
男女合座
◉本園樓上設食堂中外點心牛乳加啡◉
前門外 鮮魚口 鳴和社
民國十四年十一月二十二號(禮拜日)乙丑年十月初七日
李洪春 下河東
李多奎 遊六殿
九陣風 瑞草園
王瑤卿 雙生貴子
郝壽臣 貫大元 郭仲衡 戰長沙
羅文奎 慈瑞泉 文亮臣 張春彥 程艷秋 吳富琴 程麗秋 王又荃 曹二庚 碧玉簪

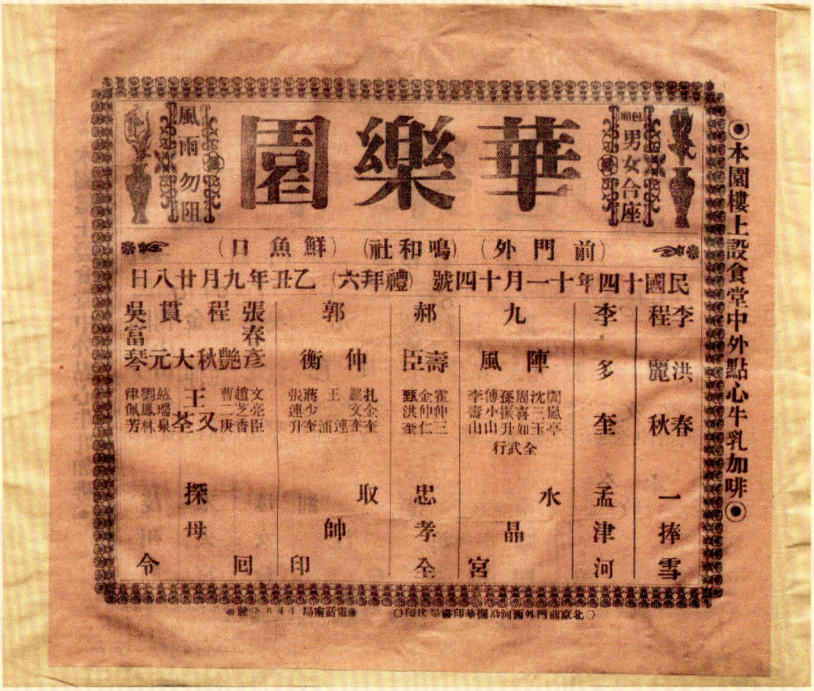
華樂園
風雨勿阻
男女合座
◉本園樓上設食堂中外點心牛乳加啡◉
前門外 鮮魚口 鳴和社
民國十四年十一月十四號(禮拜六)乙丑年九月廿八日
李洪春 程麗秋 一捧雪
李多奎 孟津河
九陣風 水晶宮
郝壽臣 忠孝全
郭仲衡 取帥印
張春彥 程艷秋 貫大元 吳富琴 王又荃 探母回令

戏曲界一直有“重主角而轻配角”的传统，因此不少艺人在配角选择上任意凑合，观众也很少关注配角。然而，鸣和社中不少社员是程砚秋的重要配角，配角各司其职，为全剧生色不少。[1] 程砚秋深知配角之重要，因此非常重视配角演员。张春彦是程砚秋重要的老生配角之一，后来同荀慧生搭戏，即便合作良久，也被荀慧生无情开除。[2] 据说有人曾问他，程砚秋与荀慧生待人方面谁好，他以“天渊之别”作答。[3] 张春彦最初饱受争议，程砚秋却坚持用他。因为张春彦深知自己唱的是配角，抱着“不求有功但求无过”的心态，反倒不过度卖弄。时人将程砚秋的配角理论称为“张春彦哲学”。[4]

不过，主角与配角的故事不一定总是相得益彰。程砚秋唱红后从未收过女徒弟。当时天桥的坤伶王玉华崇拜程砚秋的唱腔和做功，暗自模仿，有几分相似之处。王玉华为提高声誉，拜在王瑶卿门下，学习王瑶卿设计的程式唱腔，同时注重结交鸣和社员郭仲衡、王又荃、曹二庚等人。[5] 郭仲衡原本嗓音高亢，但为了配合程砚秋，只能压低调门演出。郭仲衡很不情愿，但演单工又不叫座，为了维持生计只能配合程砚秋演出。程砚秋在摊派戏份时难以做到完全公允，社员渐生积怨。[6] 配角王又荃宣布脱离程砚秋戏班后，邀约侯喜瑞、周瑞安等人成班，并将程派剧本《红拂传》《鸳鸯冢》等偷偷卖给王玉华。殊不知这些都是程砚秋的私房戏。不久王玉华也唱得大红大紫，竟仿照程砚秋的艺名程艳秋，更名为新艳秋。程砚秋大怒，表示以后凡新艳秋演的戏本人不再演，同新艳秋搭戏的鸣和社员亦不再合作，并把“艳”字改回本名中的“砚”。新艳秋在程砚秋更名后，也将艺名改为“新砚秋”。不过李鬼终究不是李逵，王玉华在技艺上始终难有显著进步，昔日的声誉逐渐消散，东施效颦的结局渐渐被世人所遗忘。[7]

---

1. 《艳秋配角谈》，《爱丝》，1926年9月18日，第3版。
2. 《荀慧生斩尽老臣》，《戏世界》，1947年第331期，第11页。
3. 《梨园秘辛录》，《戏世界》，1947年第339期，第11页。
4. 《程砚秋口中的张春彦哲学》，《一四七画报》，1946年第8卷第4期，第15页。
5. 《程砚秋呼梅兰芳为老师由来》，《新上海》，1946年第44期，第2页。
6. 《程艳秋与新艳秋》，《真报》，1947年12月10日，第2版。
7. 《程砚秋解散鸣和社》，《晶报》，1938年12月17日，第3版。

三庆戏园戏票

看到三庆戏园，不禁让人联想到乾隆时期四大徽班之一“三庆班”。不过，经过一番查证，两者其实并没什么联系。三庆戏园始建于清代中叶，1900年在义和团运动期间被焚毁，后又重建。[1]“大栅栏前热闹场，无端一炬尽咸阳”，讲的就是前门一带戏院被焚之故事。[2]

前门附近戏院集中，民国时期，万象趋新，这些老字号的戏院受到不小的冲击。前门附近同为旧剧场的三庆园、华乐园、中和园之间的竞争尤为激烈。[3] 1924年华乐园开放男女同座的包厢，三庆园立即做出反应，向警厅呈请试办。[4] 不过，我们在戏单中依然看到了“男女分座”的字样，青木正儿在北京留学的时间是1925年，这说明一年以来三庆园的男女同座试验并不顺利。

1. 李畅：《清代以来的北京剧场》，北京燕山出版社，1998年，第105页。
2. 杨米人等：《清代北京竹枝词（十三种）》，北京古籍出版社，1982年，第119页。
3. 《燕台梨园近志》，《小时报》，1919年7月25日，第3版。
4. 《小专电》，《小时报》，1924年4月14日，第4版。

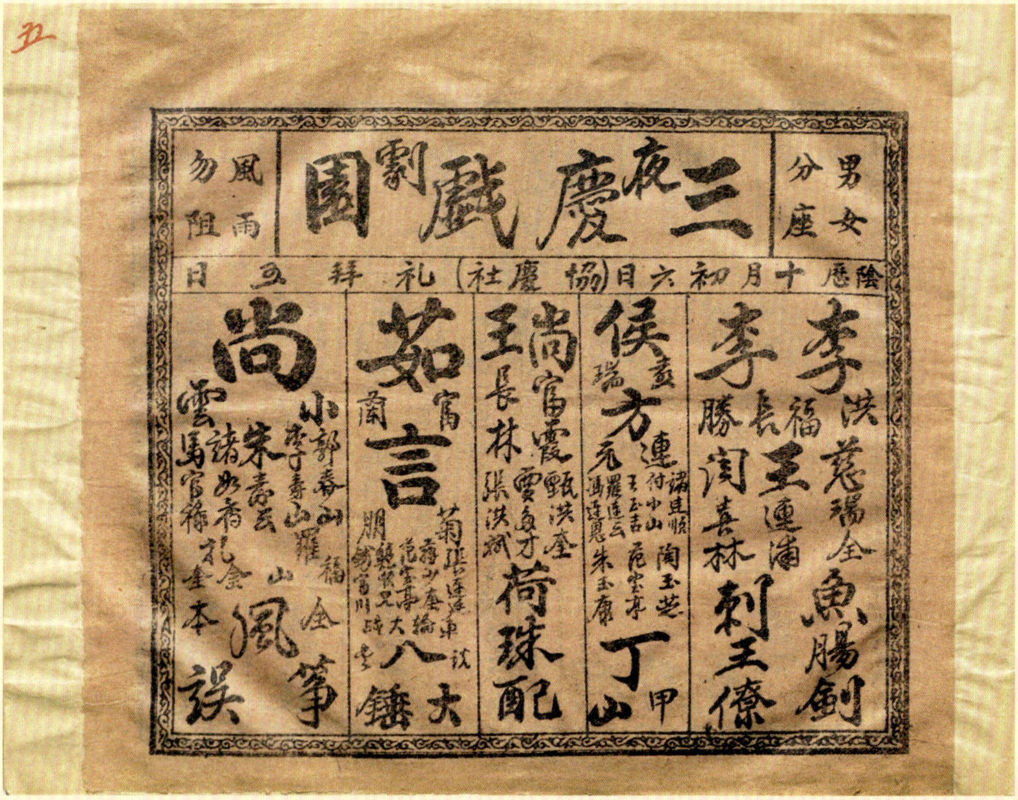
三慶戲園
男女分座
風雨勿阻
陰曆十月初六日（協慶社）礼拜五日
魚腸劍
刺王僚
侯喜瑞
丁甲山
王長林
尚富霞
荷珠配
茹富蘭
言菊朋
大八錘
尚小雲
風筝誤

三庆园的压轴大戏是茹富兰演出的《八大锤》。[1] 茹富兰生于梨园世家，富连成科班出身，内兼家学，外承师长，饰演的武生以长靠、短打擅长。虽然有人认为他身材矮小，面貌瘦削，少了几分英武，多了几分挺秀，但他依然凭借扎实的基本功得到观众的认可，甚至有人称其为杨小楼的后继者。[2] 戏院之间的竞争主要是演员和班社的争夺。另一家戏院中和园聘请协庆社演出，该社集中了不少名角，有须生言菊朋、青衣尚小云、花旦小翠花、小生朱素云、名丑王长林、刀马旦九阵风等人。[3] 三庆园后来从中和园手中抢走了协庆社。

青木正儿收藏的这张三庆园的戏票，他主要来看的应该是《风筝误》。《风筝误》是清人李渔的名作，全本共三十折，昆曲班社常演其中《惊丑》《前亲》《逼婚》《后亲》四折。[4]《风筝误》以风筝为线索，描述了才子韩世勋与佳人詹淑娟因风筝引发一系列巧合与误会的感情故事。尚小云将昆曲稍作增减，将此旧剧推陈出新，受到南北戏迷的喜爱。[5] 不过，青木正儿看后却对《风筝误》的评价并不高。他认为在剧目布局、线索编排方面虽有可取，但趣味低级，主旨宛如儿戏，剧中频繁出现的淫秽之语有损其雅意。若说此剧是喜剧，在滑稽、趣味上略显不足；若以风情剧标榜，却又少了情味。因此，青木正儿评价道，比起世人喜闻乐见的《风筝误》，《奈何天》才是李渔的第一杰作。[6]

1. 《记茹富兰》，《罗宾汉》，1947年2月14日，第4版。
2. 《对于茹富兰之我见》，《晶报》，1922年8月3日，第3版。
3. 《北京协庆社开幕后之剧讯》，《新闻报》，1925年8月16日，第1版。
4. [日]青木正儿：《中国近世戏曲史》，中华书局，2010年，第244—247页。
5. 《风筝误》，《立言画刊》，1941年第155期，第9页。
6. [日]青木正儿：《中国近世戏曲史》，第247页。

义务戏

义务戏是戏曲界筹措善款的常见方式。

晚清时期，北京商人为救济难民筹款，在戏园举办义务戏，并请巡警总厅派警察保护。这一时期商业戏园不多，所以义务戏也不常见。[1] 1917年秋，安徽省遭受严重水灾，谭英秀、梅兰芳、余叔岩、杨小楼等名伶连续义务演出三日，除门票捐出外还另行募捐，观众既欣赏佳剧，又能实行善举，义务戏的形式逐渐流行。[2] 此后十余年间，义务戏愈来愈多，几乎每月必有数次演出，[3]“无日不唱义务戏，无事不唱义务戏”[4]。

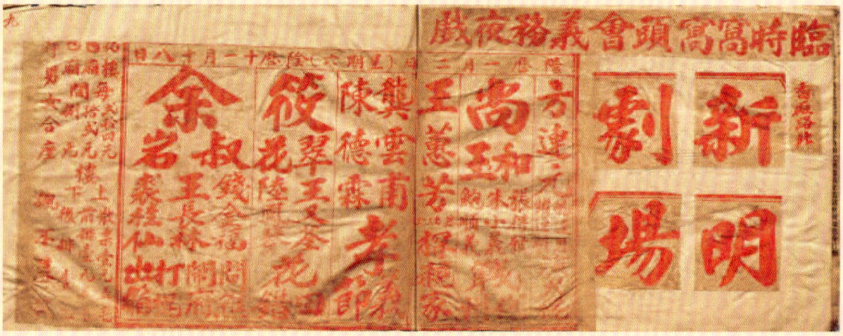

1. 《福禄轩演义务戏》，《笑林报》，1907年7月12日，第3版。
2. 《今日之义务戏》，《风月画报》，1936年第37期，第2页。
3. 齐如山：《齐如山国剧论丛》，商务印书馆，2017年，第361页。
4. 《今日之义务戏》，《风月画报》，1936年第37期，第2页。

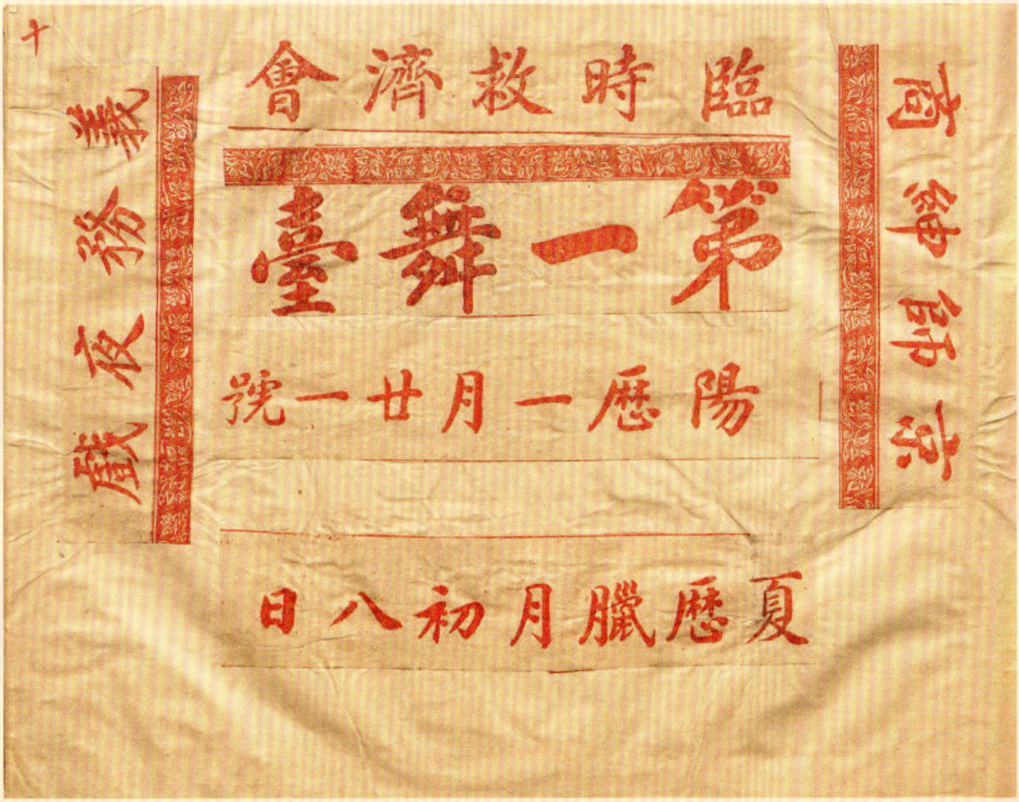

十

臨時救濟會

第一舞臺

陽歷一月廿一號

夏歷臘月初八日

商鉀師京

義務夜戲

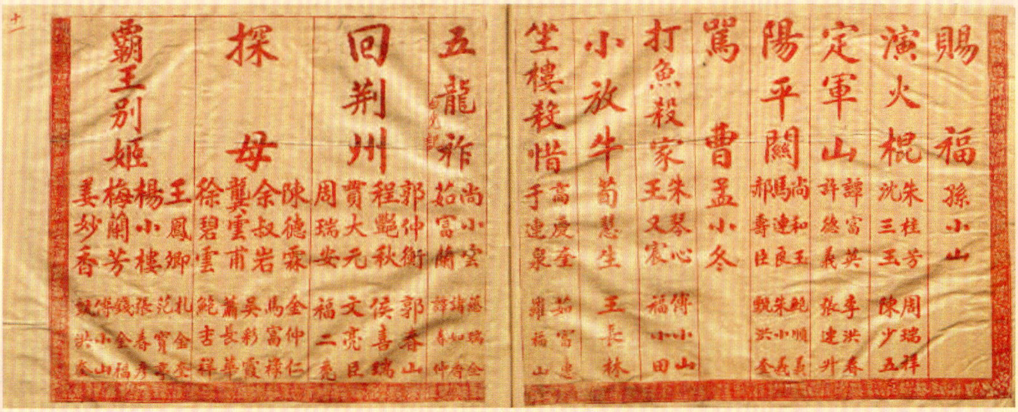

十一

戲目	演員	
賜福	孫小山	
演火棍	朱桂芳 沈三玉	周瑞祥 陳少五
定軍山	譚富英 許德義	李洪春 張連升
陽平關	尚和玉 馬連良 郝壽臣	鮑順長 朱小義 魏洪奎
罵曹	孟小冬	
打魚殺家	朱琴心 王又宸	傅小山 福小田
小放牛	荀慧生	王長林
坐樓殺惜	高慶奎 尹連泉	茹富惠 羅福山
五龍祚	尚小雲 茹富蘭	慈瑞全 諸如香 許仲
回荊州	郭仲衡 程豔秋 貫大元 周瑞安	郭春山 侯喜瑞 文亮臣 福二亮
探母	陳德霖 余叔岩 龔雲甫 徐碧雲	金仲仁 馬富祿 吳彩霞 蕭長華 鈍書祥
霸王別姬	王鳳卿 楊小樓 梅蘭芳 姜妙香	札金奎 范寶亭 張春彥 錢金福 傅小山 鈕洪奎

义务戏演出频繁，在售票方式和现场秩序等方面就容易出现问题。例如1936年，北平梨园公会在第一舞台筹募资金，戏票由公会先行发售，因管理不善，不少人无法购票，售票员又私扣戏票并加价转售黄牛，由黄牛再加价出售给观众，出现了持票观众没有座位，只能现场临时加凳的情况。[1] 此外，义务戏存在入不敷出的问题。例如，1932年一场义务戏的开支账目中，演员章遏云的脑门钱[2] 为一百八十元，往返旅费三百三十二元，演出收入与开支不能相抵，幸亏有人事先曾捐款二百元，承办人只垫了一少部分钱。[3] 当然，义务戏毕竟是慈善事业，大部分演员的出演费用并不高，如1931年杨小楼班底的脑门钱是五十元，荀慧生则分文不取。[4]

第一张戏票中的窝窝头会，是北京每年冬季向京郊贫民发放杂粮的机构。北京戏曲界每到年关都会组织窝窝头会义务戏，将演出所得捐出。[5]“窝窝头会”的意思是均而分之，所得有限，仅够吃窝头。[6] 义演大多在第一舞台举行，通常梅兰芳、杨小楼、尚小云、程砚秋等名角会出演，因此票价较高。散座大多二至八元不等，包厢分为三等，最高可至一百余元。[7] 1923年，溥仪夫妇分别向临时窝窝头会捐了一千元和六百元。[8]

第二张戏票是京师绅商临时救济会组织的义务戏，目的是为死伤士兵筹款。从戏票可知，本场义务戏名角荟萃，梅兰芳、程砚秋、尚小云、荀慧生“四大名旦”均登场演出，压轴戏更是梅兰芳与杨小楼合作的《霸王别姬》。

---

1. 《北平义务戏之追述》，《晶报》，1936年9月15日，第3版。
2. 脑门钱是指给义务戏中名角所带的配角以及跟包人员的费用。
3. 《义务戏演他干吗？》，《天津商报画刊》，1932年第6期，第1页。
4. 《记平报界之义务戏》，《正气报》，1931年8月18日，第2版。
5. 《记窝窝头会义务戏》，《晶报》，1921年1月15日，第3版。
6. 北京市西城区委员会文史资料委员会编：《京城旧事》，中国文史出版社，2005年，第428页。
7. 《北京窝窝头会之义务戏》，《新闻报》，1927年1月21日，第4版。
8. 《宣统夫妇与临时窝窝头会》，《时报》，1923年12月18日，第4版。

开明戏院封箱戏戏票

封箱戏是梨园界的传统惯例。
农历腊月初十以后，各戏班社陆续停止演出，到农历新年再开演，
这最后一场戏就是封箱戏。

本张戏单演出时间是农历腊月二十五日，通常戏班多在腊月十四日左右开始封箱。荀慧生曾在腊月二十九日首演《丹青引》作为封箱之作，这可能是最晚的封箱戏了。封箱戏是很好看的，多数戏班会以反串戏或拿手戏来酬谢观众。例如杨小楼会在封箱戏中演出《夜奔》或者《挑滑车》，余叔岩和程砚秋常以《珠帘寨》《文姬归汉》封箱，而梅兰芳喜欢把新排的首演剧目作为封箱戏。[1]

1928年，国民政府要求实行国历，废除旧历，北平市当局以封箱戏妨碍提倡国历为由，训令各戏院取消封箱戏，甚至提出违背废除旧历实同反革命。[2] 各戏院表示反对，封箱并非是过旧历新年，只因平时商民无暇看戏，若无封箱戏之宣传，年末恐要大赔，北平当局最终收回了该训令。[3]

1. 《谈封箱戏》，《小日报》，1948年1月27日，第4版。
2. 《封箱》，《琼报》，1931年2月14日，第2版。
3. 《封箱旧话》，《立报》，1937年2月1日，第5版。

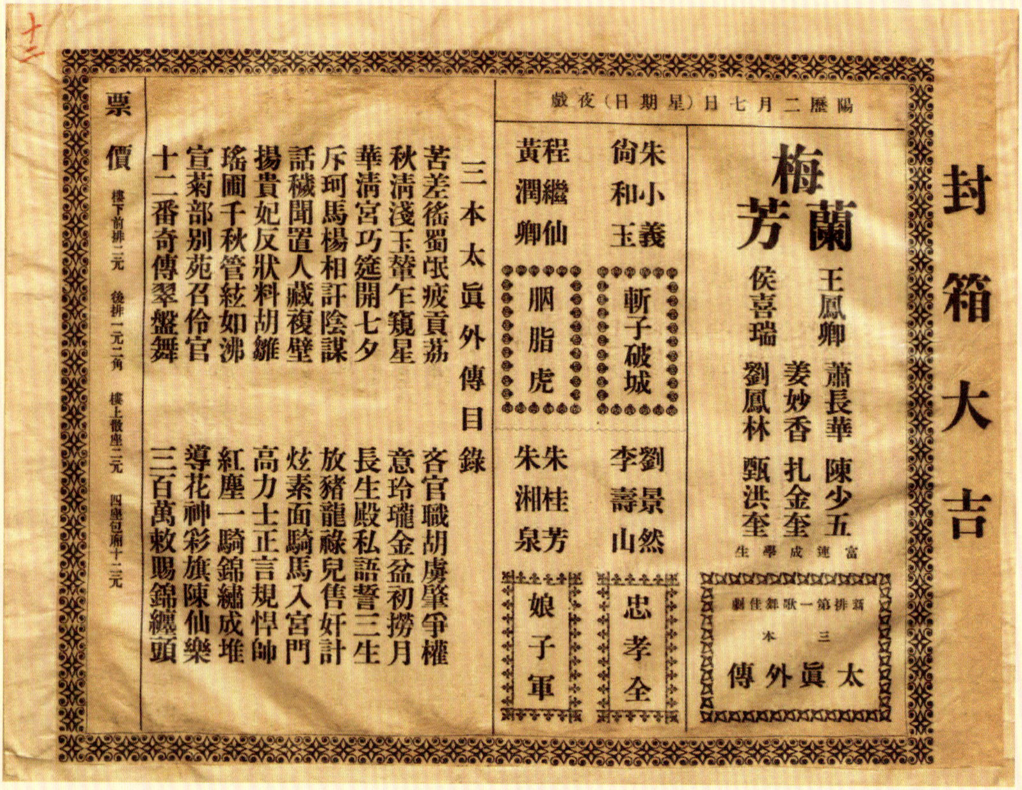

封箱大吉

陽歷二月七日（星期日）夜戲

梅蘭芳

王鳳卿 侯喜瑞

蕭長華 陳少五 姜妙香 扎金奎 劉鳳林 甄洪奎

富連成學生

新排第一歌舞佳劇

三本

太眞外傳

朱小義 尚和玉

斬子破城

程繼仙 黃潤卿

胭脂虎

劉景然 李壽山

忠孝全

朱桂芳 朱湘泉

娘子軍

三本太眞外傳目錄

苦差徭蜀氓疲貢荔 吝官職胡虜肇爭權

秋清淺玉聲乍窺星 意玲瓏金盆初撈月

華清宮巧筵開七夕 長生殿私語誓三生

斥珂馬楊相訐陰謀 放豬龍祿兒售奸計

話穢聞置人藏複壁 炫素面騎馬入宮門

揚貴妃反狀料胡雛 高力士正言規悍帥

瑤圃千秋管絃如沸 紅塵一騎錦繡成堆

宣菊部別苑召伶官 導花神彩旗陳仙樂

十二番奇傳翠盤舞 三百萬敕賜錦纏頭

票價 樓下前排二元 後排一元二角 樓上散座二元 四座包廂十二元

这一年梅兰芳演的封箱戏是《太真外传》第三本。“太真”是杨贵妃的法号，《太真外传》为齐如山等人改编，共有四本。[1]《太真外传》第一本于1925年9月在开明戏院首演，剧情从唐玄宗在道观偶遇杨玉环展开，演至杨玉环在华清池入浴一场。开演前，戏院发售了带有中、英、日三种语言的说明特刊，可见该剧国际化的定位。[2] 头本开演后立即引起巨大反响，梅兰芳于当年10月22日起在开明戏院演出《太真外传》第二本，剧情从安禄山入都述职演到唐玄宗梦游月宫。第二本的内容比第一本更有趣，吸引了不少欧美女性前往观赏。[3]

两个月后，即本张戏票中作为封箱戏的《太真外传》第三本在开明戏院演出，开场便是“一骑红尘妃子笑”的进贡荔枝情节，然后延展到杨国忠与安禄山争权，杨贵妃七夕与唐玄宗密誓于长生殿。场面一转，杨国忠与安禄山在朝堂互讦，杨贵妃听闻安禄山归藩，猜测其必然谋反。最后一幕，杨贵妃生日，设宴骊宫，杨贵妃舞于翠盘，玄宗亲自为其击鼓，极尽天宝全盛之状。

长生殿密誓是全剧亮点之一，在唐玄宗与杨贵妃爱情最甜蜜的时刻，两人含情脉脉，梅兰芳的唱腔情深意切，雅韵欲流，婉转悦耳；幽邃的舞台布景体现出深宫淡月的意境，观众为之神往。当然，全剧最精彩的地方还是在末场，为梅兰芳伴舞的梨园子弟均是富连成戏班的学生，每人身披彩衣，手持十二花辰彩旗，旋绕于舞盘。饰演杨贵妃的梅兰芳在盘中每接一旗，便换一种舞姿，在十二花神曲谱的演奏下缓歌曼舞，这一场持续的时间很长，观众沉浸其中，为之痴醉。[4]

1. [日]波多野乾一：《京剧大观》，北京联合出版公司，2018年，第205页。
2. 《太真外传》，《晶报》，1925年9月27日，第3版。
3. 《评梅兰芳之二本太真外传》，《新闻报》，1925年11月8日，第5版。
4. 《梅兰芳之三本太真外传》，《新闻报》，1926年12月18日，第2版。

文部省在外研究员相关敕令及省令

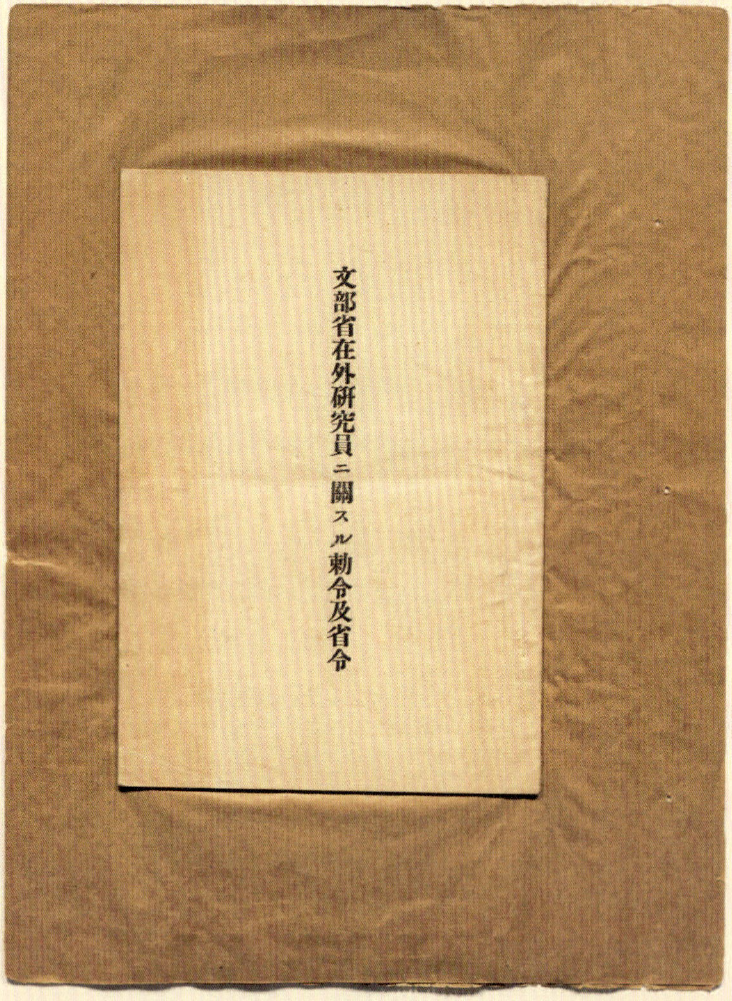

敕令第六号（大正十一年一月二十一日）

在外研究员规程

第一条　主管大臣应就其主管事项所需的学术技艺研究派遣研究员赴海外学习。

第二条　赴外研究员的选拔由主管大臣选拔和任命。

第三条　赴外研究员的研究事项、派遣国家、派遣时期及其他必要事项由主管大臣指定。

第四条　赴外研究员应获得本令所规定的学术基金、差旅补贴与旅费。

若有特殊事由，需要前项规定以外的特殊补贴，应与其主管大臣、大藏大臣协商。

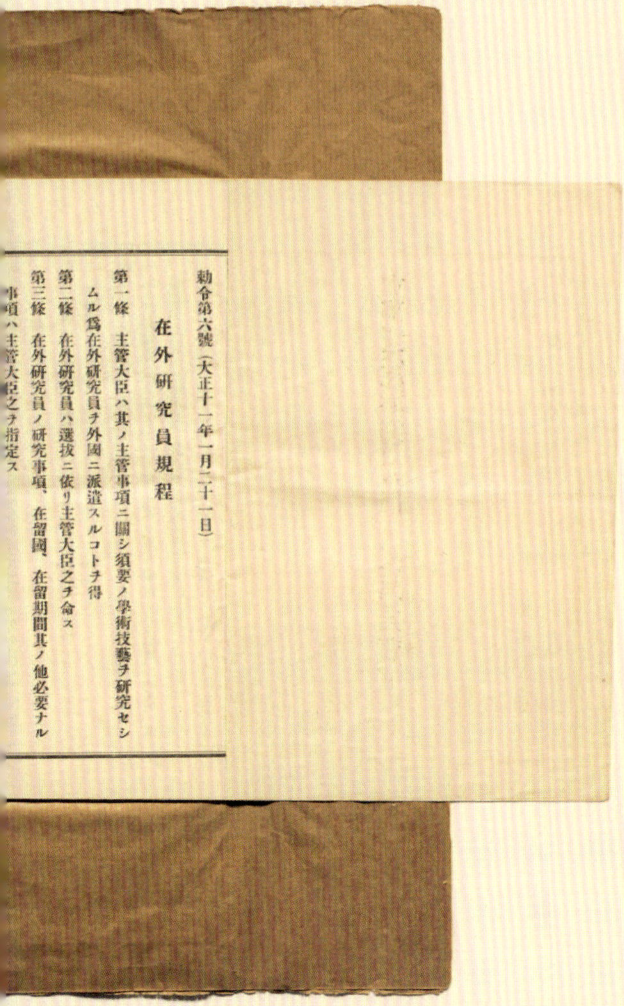
勅令第六號（大正十一年一月二十一日）

在外研究員規程

第一條　主管大臣ハ其ノ主管事項ニ關シ須要ノ學術技藝ヲ研究セシムル爲在外研究員ヲ外國ニ派遣スルコトヲ得

第二條　在外研究員ハ選拔ニ依リ主管大臣之ヲ命ス

第三條　在外研究員ノ研究事項、在留國、在留期間其ノ他必要ナル事項ハ主管大臣之ヲ指定ス

第五條　學資金及巡歷手當ハ別表ニ依ル但シ官吏ニ非サル者ニ付テハ所管大臣大藏大臣ト協議シ別表ニ準シテ之ヲ定ム

第六條　學資金ハ最初ノ在留地到著ノ翌日ヨリ歸朝ノ途ニ就ク前日迄月割及日割ヲ以テ之ヲ支給ス

在留國間移轉ノ場合ニ於テハ前在留地ヲ出發シタル日ノ翌日ヨリ後在留地ニ付定メタル學資金ヲ支給ス

第七條　各地ヲ巡歷研究スル場合ニ於テハ旅費ヲ支給セス巡歷手當ヲ支給ス

第八條　旅費ハ本邦在留國間往返ノ場合又ハ在留國間移轉ノ場合ニ於テ外國旅費規則ノ定ムル所ニ依リ本人相當ノ鐵道賃、船賃、車馬賃、日當、宿泊料、食卓料及支度料ヲ支給ス

第九條　外國在留中特別ノ任務ニ從事スル場合ニ於テハ外國旅費規

則ノ定ムル所ニ依リ旅費ヲ支給スルコトヲ得

前項ノ規定ニ依リ旅費ヲ支給スル場合ニ於テハ學資金及巡歷手當ハ之ヲ支給セス

第十條　外國旅費規則中死亡手當ニ關スル規定ハ在外研究員ニ付之ヲ準用ス

第十一條　學資金及巡歷手當ハ前金拂ヲ爲スコトヲ得

但シ學資金ニ付テハ六月分ヲ超ユルコトヲ得ス

第十二條　在外研究員ヲ命セラレタル官吏ハ本邦出發ノ日ヨリ歸朝ノ日迄之ヲ定員外ト爲スコトヲ得

前項ノ規定ニ依リ定員外ト爲リタル者ニハ俸給ヲ支給セス但シ時宜ニ依リ其ノ俸給ノ三分ノ二以內ヲ支給スルコトヲ得

第十三條　特別ノ事情アルトキハ官吏ニ非スシテ在外研究員ヲ命セ

第五条　学术基金与差旅津贴依据附表提供。但若非政府官员，则应与其主管大臣、大藏大臣协商，并依据附表确定。

第六条　学术基金依据最初到达派遣国家的翌日起至动身归国前日，按月及按日提供。

若存在多个派遣国家间差旅的情况，学术基金依据由前一派遣地出发翌日至到达后一派遣地提供。

第七条　若是前往各地游历研究的情况，不提供旅费，而提供差旅补贴。

第八条　提供旅费的情况为由本国往返派遣国以及在多个派遣国间的旅行，依据外国旅费规则，提供其本人所需的铁路费、船费、车马费、日津贴、住宿费、餐饮费与相关办理费用。

第九条　在国外期间从事特殊任务的情况，可依据外国旅费规则提供旅费。

前项规定中提供旅费的情况并非提供学术基金与差旅补贴的情况。

第十条　外国旅费规则中死亡津贴的相关规定适用于赴外研究员。

第十一条　可以预支学术基金或差旅津贴。

但不可预支超过六个月的学术基金。

第十二条　奉命在海外从事研究工作的官员，自离开日本之日起至返回日本之日止，不得从事原先职务。

依据上述规定，为从事原先职务的官员应提供薪资，但依据情况而言，不得超过其薪资的三分之二。

ラレタル者ニ年額二千五百圓以内ノ家族手當ヲ支給スルコトヲ得

前項ノ規定ハ前條第一項ノ規定ニ依リ定員外ト爲リタル在外研究員ニ之ヲ準用ス但シ同條第二項ノ規定ニ依リ受クル金額ト家族手當ノ額ト合シテ俸給ノ三分ノ二ヲ超ユルコトヲ得ス

第十四條　在外研究員ハ歸朝ノ日ヨリ外國在留期間ノ二倍ニ相當スル期間主管大臣ノ指定シタル職務ニ從事スル義務ヲ負フモノトス但シ歸朝ヲ爲サシメスシテ直ニ外國ニ在勤ヲ命シタル場合ニ於テハ其ノ期間ハ在勤ヲ命シタル日ヨリ之ヲ起算ス

第十五條　在外研究員主管大臣ノ命令ニ違背シタルトキ又ハ成業ノ目途ナキニ至リタルトキハ之ヲ免スルコトヲ得

第十六條　第十四條ノ義務ヲ履行セス又ハ前條ノ規定ニ依リ研究員

ヲ免セラレタル者ノ受ケタル學資金、巡歴手當、特別手當及旅費ハ之ヲ償還セシム但シ特別ノ事情アルトキハ其ノ全部又ハ一部ヲ免除スルコトヲ得

第十七條　特別ノ事情ニ因リ本令ニ依リ難キ場合ニ於テハ所管大臣大藏大臣ト協議シテ學資金及巡歴手當ニ關シ別段ノ定ヲ爲スコトヲ得

第十八條　本令中主管大臣ノ職務ハ朝鮮ニ在リテハ朝鮮總督、臺灣ニ在リテハ臺灣總督、關東州ニ在リテハ關東長官、樺太ニ在リテハ樺太廳長官之ヲ行フ

附　則

本令ハ公布ノ日ヨリ之ヲ施行ス

左ノ勅令ハ之ヲ廢止ス

第十三条　若存在特殊情况，任命非官吏的赴外研究员，应提供年额不超过二千五百元的家庭津贴。

前项规定适用于前一条第一项规定中的未从事原先职务的官员，然而依据同条第二项规定，所提供的金额与家庭津贴的额度合计不应超过其薪资的三分之二。

第十四条　赴外研究员自归国之日起，需要承担其主管大臣指定的职务的义务，其期限为赴外时长的两倍。但若存在未归国并直接被任命在海外就职的情况，其期限则从就职日起算。

第十五条　赴外研究员违背其主管大臣命令，或未能完成目标的情况下，可能会被遣返。

第十六条　未履行第十四条中的义务，或依据前条被遣返的研究员，需要偿还其所收到的学术基金、差旅津贴、特殊津贴及旅费。但若存在特殊情况，可免除全部或部分偿还。

第十七条　若存在本令未涉及的特殊情况，需要与主管大臣、大藏大臣协议，在学术基金与差旅津贴方面可做出特殊规定。

第十八条　本令中主管大臣的职务应由驻朝鲜的朝鲜总督、驻台湾的台湾总督、驻关东州的关东长官、驻桦太的桦太厅长官履行。

附则

本令自公布之日起施行。

以下敕令不再适用。

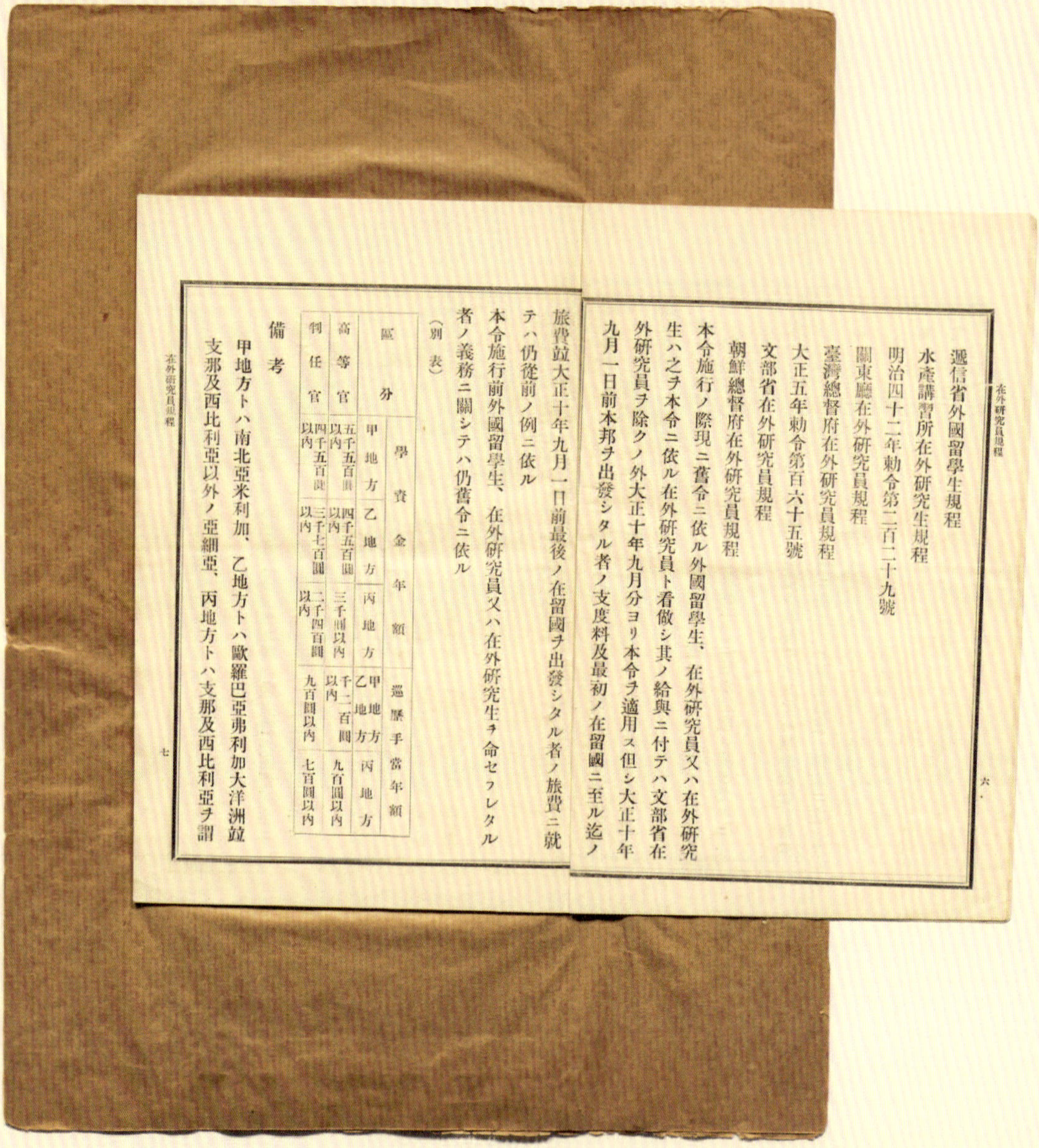

遞信省外國留學生規程
水產講習所在外研究生規程
明治四十二年勅令第二百二十九號
關東廳在外研究員規程
臺灣總督府在外研究員規程
大正五年勅令第百六十五號
文部省在外研究員規程
朝鮮總督府在外研究員規程

本令施行ノ際現ニ舊令ニ依ル外國留學生、在外研究員又ハ在外研究生ハ之ヲ本令ニ依ル在外研究員ト看做シ其ノ給與ニ付テハ文部省在外研究員ヲ除クノ外大正十年九月分ヨリ本令ヲ適用ス但シ大正十年九月一日前本邦ヲ出發シタル者ノ支度料及最初ノ在留國ニ至ル迄ノ旅費竝大正十年九月一日前最後ノ在留國ヲ出發シタル者ノ旅費ニ就テハ仍從前ノ例ニ依ル

本令施行前外國留學生、在外研究員又ハ在外研究生ヲ命セラレタル者ノ義務ニ關シテハ仍舊令ニ依ル

（別表）

區分	學資金年額 甲地方	學資金年額 乙地方	學資金年額 丙地方	巡歷手當年額 甲地方 乙地方	巡歷手當年額 丙地方
高等官	五千五百圓以內	四千五百圓以內	三千圓以內	千二百圓以內	九百圓以內
判任官	四千五百圓以內	三千七百圓以內	二千四百圓以內	九百圓以內	七百圓以內

備考

甲地方トハ南北亞米利加、乙地方トハ歐羅巴亞弗利加大洋洲竝支那及西比利亞以外ノ亞細亞、丙地方トハ支那及西比利亞ヲ謂

递信省外国留学生规程

水产讲习所在外研究生规程

明治四十二年敕令第二百二十九号

关东厅在外研究员规程

台湾总督府在外研究员规程

大正五年敕令第百六十五号

文部省在外研究员规程

朝鲜总督府在外研究员规程

自大正十年九月起，除文部省在外研究员外，本条例将外国留学生、在外研究员或在外研究生均视为在外研究员并提供补贴。但是大正十年九月一日前由日本出发的人员，其相关办理费用、最初前往派遣国家的旅费以及大正十年九月一日前由派遣国出发的旅费均依照前例施行。

本令施行前，外国留学生、在外研究员或在外研究生仍依照所任命的义务施行。

（附表）

区分	学术基金年额			差旅津贴年额	
	甲地方	乙地方	丙地方	甲地方/乙地方	丙地方
高等官	五千五百元以内	四千五百元以内	三千元以内	千二百元以内	九百元以内
判任官	四千五百元以内	三千七百元以内	二千四百元以内	九百元以内	七百元以内

备考

甲地方为南、北美洲，乙地方为欧洲、非洲、大洋洲、中国及西伯利亚以外的亚洲，丙地方为中国及西伯利亚。

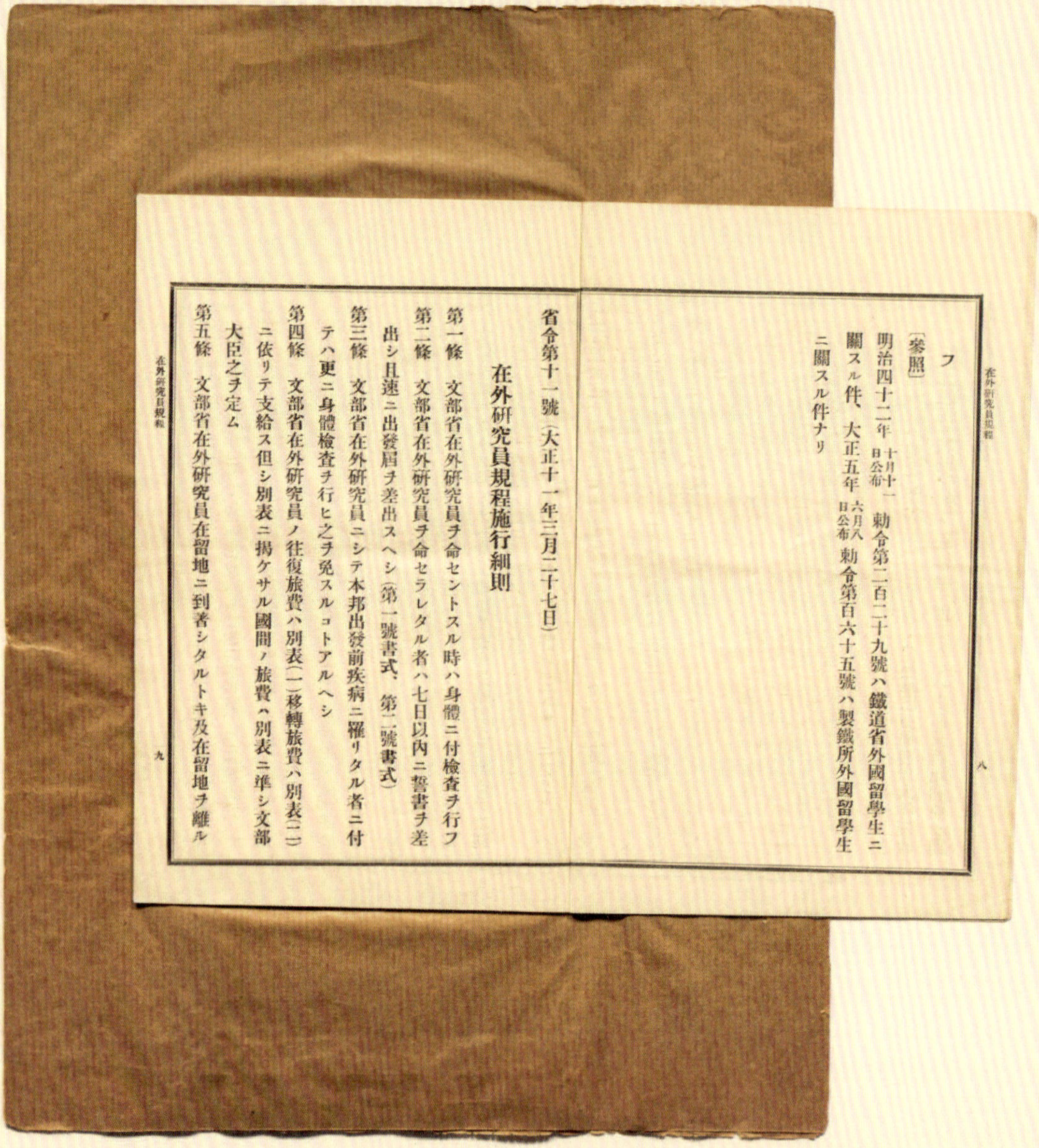

フ

〔參照〕明治四十二年十月十一日公布勅令第二百二十九號ハ鐵道省外國留學生ニ關スル件、大正五年六月八日公布勅令第百六十五號ハ製鐵所外國留學生ニ關スル件ナリ

省令第十一號（大正十一年三月二十七日）

在外研究員規程施行細則

第一條　文部省在外研究員ヲ命セントスル時ハ身體ニ付檢査ヲ行フ

第二條　文部省在外研究員ヲ命セラレタル者ハ七日以內ニ誓書ヲ差出シ且速ニ出發屆ヲ差出スヘシ（第一號書式、第二號書式）

第三條　文部省在外研究員ニシテ本邦出發前疾病ニ罹リタル者ニ付テハ更ニ身體檢査ヲ行ヒ之ヲ免スルコトアルヘシ

第四條　文部省在外研究員ノ往復旅費ハ別表（一）移轉旅費ハ別表（二）ニ依リテ支給ス但シ別表ニ掲ケサル國間ノ旅費ハ別表ニ準シ文部大臣之ヲ定ム

第五條　文部省在外研究員在留地ニ到着シタルトキ及在留地ヲ離ル

（参照）

明治四十二年（十月十一日公布）敕令第二百二十九号中铁道省外国留学生相关事项，大正五年（六月八日公布）敕令第百六十五号中制铁所外国留学生相关事项

省令第十一号（大正十一年三月二十七日）

在外研究员规程施行细则

第一条　任命文部省赴外研究员时需进行体检。

第二条　受任文部省在外研究员七日内须提交承诺书，并尽快递交离境申请（第一号申请书、第二号申请书）。

第三条　出国前患病的文部省赴外研究员可免于进一步的体检。

第四条　文部省赴外研究员的往返旅费依据附表（一）、差旅费用依据附表（二）提供，文部大臣应依据附表确定不同国家间的旅费。

第五条　文部省赴外研究员到达派遣地及离开派遣地时，应立即向文部大臣、日本驻该国大使公使或最近的当地日本领事提交申请（第三号申请书、第四号申请书）。

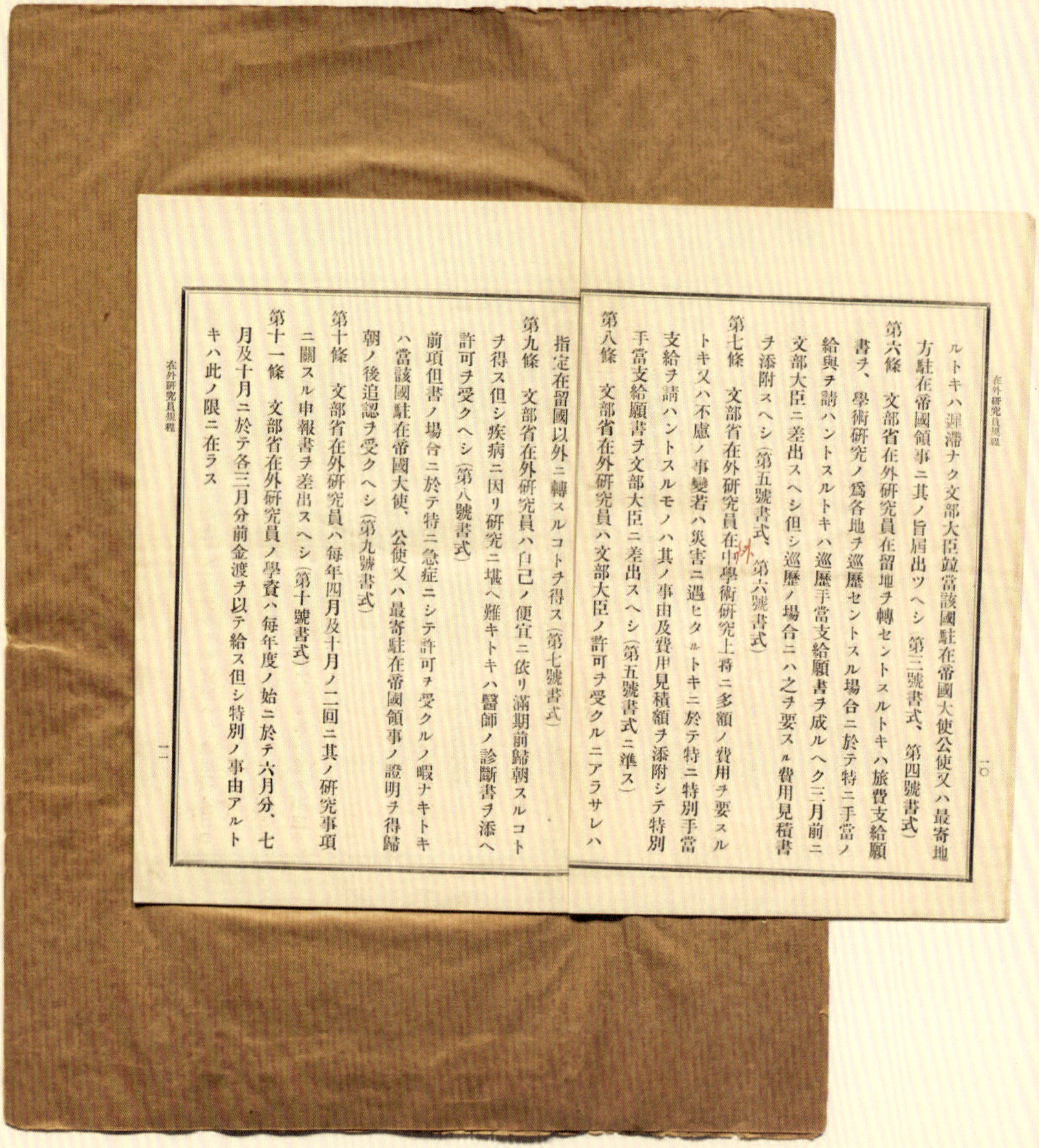

ルトキハ遅滞ナク文部大臣竝當該國駐在帝國大使公使又ハ最寄地方駐在帝國領事ニ其ノ旨屆出ツヘシ（第三號書式、第四號書式）

第六條　文部省在外研究員在留地ヲ轉セントスルトキハ旅費支給願書ヲ、學術研究ノ爲各地ヲ巡歷セントスル場合ニ於テ特ニ手當ノ給與ヲ請ハントスルトキハ巡歷手當支給願書ヲ成ルヘク三月前ニ文部大臣ニ差出スヘシ但シ巡歷ノ場合ニハ之ヲ要スル費用見積書ヲ添附スヘシ（第五號書式、第六號書式）

第七條　文部省在外研究員在中學術研究上特ニ多額ノ費用ヲ要スルトキ又ハ不慮ノ事變若ハ災害ニ遇ヒタルトキニ於テ特ニ特別手當支給ヲ請ハントスルモノハ其ノ事由及費用見積額ヲ添附シテ特別手當支給願書ヲ文部大臣ニ差出スヘシ（第五號書式ニ準ス）

第八條　文部省在外研究員ハ文部大臣ノ許可ヲ受クルニアラサレハ

指定在留國以外ニ轉スルコトヲ得ス（第七號書式）

第九條　文部省在外研究員ハ自己ノ便宜ニ依リ滿期前歸朝スルコトヲ得ス但シ疾病ニ因リ研究ニ堪ヘ難キトキハ醫師ノ診斷書ヲ添ヘ許可ヲ受クヘシ（第八號書式）

前項但書ノ場合ニ於テ特ニ急症ニシテ許可ヲ受クルノ暇ナキトキハ當該國駐在帝國大使、公使又ハ最寄駐在帝國領事ノ證明ヲ得歸朝ノ後追認ヲ受クヘシ（第九號書式）

第十條　文部省在外研究員ハ毎年四月及十月ノ二回ニ其ノ研究事項ニ關スル申報書ヲ差出スヘシ（第十號書式）

第十一條　文部省在外研究員ノ學資ハ毎年度ノ始ニ於テ六月分、七月及十月ニ於テ各三月分前金渡ヲ以テ給ス但シ特別ノ事由アルトキハ此ノ限ニ在ラス

第六条　文部省赴外研究员希望变更派遣地时，应填写旅费支给愿书，因学术研究需要游历各地并申请特殊津贴的情况下，应填写游历津贴支给愿书，并于三个月前提交与文部大臣。针对游历的情况，还须另附费用估算书（第五号申请书、第六号申请书）。

第七条　文部省赴外研究员若在外学术研究方面需要大额费用，或遇意外事件，如遭遇灾害，需要特别津贴时，应填写包含事由及费用估算额的特别津贴支给愿书，提交文部大臣（可用第五号申请书）。

第八条　文部省赴外研究员若未得到文部大臣许可，不可前往指定派遣国以外的国家（第七号申请书）。

第九条　文部省赴外研究员在到期前不应因私回国，但若因疾病无法进行研究的情况，须附医生的诊断书可获许可（第八号申请书）。

第十条　文部省赴外研究员每年四月及十月需提交其研究事项相关申报书（第九号申请书）。

第十一条　文部省赴外研究员的学术基金应于每年财政年度开始时分别预付六月、七月及十月这三个月的款项，若有特殊事由，可不受此限制。

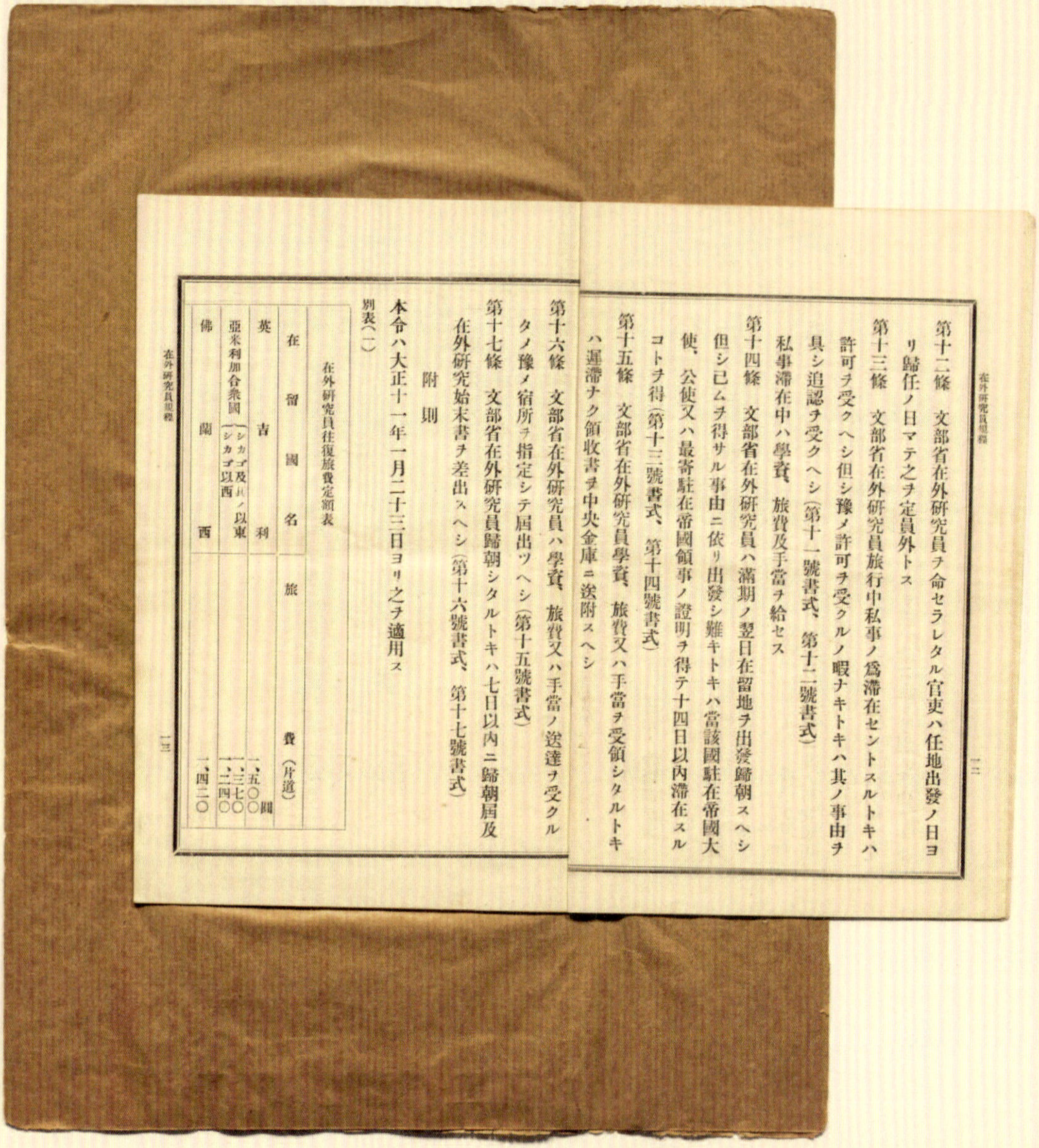

第十二條　文部省在外研究員ヲ命セラレタル官吏ハ任地出發ノ日ヨリ歸任ノ日マテ之ヲ定員外トス

第十三條　文部省在外研究員旅行中私事ノ爲滯在セントスルトキハ許可ヲ受クヘシ但シ豫メ許可ヲ受クルノ暇ナキトキハ其ノ事由ヲ具シ追認ヲ受クヘシ（第十一號書式、第十二號書式）

私事滯在中ハ學資、旅費及手當ヲ給セス

第十四條　文部省在外研究員ハ滿期ノ翌日在留地ヲ出發歸朝スヘシ但シ已ムヲ得サル事由ニ依リ出發シ難キトキハ當該國駐在帝國大使、公使又ハ最寄駐在帝國領事ノ證明ヲ得テ十四日以內滯在スルコトヲ得（第十三號書式、第十四號書式）

第十五條　文部省在外研究員學資、旅費又ハ手當ヲ受領シタルトキハ遲滯ナク領收書ヲ中央金庫ニ送附スヘシ

第十六條　文部省在外研究員ハ學資、旅費又ハ手當ノ送達ヲ受クルタメ豫メ宿所ヲ指定シテ屆出ツヘシ（第十五號書式）

第十七條　文部省在外研究員歸朝シタルトキハ七日以內ニ歸朝屆及在外研究始末書ヲ差出スヘシ（第十六號書式、第十七號書式）

附　則

本令ハ大正十一年一月二十三日ヨリ之ヲ適用ス

別表（一）

在外研究員往復旅費定額表

在留國名	旅費（片道）
英吉利	一、五〇〇圓
亞米利加合衆國（シカゴ及其ノ以東）	一、三七〇
亞米利加合衆國（シカゴ以西）	一、二四〇
佛蘭西	一、四二〇

第十二条 作为文部省赴外研究员的官员自出发至派遣地起至归任之日期间不作为组织内官员。

第十三条 文部省赴外研究员在旅行中若因私事滞留，应获得许可。但若来不及获得许可者，应说明事由，追认许可（第十一号申请书、第十二号申请书）。

第十四条 文部省赴外研究员在满期翌日就应回国，但若因不得已事由难以出发，须获得日本驻该国大使公使或最近的当地日本领事的证明，可滞留十四天内（第十三号申请书、第十四号申请书）。

第十五条 文部省赴外研究员在收到学术基金、旅费及津贴时，应尽快向中央金库提交收据。

第十六条 文部省赴外研究员收到学术基金、旅费及津贴后，应确定住宿地点并提交申请书（第十五号申请书）。

第十七条 文部省赴外研究员在归国后七日内应提交归国申请书与在外研究始末书（第十六号申请书、第十七号申请书）。

附则

本令自大正十一年一月二十三日起施行。

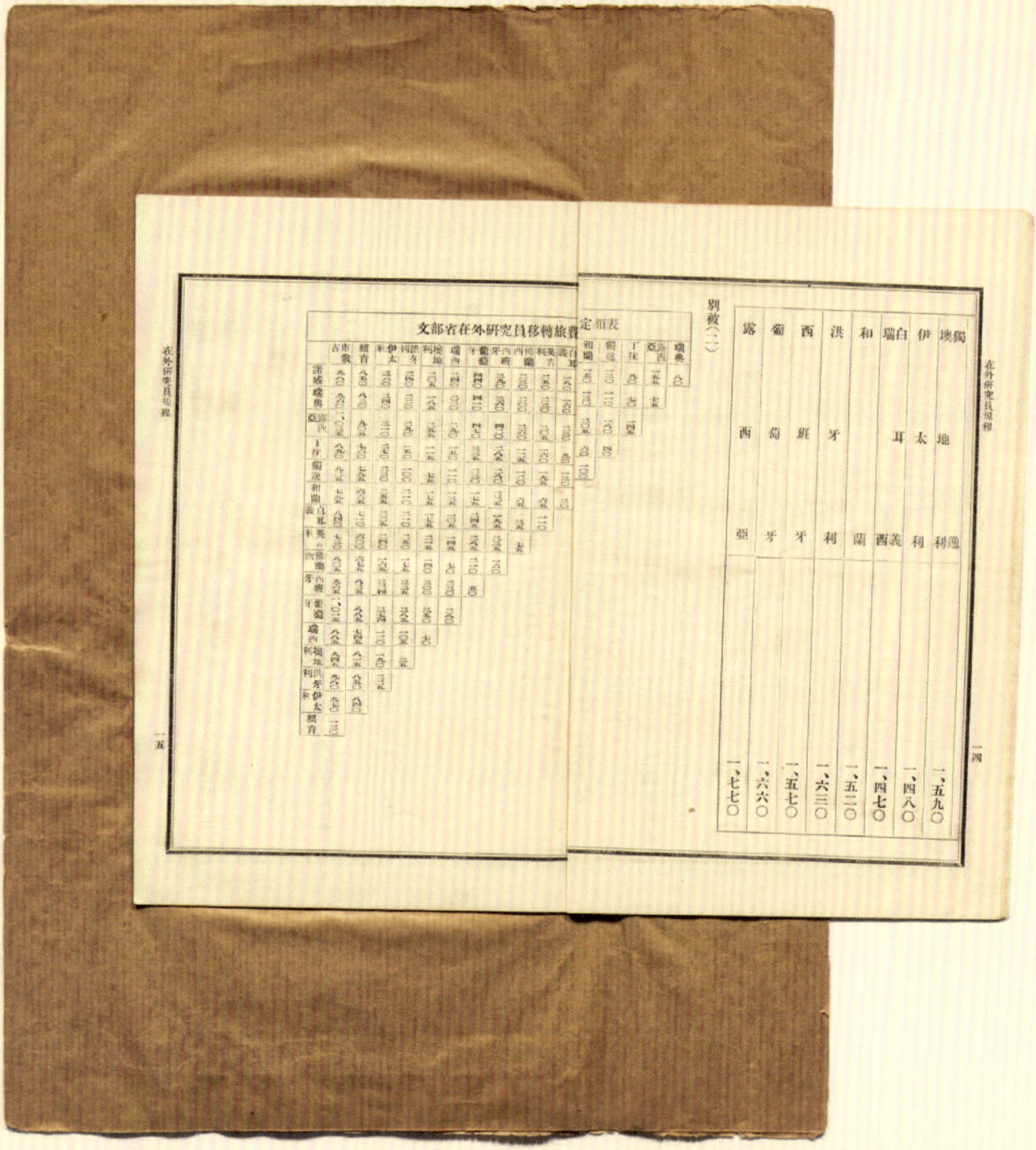

別表(二)

獨逸 墺地利	一、五九〇
伊太利	一、四八〇
白耳義 瑞西	一、四七〇
和蘭	一、五二〇
洪牙利	一、六三〇
西班牙	一、五七〇
葡萄牙	一、六六〇
露西亞	一、七七〇

附表（一）

在外研究员往返旅费定额表

派遣国名	旅费（单程）
英吉利	1500
美利坚合众国（芝加哥及其以东、芝加哥以西）	1370、1240
法兰西	1420
德意志、奥地利	1590
意大利	1480
比利时、瑞士	1470
荷兰	1520
匈牙利	1630
西班牙	1570
葡萄牙	1660
俄国	1770

附表（二）

文部省在外研究员移转旅费定额表

	芝加哥	纽约	意大利	匈牙利	奥地利	瑞士	西班牙	葡萄牙	法兰西	英吉利	比利时	荷兰	德意志	丹麦	俄国	瑞典
挪威	980	850	360	240	205	240	440	390	230	250	180	150	130	90	155	80
瑞典	960	830	340	220	185	220	410	360	200	230	160	130	110	70	75	
俄国	1035	905	310	290	255	290	470	420	260	305	230	205	180	145		
丹麦	890	760	270	150	115	150	335	285	125	160	90	60	40			
德意志	925	795	230	100	75	110	230	280	120	195	130	100				
荷兰	795	665	255	210	175	135	175	225	65	65	30					
比利时	840	710	225	210	175	105	245	195	35	110						
英吉利	730	600	240	250	215	145	285	235	75							
法兰西	805	675	165	175	140	70	210	160								
西班牙	965	835	324	335	300	230	50									
葡萄牙	1015	885	374	385	350	280										
瑞士	885	745	120	105	70											
奥地利	945	815	190	35												
匈牙利	980	850	225													
意大利	970	840														
纽约	130															

青木正儿所藏在北京留学期间的局票、食品包装、广告等

本月二十一日即星期五下午七句半钟洁樽候教 / 沈尹默、马裕藻、周作人、陈大齐、沈兼士、胡适、张凤举拜订 / 座设东兴楼

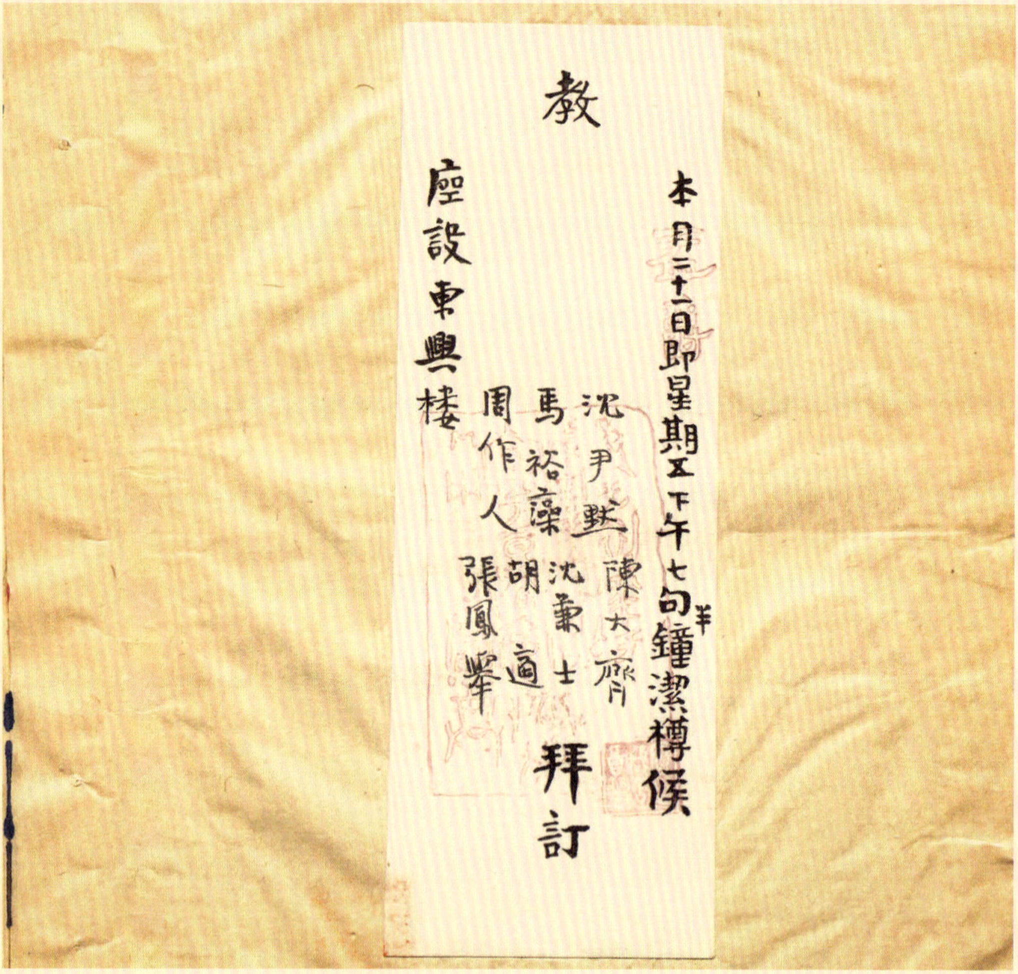

局票

电话南局四千九百十六号 / 三百九十五号

先生 叫 / 班 / 校书 / 速来观音寺街路北 福兴居饭庄第 号侍酒，勿延。

月 日 钟

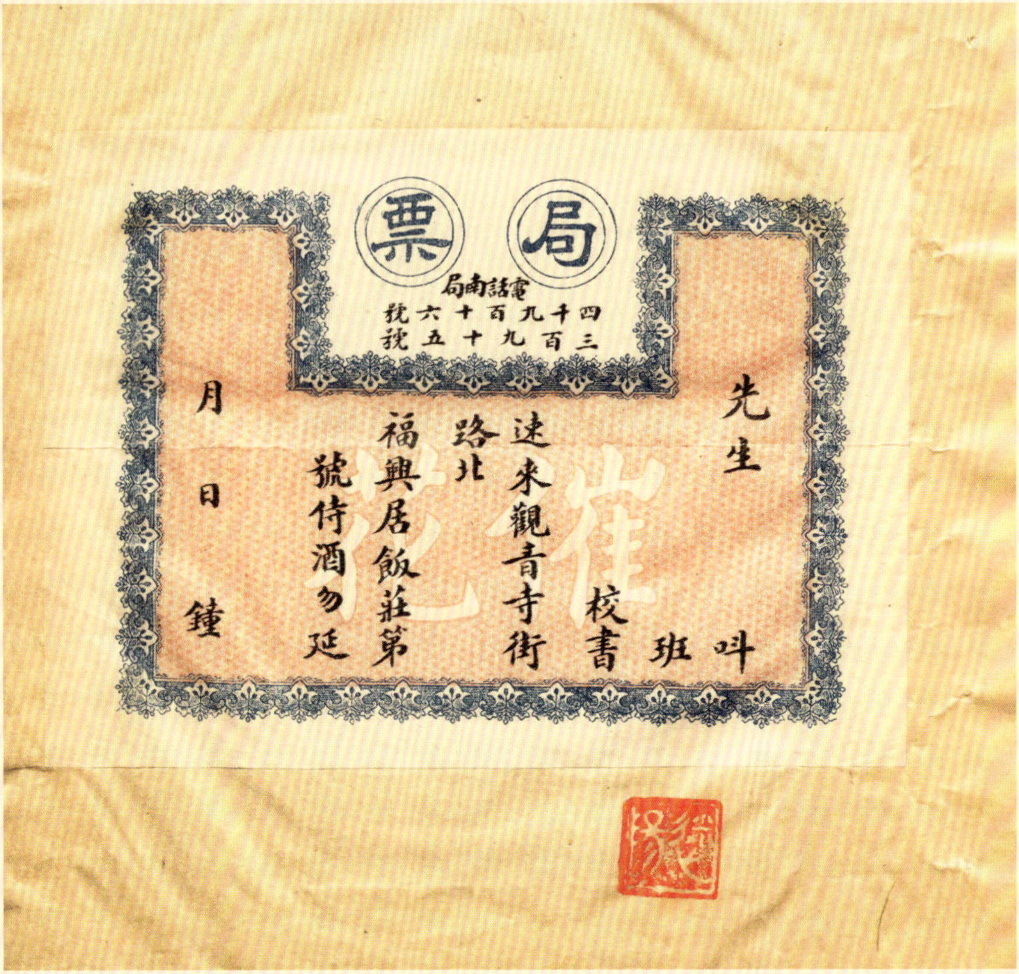

东天源京酱园

本园精制红、黄、黑晒醅伏酱，式样酱砖，佛手香芥，五香春菜，加料豆豉，五香干芥，雷镇咯哒，加料红、白酱，油桂花，红、白糖蒜，糖酱，姜芽，黑菜，包瓜，各样八宝甜酱小菜，一应俱全，不误主顾，四远驰名。开设在北京东四牌楼北路东头巷西口外。诸公赐顾者，详认本园字号便是。

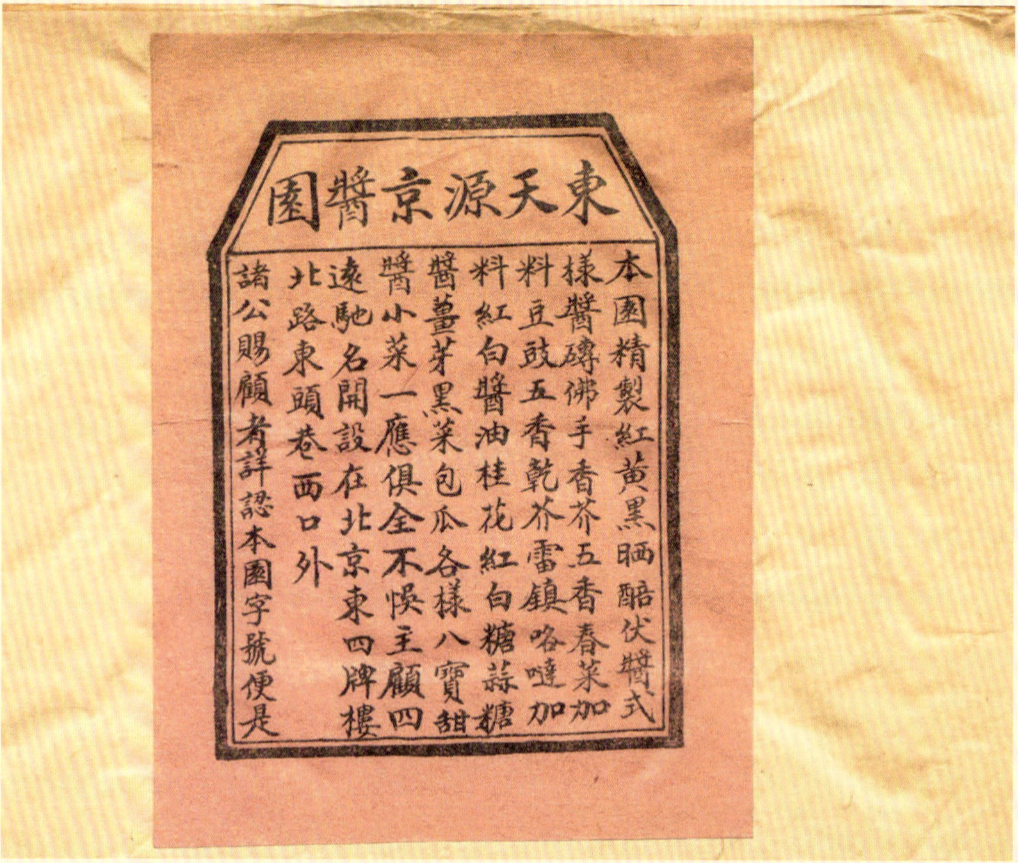

三义号

本客自置江浙诸品名酒，金华生熟火腿，南式糟鱼，五彩松花，绍兴腐乳，各样一概运京发行。开设东四牌楼北三条胡同西口外北边路东便是。不误主顾。

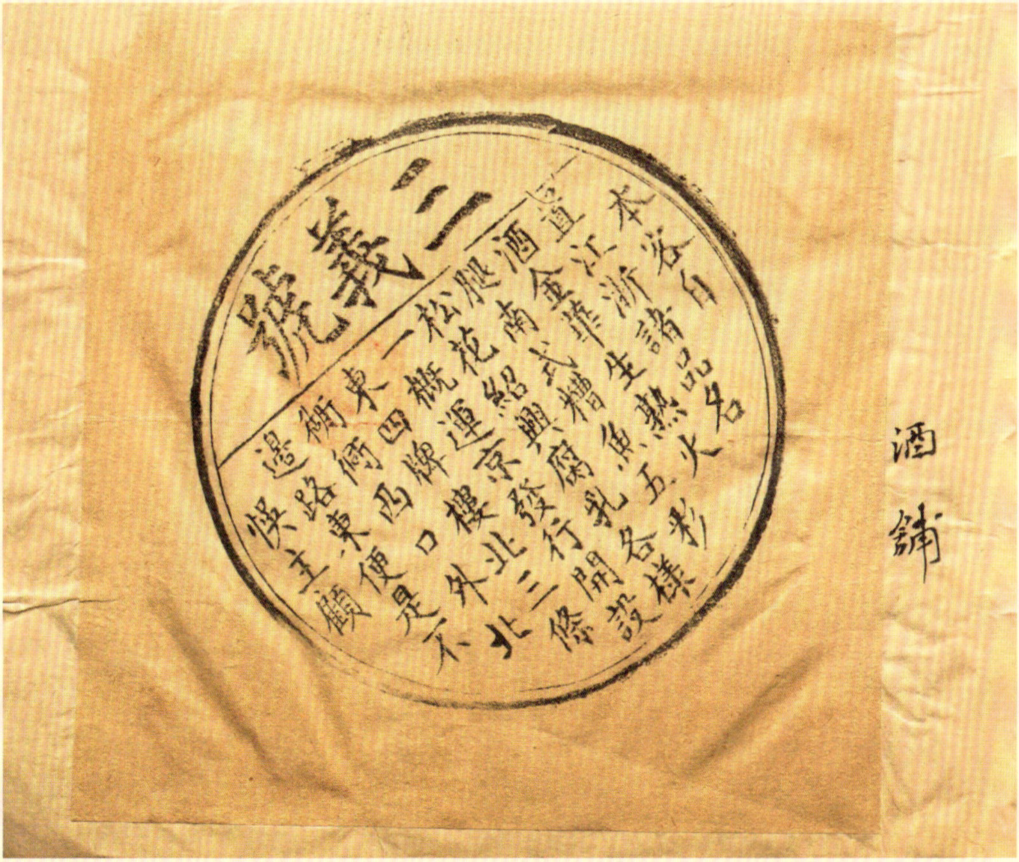

新张广告

庆明斋清真饽饽铺

择于旧历九月二十九日开市大吉

本斋开幕，当同业争胜之秋，发展营业之时，不惜重资，特聘高等技师，专做中外南北各样异味糕点。龙凤喜饼，大小八件，什锦糟糕，中秋月饼，翻毛月饼，赖皮月饼，提江月饼，重阳花糕，松仁花糕，百果油糕，芙蓉蜜糕，汉丝细马，姜丝排岔，什锦南糖，异味酥糖，门冬蜜枣，麒麟细酥，蝴蝶蜜酥，金钱蓼花，一品烧饼，桂花蒸糕，玉面蜂糕，什锦炸食，蜜糕蛋卷，大酥盒子，青梅油糕，糖耳蜜柿，红黄油糕，糯米元宵，桂花年糕，各样板糕，金银元宝，竹节年糕，各样糕坨，成套大小真素月饼，白蜜衬供，各样饼干、罐头、蜜饯，各样果脯、藕粉、挂面，名目繁多，不细备载。外有华丽行匣，送礼盒盘一应俱全。卫生一道，惟清真讲求尤甚，各色食品无不精益求精。本主人不图一时利益，而图久远，定价从廉，格外克己。各界名流，海内诸君，大驾光临惠顾，请尝试之，方知言之不谬也。

本主人谨白。

开设东四牌楼北大街二条口外路东

新張
廣告
慶明齋清真餑
擇於舊歷九月二十九日開市大吉
本齋開幕當同業爭勝之秋發展營業
之時不惜重資特聘高等技師專做中
外南北各樣異味糕點龍鳳喜餅大小
八件什錦糟糕中秋月餅翻毛月餅賴
皮月餅提江月餅重陽花糕松仁花糕
百果油糕芙蓉蜜糕漢絲細馬薑絲排
岔什錦南糖異味酥糖門冬蜜棗麒麟
細酥蝴蝶蜜酥金錢蔘花一品燒餅桂
花蒸糕玉面蜂糕什錦炸食蜜糕蛋捲
大酥盒子青梅油糕糖耳蜜柿紅黃油
糕糯米元宵桂花年糕各樣板糕金銀
元寶竹節年糕各樣糕墊成套大小真
素月餅白蜜襯供各樣餅乾罐頭蜜錢
各樣果脯藕粉掛面名目繁多不細備

北京吴德丰号

本号向在各省设庄，采办各种名茶，徽州黄山云雾毛峰、六安银针雀舌、福建武夷白毫、浙江西湖龙井。雨前设庄，闽粤加工，研究熏焙。茉莉珠兰，味纯色美，久蒙各界欢迎。赐顾者请认本号商标，庶不致误。开设在北京东四牌楼迤北路东，麒麟为记。

张一元文记

茶之佳产天相，中国素有“瑞草”之称，得我国山川灵秀之气，味本清香，是以古有陆羽《茶经》，丁谓《北苑茶录》，毛文锡《茶谱》，蔡宗颜《茶对》。考之茶性，清洁卫生，有止渴明目、除烦悦志之功，利水消痰、清上利咽之益，故年中出口各国之茶，莫不以中国出产为珍品。本庄不惜重本，向在各省产茶名山精选各种诸品名茶，货高味美，中外咸知。开设在北京前门外大栅栏中间路南，诸君赐顾者，请以尝试，方知不谬也。谨启。电话：南局三千七百三十四号。

张一元文记茶庄广告

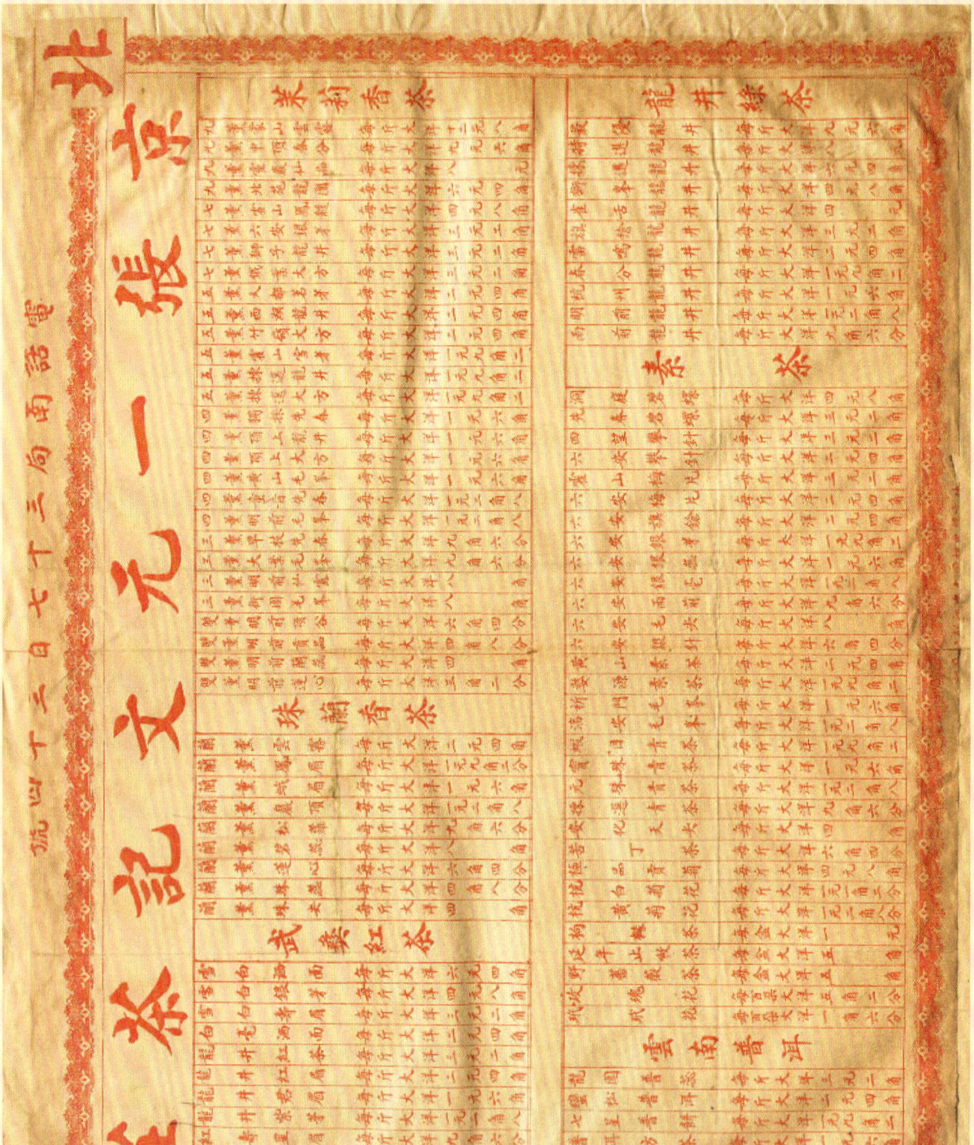

吉泰茶庄广告

東四
京都
吉泰茶莊
六条
本主人自製

東四
京都
吉泰茶莊
六条
本主人自製

東四
京都
吉泰茶莊
六条
黄山
谷雨
本主人自製

東四
京都
吉泰茶莊
六条
龍井
本主人自製

苏省森春阳

开设北京崇文门内东四牌楼迤北路西，电话东局二千九百七十四。

改良茶食

官礼细点

奇巧糖果

执据

第27341号

今据 街 胡同 青木 取包裹一件，即赴东四邮包税局查验。如有绕越匿报，希图偷漏情事，查出后即行按章处罚。

民国十四年十二月廿九日

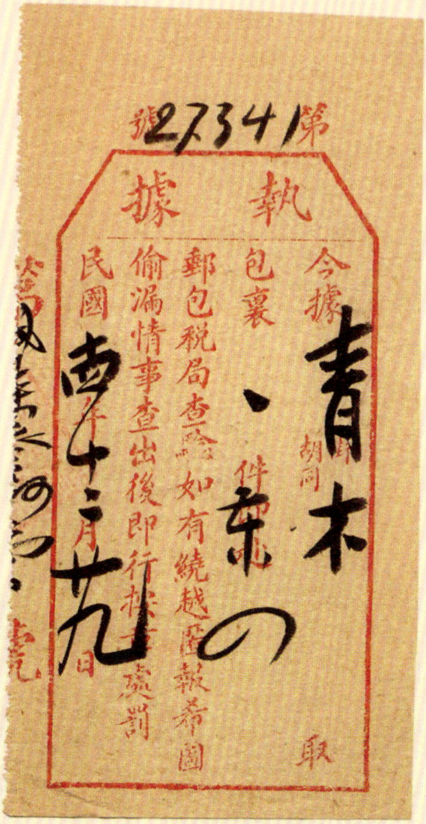
第27341號

執據

今據　街　胡同　青木　取包裹　一件　即赴東四郵包稅局查驗如有繞越匿報希圖偷漏情事查出後即行按章處罰

民國十四年十二月廿九日

收据

今收到民国十四年九月份（详见账单）本愿寺 内城东路宅第三四五号 电费，共计现银圆七元二角正。此据。

京师华商电灯有限公司谨具

中华民国十四年九月 日

经收人（盖章）

专管水价收条

今核得第 号（辅币铜圆均照市价折算）

本派本愿寺十月份用水一百九十担，合现大洋一元五角二分，即请照付。来人并截留此条存照。

民国十四年十月三十一日

北京自来水有限公司具

專管水價收條
今核得第　號
本派本願寺十月份用水一百九十担
合現大洋壹元伍角貳分　即請
照付來人並截留此條存照
民國十四年十月三十一日
北京自來水有限公司具

北京自来水公司专管估价单

今将　尊处订安自来水专管工料价开单送请查核，希将后开价款饬送敝公司收讫，掣取收条，以便挨次装安。此布。

计开：

分水管一百五十尺，37.5元

四分弯头三个，1.35元

四分三通一个，0.55元

四分水门一个，2.2元

四分水表一个，35.4元

四分水嘴二个，4.4元

四分小箍一个，0.18元

三寸四分卡子一个，10元

砌水表井一个（1.5尺长，1尺宽，42尺深），8元

油纱杂料安工，5.25元

沟工，9.75元

共合现洋一百十四元五角八分

本派本愿寺　台照

中华民国十三年六月九日

附则：

一、此估价单自开出之日起，过期一个月作为无效。

一、经此次开单后，倘安装时管线有更改之处，另行核算。原估工料如有余剩，结账后按价退还。临时如有加添工料，应由主顾照数补缴。

一、缴价后须候敝公司报明官厅，批准刨路后始能动工。

一、单内所开水表井如主顾愿自理者，听其自便。惟必须照所开尺寸砌修。

一、缴价另有收条，嗣后如有零件修理，应缴料价均有收条为凭。惟收拾皮垫不需费用。

一、安装水管如有墁地等砖瓦、木石，工料均归主顾自理。

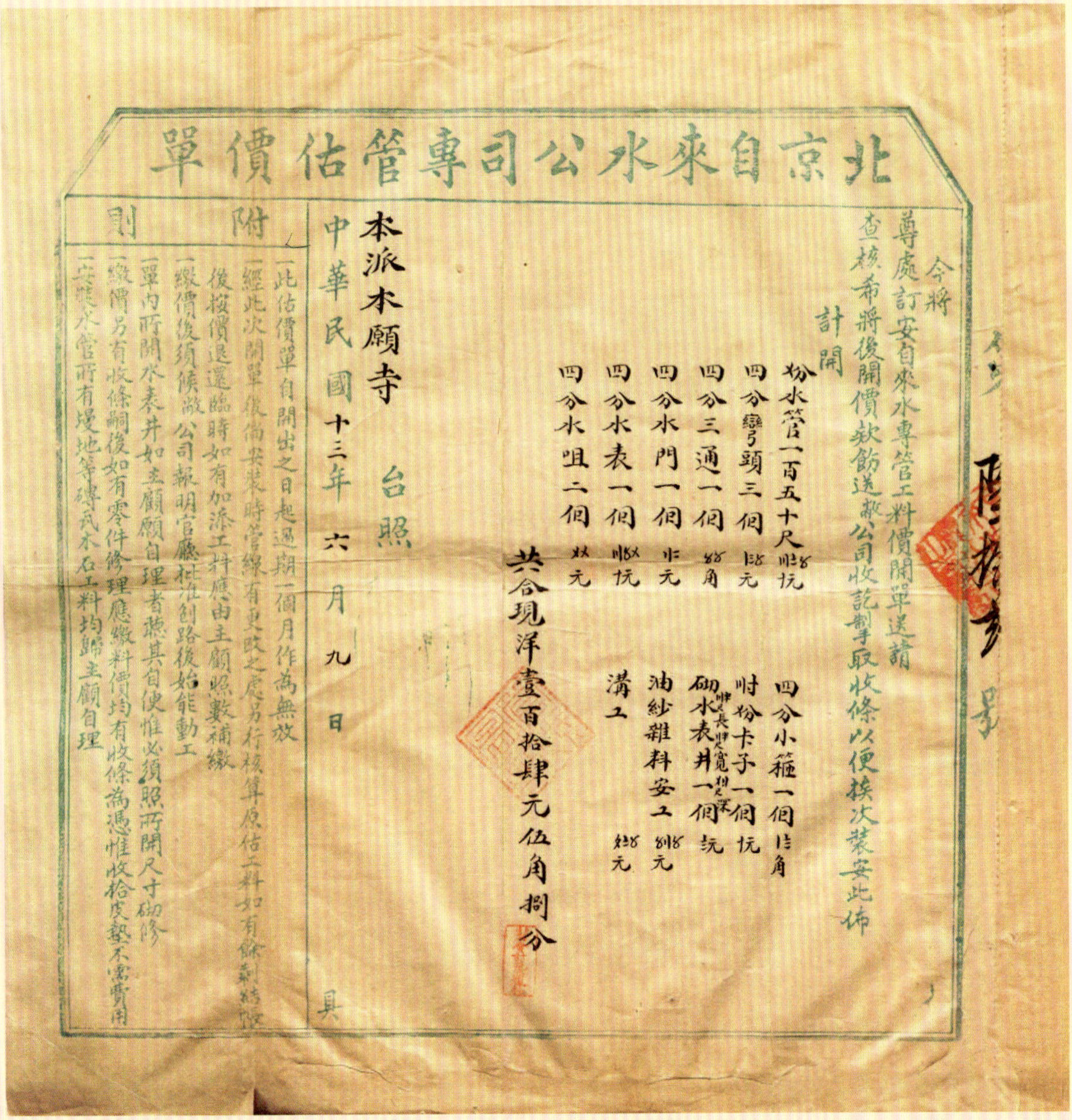

北京自來水公司專管估價單

令將
尊處訂安自來水專管工料價開單送請
查核希將後開價欵飭送敝公司收訖掣取收條以便挨次裝安此佈
計開

扮水管一百五十尺
四分彎頭三個
四分三通一個
四分水門一個
四分水表一個
四分水咀二個
四分小箍一個
附扮卡子一個
砌水表井一個（長　尺寬　尺深）
油紗雜料安工
溝工

共合現洋壹百拾肆元伍角捌分

本派木願寺　台照

中華民國十三年六月九日　具

附則

一此估價單自開出之日起過期一個月作為無效
一經此次開單後倘安裝時管線有更改之處另行核算原估工料如有餘剩找後按價退還臨時如有加添工料應由主顧照數補繳
一繳價後須候敝公司報明官廳核准刨路後始能動工
一單內所開水表井如主顧願自理者聽其自便惟必須照所開尺寸砌修
一繳價另有收條嗣後如有零件修理應繳料價均有收條為憑惟收拾皮墊不需費用
一安裝水管所有墁地等磚瓦木石工料均歸主顧自理

玉龙汽车行出赁汽车特别减净价目表

电话: 东局七百四十八号　　　东四北南剪子巷北口内

一、用车一小时大洋一元三毛(过一刻加大洋三毛)

一、用车五小时大洋六元(过一小时加大洋一元)

一、用车十小时大洋九元

一、用车西直门车站接送,每次大洋一元六毛

一、用车去万牲园,三小时为限,大洋三元五毛(过一小时加大洋一元,凡一送大洋一元八毛)

一、用车去南北苑,四小时为限,大洋五元(过一小时加大洋一元,凡一送大洋四元)

一、用车去马厂,四小时为限,大洋五元(过一小时加大洋一元,凡一送大洋四元)

一、用车去海甸,四小时为限,大洋五元(过一小时加大洋一元,凡一送大洋三元五毛)

一、用车去燕京大校,四小时为限,大洋五元五毛(过一小时加大洋一元,凡一送大洋四元)

一、用车去清华园、万寿山,五小时为限,大洋六元[过一小时加大元(洋)一元,凡一送大洋五元]

一、用车去玉泉山,六小时为限,大洋七元(过一小时加大洋一元,凡一送大洋六元)

一、用车去香山、碧云寺,六小时为限,大洋八元五毛(过一小时加大洋一元,凡一送大洋七元)

一、用车去汤山,十小时为限,大洋十三元(次日返加大洋五元,凡一送大洋十一元)

一、用车去通县,五小时为限,大洋六元(过一小时加大洋一元,凡一送大洋五元)

一、用车去河西务,十小时为限,大洋十四元(次日返加大洋六元,凡一送大洋十二元)

一、蒙各界赐顾,现钱交易,请将车价随交司机人,带回不误。

一、本行出赁汽车,概无门钱底子。

出賃汽車特別減淨價目表

電話東局七百四十八號

玉龍汽車行

東四北南剪子巷北口內

一用車一小時大洋一元三毛（過一刻加大洋三毛）

一用車五小時大洋六元（過一小時加大洋一元）

一用車十小時大洋九元

一用車西直門車站接送每次大洋一元六毛

一用車去萬牲園三小時爲限大洋三元五毛（過一小時加大洋一元 凡一送大洋一元八毛）

一用車去南北苑四小時爲限大洋五元（過一小時加大洋一元 凡一送大洋四元）

一用車去馬廠四小時爲限大洋五元（過一小時加大洋一元 凡一送大洋四元）

一用車去海甸四小時爲限大洋五元（過一小時加大洋一元 凡一送大洋三元五毛）

一用車去燕京大校四小時爲限大洋五元五毛（過一小時加大洋一元 凡一送大洋四元）

一用車去清華園萬壽山五小時爲限大洋六元（過一小時加大洋一元 凡一送大洋五元）

一用車去玉泉山六小時爲限大洋七元（過一小時加大洋一元 凡一送大洋六元）

一用車去香山碧雲寺六小時爲限大洋八元五毛（過一小時加大洋一元 凡一送大洋七元）

一用車去湯山十小時爲限大洋十三元（次日返加大洋五元 凡一送大洋十一元）

一用車去通縣五小時爲限大洋六元（過一小時加大洋一元 凡一送大洋五元）

一用車去河西務十小時爲限大洋十四元（次日返加大洋六元 凡一送大洋十二元）

一蒙各界賜顧現錢交易請將車價隨交司機人帶回不誤

一本行出賃汽車概無門錢底子

文庙释奠仪式

里面附图

释奠仪式

一、就位

执礼入就拜位、四拜、就位○雅乐师帅工人、二舞（文舞、武舞）入就位○参拜人入就位○大祝及诸执事入就拜位、四拜、盥手、就位○讲士入就位○献官入就位

总督帅诸员入就位

二、行事

谒者进请行事○雅乐师举麾、雅乐手长击拍○轩架（堂下乐）作凝安之乐、烈文之舞作○乐八成

三、四拜（参列者一同敬礼）

献官以下在位者皆四拜（先拜者不拜）○乐九成○乐止

四、奠币礼

初献官盥手、诣正位神位前、跪○登歌（堂上乐）作明安之乐、烈文之舞作○初献官三上香○初献官奠币○初献官诣配位神位前、跪○初献官三上香○初献官奠币○乐止○初献官降复位

五、初献礼

初献官诣正位神位前、跪○登歌作成安之乐、烈文之舞作○初献官献爵○初献官少退、跪○乐止○大祝进跪（神位右侧东向）读祝○乐作○初献官诣配位神位前、跪○初献官献爵○乐止○初献官降复位○轩架作舒安之乐○文舞退、武舞进○乐止

六、亚献礼

亚献官盥手、诣正位神位前、跪○轩架作成安之乐、昭武之舞作○亚献官献爵○亚献官诣配位神

位前、跪〇亚献官献爵〇乐止〇亚献官降复位

七、终献礼

终献官盥手、诣神位前、如上行礼、降复位（仪式与亚献同）

八、分献礼

分献官盥手、各诣神位（东西从享位及东西庑位）前、跪〇分献官三上香〇分献官献爵〇分献官降复位

九、饮福礼

初献官诣饮福位、跪〇大祝以爵授初献官〇初献官受爵、饮〇大祝以俎授初献官〇初献官受俎、授执事〇执事受俎、出〇初献官降复位

十、四拜

献官以下讲士皆四拜

十一、添香礼

总督添香〇参列诸员添香（但高等官以上及各团体代表各一人）

十二、彻笾豆

登歌作娱安之乐〇大祝彻笾豆〇乐一成〇乐止

十三、四拜（参列者一同敬礼）

轩架作凝安之乐〇献官以下在位者皆四拜〇乐一成〇乐止

十四、望燎

初献官诣望燎位〇乐作〇燎祝币〇乐止

十五、礼毕

总督帅诸员出〇献官出〇讲士出〇大祝及诸执事皆四拜、出〇参拜人出〇雅乐师帅工人二舞出〇执礼四拜、出〇庙司彻礼馔、阖户、出

初獻官詣飲福位、跪○大祝以爵授初獻官○初獻官受爵、飲○大祝以俎授初獻官○初獻官受俎、授執事○執事受俎、出○初獻官降復位

十、四　拜

獻官以下講士皆四拜

十一、添香禮

總督添香○叅列諸員添香（但高等官以上及各團體代表者一人）

十二、徹籩豆

登歌作娛安之樂○大祝徹籩豆○樂一成○樂止

十三、四　拜（叅列者一同敬禮）

軒架作凝安之樂○獻官以下在位者皆四拜○樂一成○樂止

十四、望　燎

初獻官詣望燎位○樂作○瘞祝幣○樂止

十五、禮　畢

總督帥諸員出○獻官出○講士出○大祝及諸執事皆四拜、出○參拜人出○雅樂師帥工人二舞出○執禮四拜、出○廟司徹禮饌、闔戶、出

祭　官

初獻官　大提學
亞獻官　副提學
終獻官　副提學
東從享獻官　司成
西從享獻官　司成
東廡獻官　直員
西廡獻官　直員
執禮　直員
大祝　直員
廟司　直員

執　事

正位　奉香　奉爐　奠爵　奉爵
配位　奉香　奉爐　奠爵　奉爵
東從享　奉香　奉爐　奠爵　奉爵
西從享　奉香　奉爐　奠爵　奉爵
東廡　奉香　奉爐　奠爵　奉爵
西廡　奉香　奉爐　奠爵　奉爵
司罇　陳設　盥洗位　滌器　食色

雅　樂

雅樂師　雅樂手長　雅樂手

文廟釋奠儀式

裏面附圖

京城

釋奠儀式

一、就 位

執禮入就拜位、四拜、就位○雅樂師帥工人、二舞（文舞武舞）入就位○叅拜人入就位○大祝及諸執事入就拜位、四拜、盥手、就位○講士入就位○獻官入就位

總督帥諸員入就位

二、行 事

謁者進請行事○雅樂師舉麾、雅樂手長擊拍○軒架（堂下樂）作凝安之樂、烈文之舞作○樂八成

三、四 拜（叅列者一同敬禮）

獻官以下在位者皆四拜（先拜者不拜）○樂九成○樂止

四、奠幣禮

初獻官盥手、詣正位神位前、跪○登歌（堂上樂）作明安之樂、烈文之舞作○初獻官三上香○初獻官奠幣○初獻官詣配位神位前、跪○初獻官三上香○初獻官奠幣○樂止○初獻官降復位

五、初獻禮

初獻官詣正位神位前、跪○登歌作成安之樂、烈文之舞作○初獻官獻爵○初獻官少退、跪○樂止○大祝進跪（神位右側東向）讀祝○樂作○初獻官詣配位神位前、跪○初獻官獻爵○樂止○初獻官降復位

軒架作舒安之樂○文舞退、武舞進○樂止

六、亞獻禮

亞獻官盥手、詣正位神位前、跪○軒架作成安之樂、昭武之舞作○亞獻官獻爵○亞獻官詣配位神位前、跪○亞獻官獻爵○樂止○亞獻官降復位

七、終獻禮

終獻官盥手、詣神位前、[illegible]（儀式與亞獻同）

祭官:

初献官　大提学

亚献官　副提学

终献官　副提学

东从享献官 司成

西从享献官 司成

东庑献官 直员

西庑献官 直员

执礼 直员

大祝 直员

庙司 直员

执事:

正位 奉香 奉炉 奠爵 奉爵

配位 奉香 奉炉 奠爵 奉爵

东从享 奉香 奉炉 奠爵 奉爵

西从享 奉香 奉炉 奠爵 奉爵

东庑 奉香 奉炉 奠爵 奉爵

西庑 奉香 奉炉 奠爵 奉爵

司樽 陈设 盥洗位 涤器 食色

雅乐:

雅乐师 雅乐手长 雅乐手

享祀位次图

正位：大成至圣文宣王

位西：郕国宗圣公曾子、邹国亚圣公孟子

位东：兖国复圣公颜子、沂国述圣公子思

殿西：郓公冉耕、齐公宰予、徐公冉求、吴公言偃、颖川侯颛孙师、豫国公程颢、新安伯邵雍、徽国公朱熹

殿东：费公闵损、薛公冉雍、黎公端木赐、卫公仲由、魏公卜商、道国公周惇颐、洛国公程颐、郿伯张载

西庑：单父侯宓不齐、高密侯公冶长、北海侯公晳哀、共城侯高柴、睢阳侯司马耕、平阴侯有若、东阿侯巫马施、阳谷侯颜辛、上蔡侯曹恤、枝江侯公孙龙、冯翊侯秦商、雷泽侯颜高、上邽侯壤驷赤、成纪侯石作蜀、钜平侯公夏首、胶东侯后处、济阳侯奚容蒧、富阳侯颜祖、滏阳侯句井彊、鄄城侯秦祖、厌次侯荣旂、南华侯左人郢、朐山侯郑国、乐平侯原亢、胙城侯廉洁、博平侯叔仲会、高唐侯邽巽、临朐侯公西舆如、内黄侯蘧瑗、长山侯林放、南顿侯陈亢、阳平侯琴张、博昌侯步叔乘、临淄伯公羊高、乘氏伯伏胜、考城伯戴圣、广川伯董仲舒、曲阜伯孔安国、缑氏伯杜子春、高密伯郑玄、新野伯范宁、温国公司马光、文质公罗从彦、文靖公李侗、开封伯吕祖谦、崇安伯蔡沈、魏国公许衡、文昌侯崔致远、文忠公郑梦周、文献公郑汝昌、文元公李彦迪、文正公金麟厚、文简公成晖、文烈公赵宪、文正公宋时烈、文纯公朴世来

东庑：金乡侯澹台灭明、任城侯原宪、汝阳侯南宫适、须昌侯商瞿、平舆侯漆雕开、益都侯樊须、巨野侯公西赤、千乘侯梁鳣、临沂侯冉孺、沭阳侯伯虔、诸城侯冉季、濮阳侯漆雕哆、高宛侯漆雕徒父、邹平侯商泽、当阳侯任不齐、牟平侯公良孺、新息侯秦冉、梁父侯公肩定、聊城侯鄡单、祁乡侯罕父黑、即墨侯公祖句兹、武城侯县成、汧源侯燕伋、宛句颜侯（侯颜）之仆、建成侯乐欬、堂邑侯

禮饌陳設圖

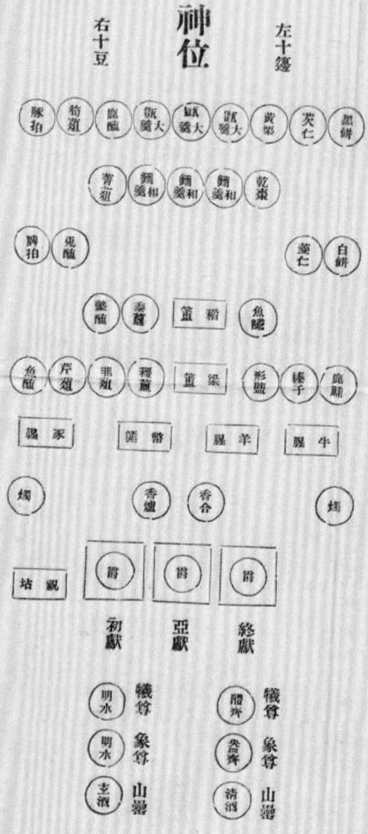
神位
左十籩
右十豆
初獻
亞獻
終獻
犧尊
象尊
山罍
牛腥
羊腥
香爐
香合

場圖

啓聖祠
望燎
大成殿
正位
樂
舞
紳士及儒林
各學校學生
神路
神門
門

享祀位次圖

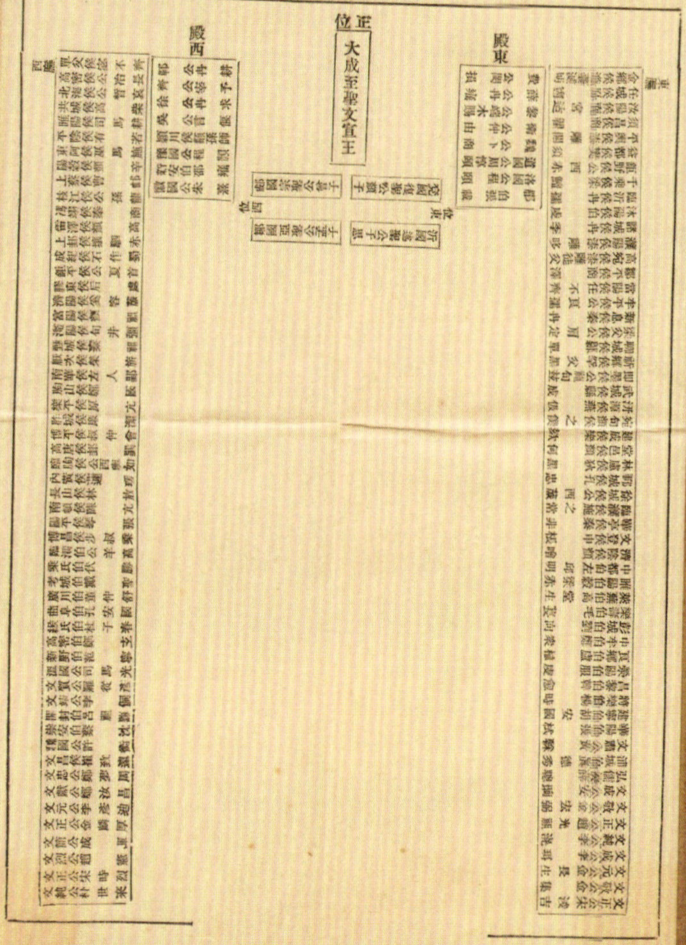

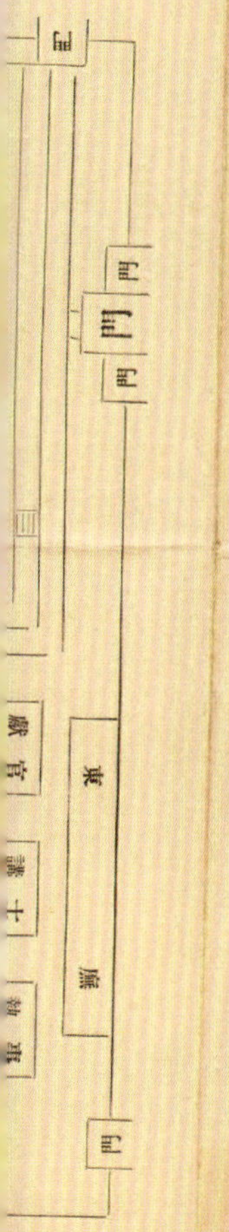

颜何、林虑侯狄黑、郓城侯孔忠、徐城侯公西蒧、临濮侯施之常、华亭侯秦非、文登侯申枨、济阴侯颜哙、中都伯左邱明、睢阳伯谷梁赤、莱芜伯高堂生、乐寿伯毛苌、彭城伯刘向、中牟伯郑众、良乡伯卢植、荥阳伯服虔、昌黎伯韩愈、将乐伯杨时、建宁伯胡安国、华阳伯张栻、文肃公黄干、浦城伯真德秀、弘儒侯薛聪、文成公安珦、文敬公金宏弼、文正公赵光祖、文纯公李滉、文成公李珥、文元公金长生、文敬公金集、文正公宋浚吉

式场图 / 礼馔陈设图（如图）

吴又陵先生定中国文学选读书目

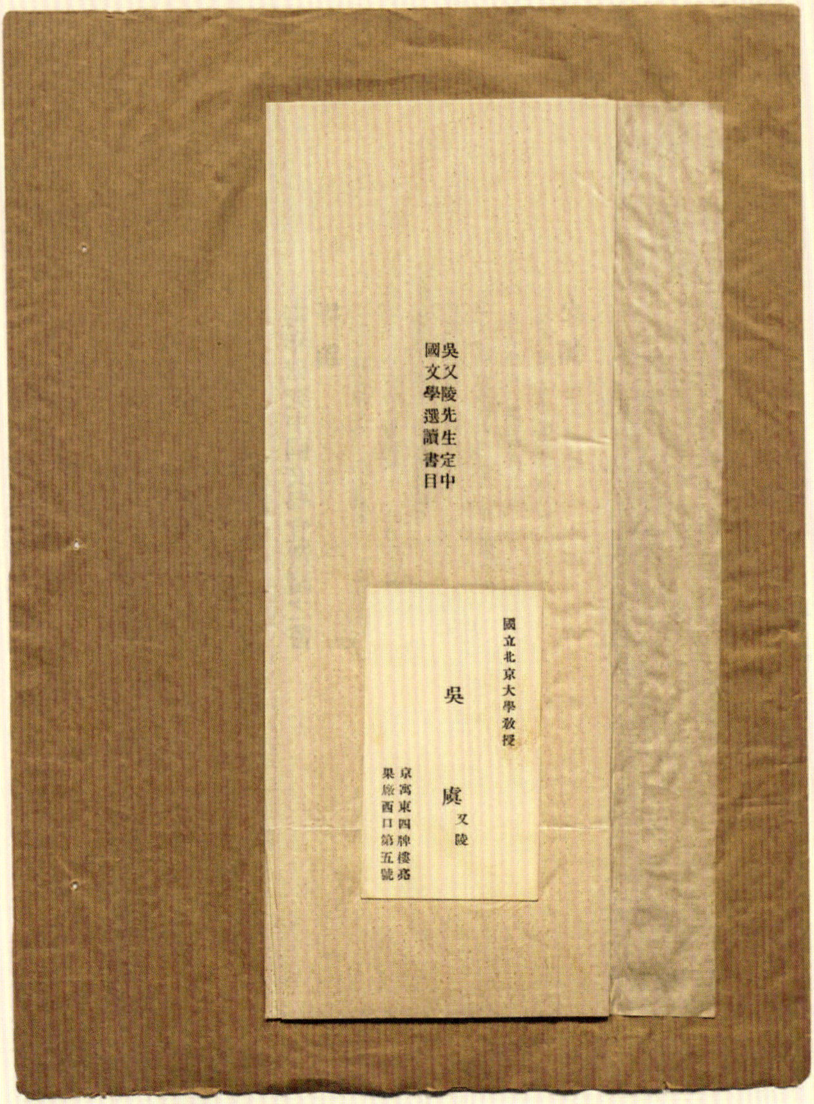

国立北京大学教授 吴虞（又陵）
京寓东四牌楼亮果厂西口第五号

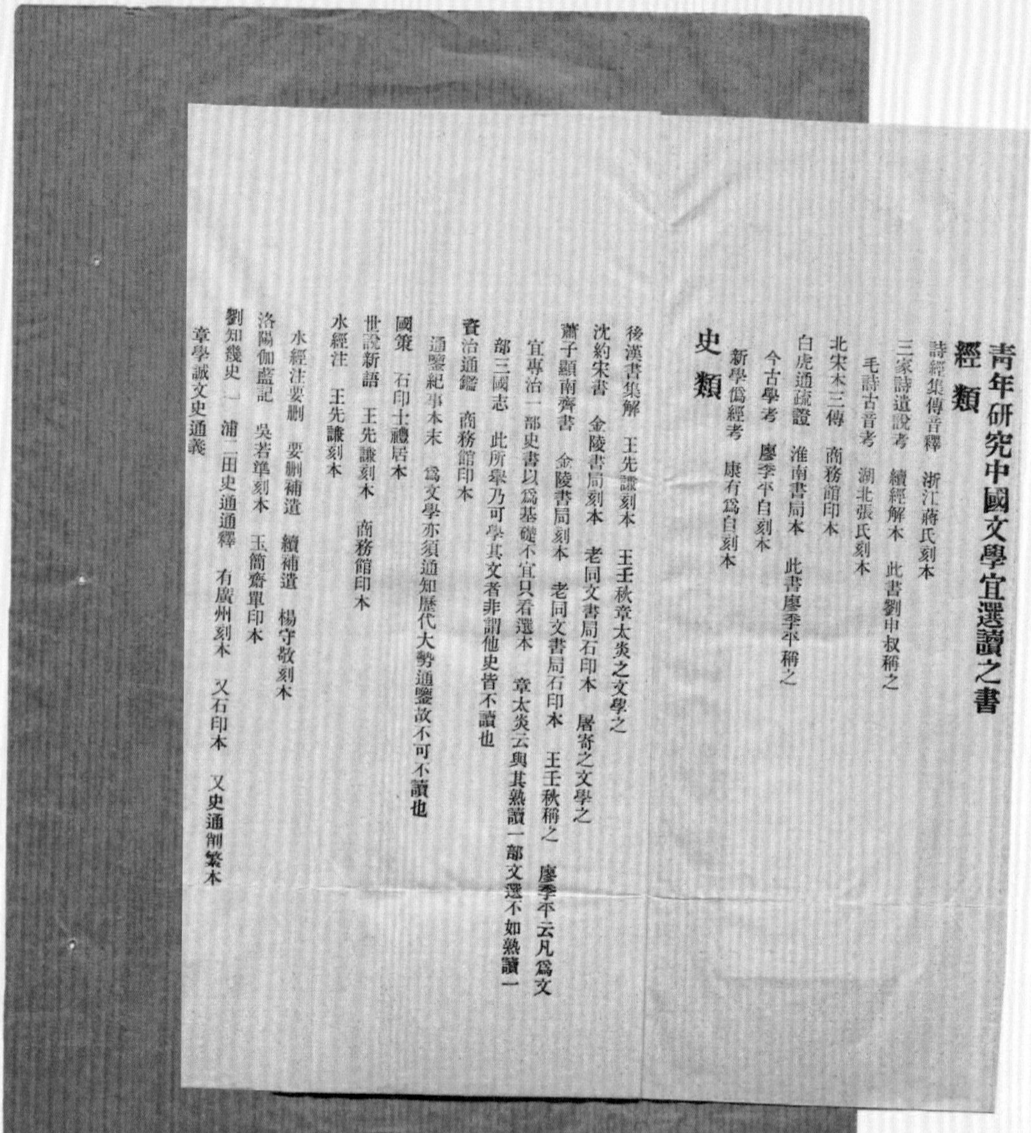

青年研究中國文學宜選讀之書

經類

詩經集傳音釋　浙江蔣氏刻本

三家詩遺說考　續經解本　此書劉申叔稱之

毛詩古音考　湖北張氏刻本

北宋本三傳　商務館印本

白虎通疏證　淮南書局本　此書廖季平稱之

今古學考　廖季平自刻本

新學僞經考　康有爲自刻本

史類

後漢書集解　王先謙刻本　王壬秋章太炎之文學之

沈約宋書　金陵書局刻本　老同文書局石印本　屠寄之文學之

蕭子顯南齊書　金陵書局刻本　老同文書局石印本　王壬秋稱之　廖季平云凡爲文宜專治一部史書以爲基礎不宜只看選本　章太炎云與其熟讀一部文選不如熟讀一部三國志　此所舉乃可學其文者非謂他史皆不讀也

資治通鑑　商務館印本

通鑑紀事本末　爲文學亦須通知歷代大勢通鑑故不可不讀也

國策　石印士禮居本

世說新語　王先謙刻本　商務館印本

水經注　王先謙刻本

水經注要刪　要刪補遺　續補遺　楊守敬刻本

洛陽伽藍記　吳若準刻本　玉簡齋單印本

劉知幾史一　浦二田史通通釋　有廣州刻本　又石印本　又史通削繁本

章學誠文史通義

青年研究中国文学宜选读之书

经类：

《诗经集传音释》，浙江蒋氏刻本。

《三家诗遗说考》，续经解本，此书刘申叔称之。

《毛诗古音考》，湖北张氏刻本。

《北宋本三传》，商务馆印本。

《白虎通疏证》，淮南书局本，此书廖季平称之。

《今古学考》，廖季平自刻本。

《新学伪经考》，康有为自刻本。

史类：

《后汉书集解》，王先谦刻本，王壬秋、章太炎之文学之。

沈约：《宋书》，金陵书局刻本，老同文书局石印本，屠寄之文学之。

萧子显：《南齐书》，金陵书局刻本，老同文书局石印本，王壬秋称之。廖季平云：凡为文，宜专治一部史书以为基础，不宜只看选本。章太炎云：与其熟读一部文选，不如熟读一部《三国志》。此所举乃可学其文者，非谓他史皆不读也。

《资治通鉴》，商务馆印本。

《通鉴纪事本末》，为文学亦须通知历代大势，通鉴故不可不读也。

《国策》，石印士礼居本。

《世说新语》，王先谦刻本，商务馆印本。

《水经注》，王先谦刻本。

《水经注要删》《要删补遗》《续补遗》，杨守敬刻本。

《洛阳伽蓝记》，吴若准刻本，玉简斋单印本。

刘知几：《史通》，浦二田：《史通通释》，有广州刻本，又石印本，又《史通》削繁本。

章学诚：《文史通义》。

子類

老子　浙江局刻本

　老子翼　佛經流通處有便覽　又羅振玉校本　又馬叙倫校本

莊子集釋　思賢書局刻本

　莊子翼　金陵叢書中有便覽

列子　浙江局刻本

荀子集解　思賢書局刻本

韓非子集解　思賢書局刻本

呂氏春秋　浙江局刻本

淮南子集解　商務印書館本

葛洪抱朴子　平津館單印本

劉晝新論　古書流通處景印本

顔氏家訓　抱經堂叢書本

　文子　徐靈府注　鐵華館叢書本　又浙江局刻本

孔子改制考　康有爲自刻本

子类：

《老子》，浙江局刻本。

《老子翼》，佛经流通处有便览，又罗振玉校本，又马叙伦校本。

《庄子集释》，思贤书局刻本。

《庄子翼》，金陵丛书中有便览。

《列子》，浙江局刻本。

《荀子集解》，思贤书局刻本。

《韩非子集解》，思贤书局刻本。

《吕氏春秋》，浙江局刻本。

《淮南子集解》，商务印书馆本。

葛洪：《抱朴子》，平津馆单印本。

刘画：《新论》，古书流通处影印本。

《颜氏家训》，抱经堂丛书本。

《文子》，徐灵府注，铁华馆丛书本，又浙江局刻本。

《孔子改制考》，康有为自刻本。

集類

楚辭補注　金陵書局刻本

楚辭集注　江蘇書局刻本　又石印本

屈宋古音義　湖北張氏刻本

文選李善注　上海會文堂石印胡刻本

文選六臣注　商務印書館本

宏明集　佛經流通處有

廣宏明集　佛經流通處有

汪中述學　淮南書局刻本

洪北江卷施閣文集　湖北書局有

章太炎檢論　國故論衡　浙江書局刻本

玉臺新詠　徐乃昌刻本

樂府詩集　商務館印本　又湖北書局刻本不佳

全漢三國六朝詩　丁福保自印本

八代詩選　江蘇書局刻本便覽

全唐詩　揚州詩局本　又老同文書局石印本　唐人專集單買不易故不如購全唐詩爲便

紀批李義山詩集　廣州朱墨本

紀批蘇東坡詩集　廣州朱墨本

集类：

《楚辞补注》，金陵书局刻本。

《楚辞集注》，江苏书局刻本，又石印本。

《屈宋古音义》，湖北张氏刻本。

《文选李善注》，上海会文堂石印胡刻本。

《文选六臣注》，商务印书馆本。

《宏明集》，佛经流通处有。

《广宏明集》，佛经流通处有。

汪中：《述学》，淮南书局刻本。

洪北江：《卷施阁文集》，湖北书局有。

章太炎：《检论》《国故论衡》，浙江书局刻本。

《玉台新咏》，徐乃昌刻本。

《乐府诗集》，商务馆印本，又湖北书局刻本不佳。

《全汉三国六朝诗》，丁福保自印本。

《八代诗选》，江苏书局刻本便览。

《全唐诗》，扬州诗局本，又老同文书局石印本。唐人专集单买不易，故不如购《全唐诗》为便。

《纪批李义山诗集》，广州朱墨本。

《纪批苏东坡诗集》，广州朱墨本。

文心雕龍　廣州朱墨本　又石印本
詩品
聲調三譜
王半塘刻四印齋詞
朱古微刻彊村叢書詞
吳昌綬刻雙照樓宋元名家詞
陶湘刻涉園名家詞
汲古閣六十家詞　廣州刻本　又石印本
藝蘅館詞選　梁令嫻自印本便覽
萬紅友詞律　浙江許氏刻本

音韻類

音學五書　湖南刻本

目錄校勘類

漢書藝文志
漢書藝文志考證　浙江書局刻本
隋書經籍志
隋書經籍志考證　湖北書局刻本
郡齋讀書志　王先謙刻本
直齋書錄解題　江蘇書局本

《文心雕龙》，广州朱墨本，又石印本。
《诗品》。
《声调三谱》。
王半塘刻《四印斋词》。
朱古微刻《彊村丛书词》。
吴昌绶刻《双照楼宋元名家词》。
陶湘刻《涉园名家词》。
《汲古阁六十家词》，广州刻本，又石印本。
《艺蘅馆词选》，梁令娴自印本便览。
万红友：《词律》，浙江许氏刻本。

音韵类：

《音学五书》，湖南刻本。

目录校勘类：

《汉书艺文志》。
《汉书艺文志考证》，浙江书局刻本。
《隋书经籍志》。
《隋书经籍志考证》，湖北书局刻本。
《郡斋读书志》，王先谦刻本。
《直斋书录解题》，江苏书局本。

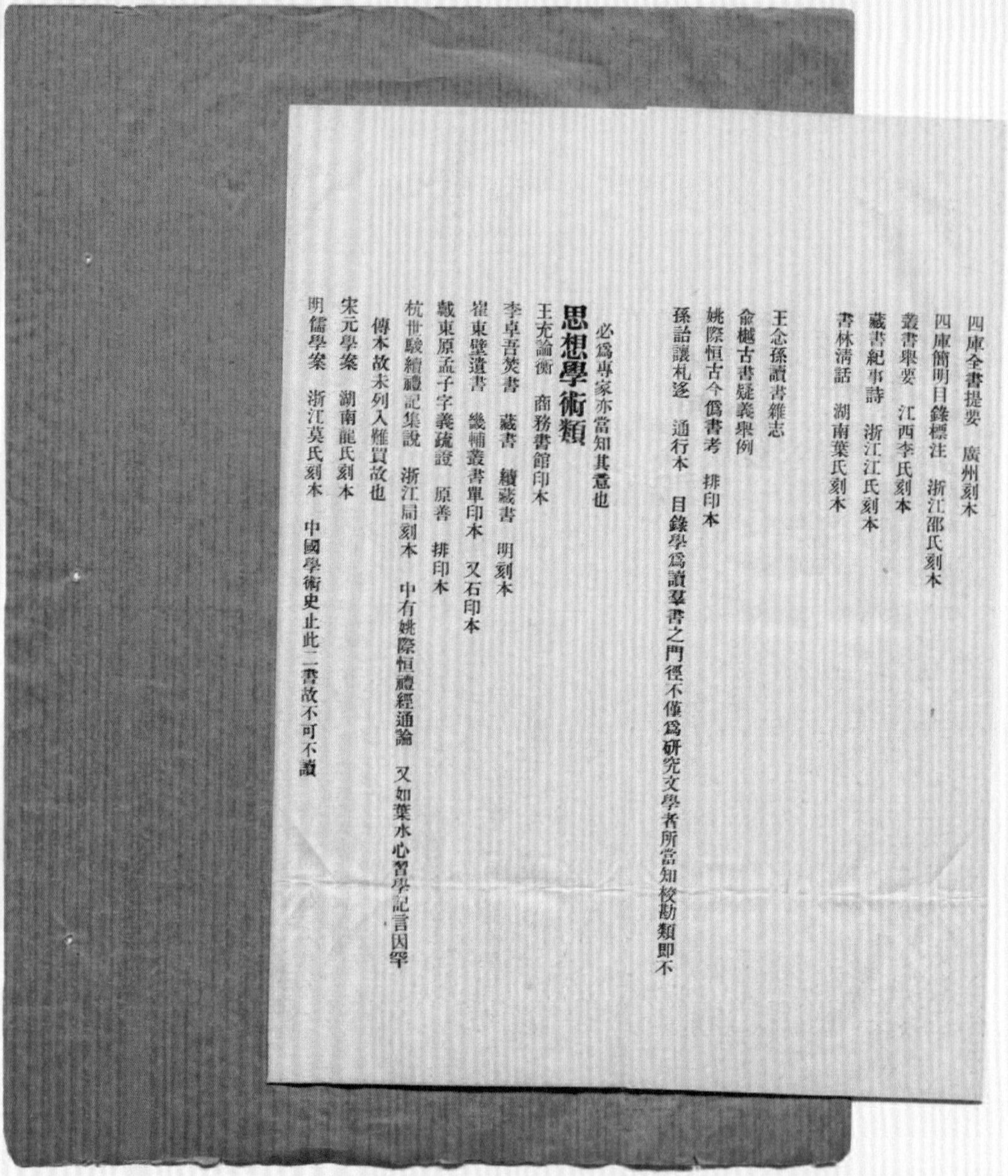
四庫全書提要　廣州刻本
四庫簡明目錄標注　浙江邵氏刻本
叢書舉要　江西李氏刻本
藏書紀事詩　浙江江氏刻本
書林清話　湖南葉氏刻本
王念孫讀書雜志
俞樾古書疑義舉例
姚際恒古今僞書考　排印本
孫詒讓札迻　通行本　目錄學爲讀群書之門徑不僅爲研究文學者所當知校勘類即不
必爲專家亦當知其意也

思想學術類

王充論衡　商務書館印本
李卓吾焚書　藏書　續藏書　明刻本
崔東壁遺書　畿輔叢書單印本　又石印本
戴東原孟子字義疏證　原善　排印本
杭世駿續禮記集說　浙江局刻本　中有姚際恒禮經通論　又如葉水心習學記言因罕
傳本故未列入雖買故也
宋元學案　湖南龍氏刻本
明儒學案　浙江莫氏刻本　中國學術史止此二書故不可不讀

《四库全书提要》，广州刻本。

《四库简明目录标注》，浙江邵氏刻本。

《丛书举要》，江西李氏刻本。

《藏书纪事诗》，浙江江氏刻本。

《书林清话》，湖南叶氏刻本。

王念孙：《读书杂志》。

俞樾：《古书疑义举例》。

姚际恒：《古今伪书考》，排印本。

孙诒让：《札迻》，通行本。目录学为读群书之门径，不仅为研究文学者所当知，校勘类即不必为专家，亦当知其意也。

思想学术类：

王充：《论衡》，商务书馆印本。

李卓吾：《焚书》《藏书》《续藏书》，明刻本。

《崔东壁遗书》，畿辅丛书单印本，又石印本。

戴东原：《孟子字义疏证》《原善》，排印本。

杭世骏：《续礼记集说》，浙江局刻本。中有姚际恒《礼经通论》，又如叶水心《习学记言》，因罕传本，故未列入，难买故也。

《宋元学案》，湖南龙氏刻本。

《明儒学案》，浙江莫氏刻本。中国学术史止此二书，故不可不读。

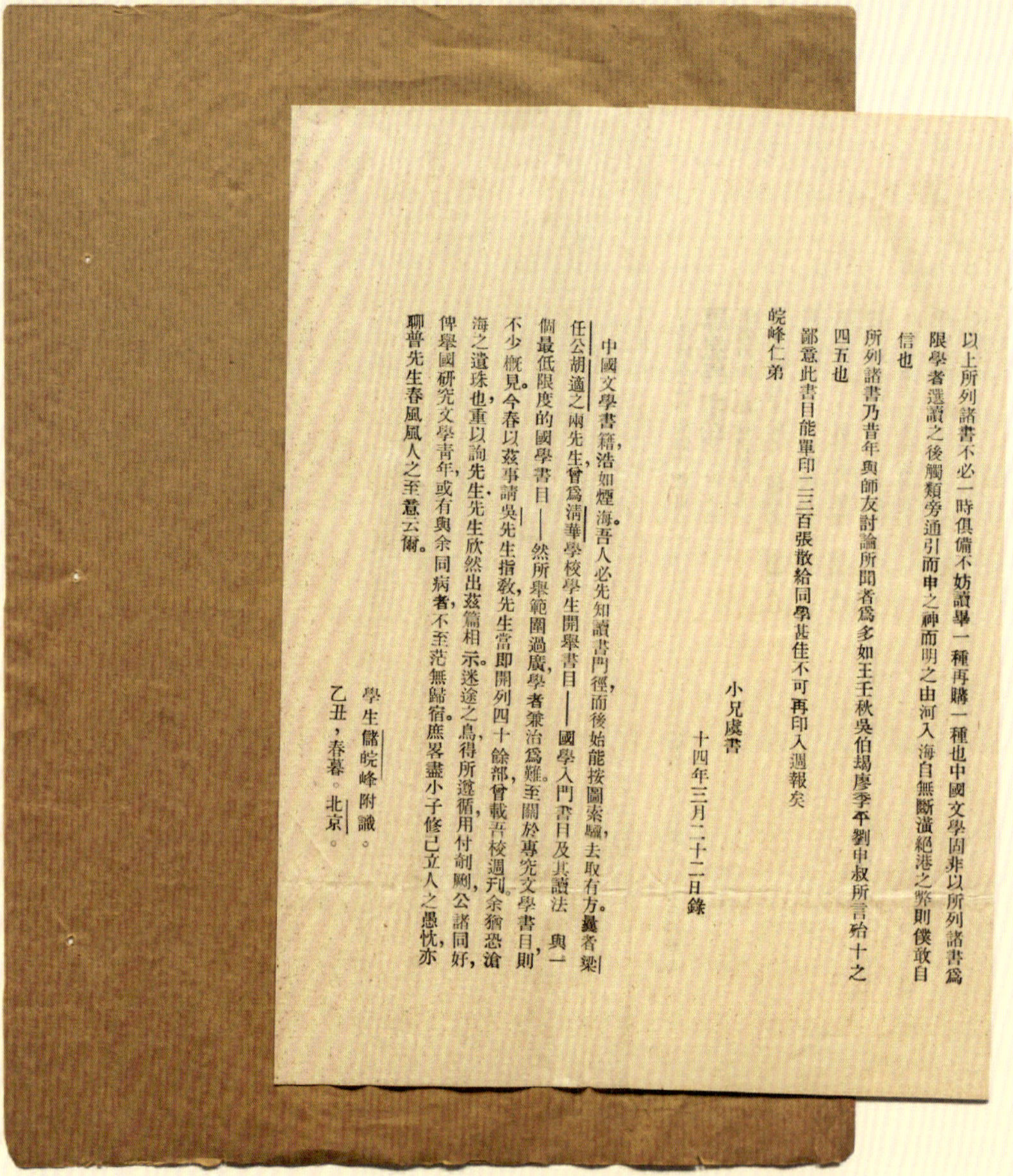

以上所列諸書不必一時俱備不妨讀畢一種再購一種也中國文學固非以所列諸書爲限學者選讀之後觸類旁通引而申之神而明之由河入海自無斷潢絕港之弊則僕敢自信也

所列諸書乃昔年與師友討論所聞者爲多如王壬秋吳伯朅廖季平劉申叔所言殆十之四五也

鄙意此書目能單印二三百張散給同學甚佳不可再印入週報矣

皖峰仁弟

小兄虞書

十四年三月二十二日錄

中國文學書籍，浩如煙海。吾人必先知讀書門徑，而後始能按圖索驥，去取有方。曩者梁任公胡適之兩先生，曾爲清華學校學生開舉書目——國學入門書目及其讀法 與一個最低限度的國學書目——然所舉範圍過廣，學者兼治爲難。至關於專究文學書目，則不少概見。今春以茲事請吳先生指教，先生當即開列四十餘部，曾載吾校週刊。余猶恐滄海之遺珠也，重以詢先生，先生欣然出茲篇相示。迷途之鳥得所遵循，用付剞劂，公諸同好，俾舉國研究文學青年，或有與余同病者，不至茫無歸宿。庶畧盡小子修己立人之愚忱，亦聊普先生春風風人之至意云爾。

學生儲皖峰附識。

乙丑，春暮。北京。

以上所列诸书，不必一时俱备，不妨读毕一种，再购一种也。中国文学固非以所列诸书为限，学者选读之后，触类旁通，引而申之，神而明之，由河入海，自无断潢绝港之弊，则仆敢自信也。

所列诸书乃昔年与师友讨论所闻者为多，如王壬秋、吴伯朅、廖季平、刘申叔所言殆十之四五也。

鄙意此书目能单印二三百张，散给同学甚佳，不可再印入周报矣。

小兄虞书

十四年三月二十二日录

中国文学书籍，浩如烟海。吾人必先知读书门径，而后始能按图索骥，去取有方。曩者梁任公、胡适之两先生，曾为清华学校学生开举书目——《国学入门书目及其读法》与一个最低限度的国学书目——然所举范围过广，学者兼治为难。至关于专究文学书目，则不少概见。今春以兹事请吴先生指教，先生当即开列四十余部，曾载吾校周刊，余犹恐沧海之遗珠也，重以询先生，先生欣然出兹篇相示。迷途之鸟，得所遵循，用付剞劂，公诸同好，俾举国研究文学青年，或有与余同病者，不至茫无归宿。庶略尽小子修己立人之愚忱，亦聊普先生春风风人之至意云尔。

学生储皖峰附识。

乙丑，春暮。北京。

图书在版编目（CIP）数据

北京风俗图鉴 / 牛贯杰著 .—北京：北京出版社，2024. 4

ISBN 978-7-200-18062-6

I. ①北… II. ①牛… III. ①风俗习惯 – 北京 – 图集 IV. ① K892.41–64

中国国家版本馆 CIP 数据核字（2023）第 132320 号

总 策 划：高立志　　责任编辑：王铁英　张　帅

责任印制：陈冬梅　　责任营销：猫　娘

装帧设计：林海波

北京风俗图鉴
BEIJING FENGSU TUJIAN
牛贯杰 著

出　　版　北京出版集团
　　　　　北京出版社
地　　址　北京北三环中路 6 号
邮　　编　100120
网　　址　www.bph.com.cn
总 发 行　北京伦洋图书出版有限公司
印　　刷　北京华联印刷有限公司
开　　本　16 开 787 毫米 ×1092 毫米
印　　张　27.25
字　　数　375 千字
版　　次　2024 年 4 月第 1 版
印　　次　2024 年 4 月第 1 次印刷
书　　号　ISBN 978-7-200-18062-6
定　　价　198.00 元